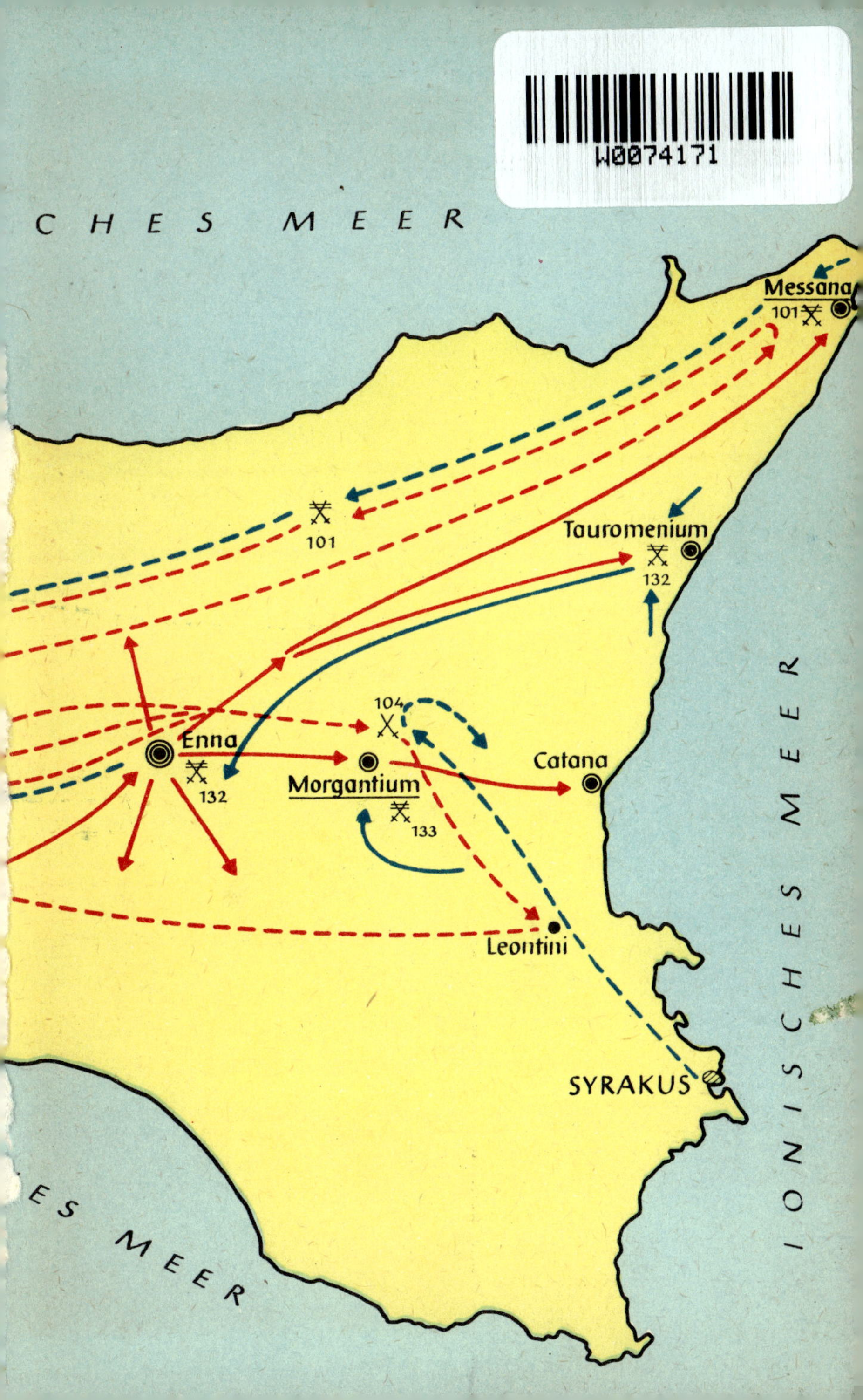

CHES MEER

Messana
101 ✗

101 ✗

Tauromenium
132 ✗

Enna
✗
132

104
✗

Morgantium
✗
133

Catana

Leontini

SYRAKUS

IONISCHES MEER

ES MEER

Armin Jähne · Spartacus. Kampf der Sklaven

Meinen lieben Eltern

Armin Jähne

Spartacus
Kampf der Sklaven

 VEB Deutscher Verlag
der Wissenschaften · Berlin 1986

Schutzumschlag: Gladiatorenhelm mit Reliefszene zur Eroberung Trojas

ISBN 3–326–00069–3

Verlagslektor: Erika Rosenfeld
Verlagshersteller: Ulrich Zieger
Umschlaggestaltung: Hermann Koplien
© 1986 VEB Deutscher Verlag der Wissenschaften, DDR – 1080 Berlin,
Postfach 1216
Printed in the German Democratic Republic
Lizenz-Nr. 206 · 435/15/86
Gesamtherstellung: Offizin Andersen Nexö Leipzig, Betriebsteil Hildburghausen
LSV 0228
Bestellnummer: 571 319 4
01650

Inhalt

1
Einleitung

Der Basalt am inneren Ende des schmalen Lichtschachtes, durch den ein wenig Helligkeit in das Verlies der bei Neustadt in Sachsen gelegenen Burg Stolpen dringt, ist glatt gegriffen. Hunderte von Menschenhänden müssen tausendfach an den Stein gefaßt haben. Wem gehörten sie? Die feinen Hände der berühmtesten Gefangenen der Festung, der Gräfin Cosel, waren nicht darunter. Wohl mag manch Verbrecher, vielleicht Gewalttäter oder gemeine Dieb, mit den Händen Halt suchend, sich zum Guckloch emporgereckt haben, um den Fetzen einer Wolke oder ein Stück blauen Himmels mit den Augen zu erhaschen, denn mehr gab es hier von der Welt nicht zu sehen.

Aber nicht allein kriminelle Subjekte und in Ungnade gefallene Favoritinnen des sächsischen Königs wurden auf Stolpen in Haft genommen. In weit größerer Zahl dürften aufsässige Personen, Menschen, die in irgendeiner Weise wider die bestehende Ordnung aufbegehrten, hierhergebracht worden sein: säumige Schuldner, Bauern, die ihrer Abgabepflicht nicht rechtzeitig und in der geforderten Höhe nachgekommen waren, Dörfler, die der Obrigkeit den Gehorsam verweigert, Dienstleute, die sich gegen ihre adligen Herren empört hatten, aufrührerische Knechte und Gesellen. Sie verschwanden für kürzere oder längere Zeit, oder aber für immer im Kerker der Burg. Einzige Verbindung zur Außenwelt blieb der Spalt im Fels. Er spendete das spärliche Licht, zu dem es die Unglücklichen immer wieder hinzog. Ihm wollten sie möglichst nahe sein, es gleichsam mit den Händen einfangen.

Die herrschende Klasse der Ausbeuter kannte keine Skrupel, und daran hat sich auch heute wenig geändert, wenn es galt, ihre Privilegien, ihr privates Eigentum am Menschen und am Produktionsinstrument, am Grund und Boden, auch den Naturreichtümern vor dem Zugriff der Volksmassen zu schützen. Wehe dem, der es wagen sollte,

den abgepreßten Anteil am Mehrprodukt, das andere erwirtschafteten, die Ausbeutung und Unterdrückung der unteren Bevölkerungsschichten in Frage zu stellen. Der geringste Anlaß war bedeutsam
genug und jedes Mittel recht, um Unzufriedene mundtot zu machen
oder ganz zu beseitigen. Da gab es nie ein Zaudern. War jemand für
schuldig befunden worden, selbst bei dem kleinsten Vergehen, dann
wurde er verfolgt, gestellt, bestraft und unschädlich gemacht. Sie
hatte kein Erbarmen mit ihren Gegnern, sondern packte und schlug
rücksichtslos zu, sobald sich nur eine Gelegenheit bot. Aufsässige,
jeder, der den herrschenden Eigentums- und Ausbeutungsverhältnis-
sen gefährlich werden konnte oder bestimmten, ihm auferlegten Pflichten nicht mehr nachkam, sie alle mußten aus ihrer gesellschaftlichen
Umwelt entfernt werden, der Abschreckung wegen und um größeren
Konflikten, die sie hätten vielleicht auslösen können, vorzubeugen.
Man kam daher schnell auf die Burg Stolpen.
    Die dort in Gewahrsam Genommenen waren Opfer klassengesell-
schaftlicher Verhältnisse. Sie trugen auf ihre Weise dazu bei, den
Gedanken sozialen Widerstandes, der Auflehnung gegen die Obrigkeit wachzuhalten und die Kontinuität des Klassenkampfes in seiner
Alltäglichkeit niederer Formen zu wahren.
    Die Namen dieser in der überwiegenden Mehrzahl aus dem unteren
Volke stammenden Menschen sind verweht. Geblieben ist der von
ihren Händen geglättete Stein, Symbol ständigen Kampfes gegen Unterdrückung und Ausbeutung, Symbol für die vielen Opfer, die gebracht werden mußten, um den gesellschaftlichen Fortschritt durchzusetzen, Symbol einer weitgehenden Anonymität des Kampfes der
Rechtlosen, der sozial und politisch Bedrückten um Lohn, Brot, Recht
und Menschenwürde, derer, die durch ihre Arbeit die Entwicklung
der Gesellschaft voranbrachten.

1.1. Anonyme Volksbewegungen

Wie die Geschichte überhaupt, so weist auch das Altertum eine Reihe
klangvoller Namen auf. Da sind Hammurapi mit seinem Gesetzes-
kodex, Ramses, der ägyptische Pharao, Xerxes, der persische Groß-
könig, Perikles von Athen, Alexander der Große, Cäsar, der Gallien
eroberte, Cicero, Augustus und Nero, um nur einige historische Persönlichkeiten aus jener Zeit zu nennen.
    Wir haben Kenntnis von Homer, der als der Verfasser der „Ilias"

und der „Odyssee" gilt, von Sappho, die gefühlvolle Liebesgedichte schrieb, von Hesiod, dem Bauerndichter aus Boiotien, vom „Vater der Geschichtsschreibung" Herodot, von Aischylos, Sophokles, Euripides und dem immer aktuellen Komödiendichter Aristophanes, von Ovid und seiner „Liebeskunst" und von Apuleius, aus dessen Feder der „Goldene Esel" stammt.

Ebenfalls bekannt sind die Naturphilosophen Thales von Milet, Anaximandros und Anaxagoras, der Atomistiker Demokrit, der Begründer des objektiven Idealismus Platon, der universale Denker Aristoteles, der Mathematiker und Physiker Archimedes.

Sie alle, die großen und die kleinen Persönlichkeiten, die Könige und ihre Truppenführer, die städtischen Beamten, die Philosophen, Redner und Dichter, deren Namen eine mannigfaltige Überlieferung zweifellos zu Recht festhielt, obwohl dabei auch Zufälle eine Rolle spielten, gehörten in der Regel der herrschenden Klasse, den oberen Gesellschaftsschichten an.

Die Masse des werktätigen Volkes dagegen verharrte in der Namenlosigkeit, und doch waren es gerade die unmittelbaren Produzenten in der Landwirtschaft und im Handwerk, die als freie Menschen, als Abhängige oder Sklaven die historische Entwicklung ureigentlich trugen, sie durch ihre latente oder offene Aktivität beeinflußten, ja beschleunigen konnten. Die werktätige Bevölkerung schuf, unabhängig vom sozialen und rechtlich-politischen Status, jene materiellen Güter und Werte, ohne die politischer Erfolg, militärischer Ruhm und geistig-kultureller Reichtum undenkbar sind. Sie erzeugten in ständiger Auseinandersetzung mit der Natur, die sie durch die Praxis täglicher Arbeit immer besser kennenlernten, die für die menschliche Existenz notwendigen Lebensmittel und jenes Mehrprodukt, das den gesellschaftlichen Fortschritt erst möglich werden ließ. Ganze Landstriche wurden urbar gemacht, wie zum Beispiel das Fayum, beginnend vom Neolithikum und vor allem im 3. Jahrhundert v. u. Z. unter den Ptolemäern, eine heute fruchtbare Oasenlandschaft in Ägypten. Kanalsysteme wurden am Mittel- und Unterlauf von Euphrat, Tigris und Nil angelegt, in der Mittelmeerregion die für die Bewässerung unabdingbaren Brunnen gegraben, Wälder gerodet und steile Berghänge in mühseliger Arbeit zu landwirtschaftlich nutzbaren Terrassen umgestaltet.

Im Feldbau und bei der Viehhaltung betrieben die babylonischen, persischen, ägyptischen, griechischen oder römisch-italischen Bauern und Hirten die künstliche Auslese bei Pflanzen und Tieren, hoben so die Qualität der Kulturpflanzen, erweiterten ihre Zahl, veredelten und spezialisierten mehr und mehr die Tierrassen. Nachdem das Eisen aufgekommen war und als Werkstoff weitgehende Verwendung fand, entwickelten in Griechenland und Rom während des 1. Jahrtausends v. u. Z. die unmittelbaren Produzenten einen Grundbestand an einfachem handwerklichen und bäuerlichen Gerät, an Hacken, Sägen, Hämmern, Beilen, Zangen u. a., der bis in die Gegenwart fortbesteht. Handwerker mit ihren Gehilfen, darunter Sklaven und Freie, bauten die Streitwagen der ägyptischen Pharaonen und die Schiffe, mit denen die Griechen die Meere befuhren. Sie errichteten in den griechischen Städten Siziliens, Süditaliens und Kleinasiens großartige Tempel, bauten die athenische Akropolis zu einem beeindruckenden, athenisches Staats- und Selbstbewußtsein manifestierenden Ensemble sakraler und profaner Architektur aus, legten im römischen Reichsgebiet Wasserleitungen an, die teilweise über mehrstöckige, steinerne Bogenkonstruktionen (Aquädukte) führten, und schlugen Brücken über alle großen Flüsse West- und Südosteuropas. Die Volksmassen in den vorfeudalen Gesellschaften und namentlich in den fortgeschritteneren Städten der Griechen, denn Handwerk und Kunst lagen noch dicht beieinander, schufen selbst den überwiegenden Teil des sie umgebenden alltäglichen Kulturgutes, sei es das im Hause gebrauchte Geschirr, seien es Möbel, Kinderspielzeug oder plastischer Kleinschmuck. Sie gaben ihm Form und Dekor, bildeten dabei handwerkliche Kunstfertigkeiten aus und entwickelten im antiken Griechenland und Rom auf künstlerischem Gebiet ästhetische Grundsätze, die zu bleibenden Maßstäben wurden. Zwischen den Errungenschaften der griechischen Kultur und der politischen Mündigkeit des Polisbürgers, seinen geistigen Ansprüchen und Bedürfnissen besteht ein enger Zusammenhang, und so kommt es in Athen im 5./4. Jahrhundert v. u. Z., ebendort und in einer Zeit, als der Demos ökonomisch und politisch besonders aktiv war, zur Blüte der Tragödien- und Komödiendichtung, der Geschichtsschreibung, von Kunst und Architektur.

Die geschichtsträchtige Rolle der Volksmassen, inbegriffen die Sklaven, erschöpft sich aber nicht in der tagtäglichen Produktion. Der Produzent, auch wenn er sich kulturell-ästhetisch selbstverwirklichte oder als Kulturrezipient fungierte, war eingebunden in bestimmte Produktionsverhältnisse, vermochte immer nur im Rahmen seiner Klasse zu handeln und offenbarte seine Geschichtswirksamkeit vornehmlich in Klassenkämpfen, „aus denen", wie F. Engels hervorhebt, „der Inhalt aller bisherigen geschriebenen Geschichte besteht".[1]

In diesen Kämpfen der sozialen Klassen, Schichten und Gruppen gegeneinander setzten die Volksmassen gewaltige, geschichtsverändernde soziale und politische Kräfte frei. Ihre hier sich zeigende Tatkraft, die nicht nachließ, selbst wenn Rückschläge und Niederlagen hingenommen werden mußten, und ihre oftmals bis zur Selbstaufopferung gehende Kompromißlosigkeit verhalfen dem gesellschaftlichen Fortschritt zum Durchbruch. Das geschah entweder in unmittelbarer Konfrontation mit den herrschenden Klassen oder auf weniger direktem Wege, in Volksbewegungen, die lediglich das tragende „Piedestal" für Fraktionskämpfe innerhalb der herrschenden Klassen bildeten.

In den vorfeudalen Gesellschaftsordnungen spielten Volksbewegungen, einschließlich des Klassenkampfes der Sklaven, eine bedeutsame Rolle als Triebkraft bei der Ausformung einer Gesellschaftsformation im Sinne ihres Reifens und ihrer Blüte, der vollen Entfaltung der ihr zugrundeliegenden Produktionsweise, und als Geburtshelfer neuer gesellschaftlicher Verhältnisse, der nächsthöheren sozial-ökonomischen Formation.

Volkskämpfe und offene, bewaffnete Auseinandersetzungen der Sklaven mit ihren Herren waren jedoch keine „isolierten Aufstände" mit für die gesellschaftliche Entwicklung eher hemmenden als nützlichen Folgen. Der Eindruck, sie seien „vorübergehende, beziehungslose Episoden" gewesen, kann eigentlich nur entstehen, wenn diese Bewegungen aus dem Gesamtzusammenhang des Klassenkampfes herausgelöst und in ihrer Vereinzelung betrachtet werden. Volks- und Sklavenkriege waren in vorfeudaler Zeit lediglich Gipfelpunkte des Klassenkampfes und sind mit dessen anderen, weniger augenscheinlichen, dafür stetigen und alltäglichen Formen in eine Reihe zu stellen. In der Gesamtheit seiner niederen und höheren Formen ist der Klassenkampf der unterdrückten und ausgebeuteten Volksschichten eine durch die Geschichte der Klassengesellschaften fortlaufende kontinuierliche Erscheinung.

Diese Kontinuität des Klassenkampfes ist wie ein gewaltiger Strom, der seine Kraft aus einer Vielzahl von Zuflüssen schöpft. Mag auch einer der Bäche versiegen, so springt an anderer Stelle ein neuer Quell auf. Alles fließt in einen immerwährenden sozialen und politischen Impuls ein, den die sich mannigfaltig äußernden Klassenauseinandersetzungen nähren – von der Sklavenerhebung über den Bauernkrieg bis zur sozialistischen Revolution, vom Totschlag des Herrn, der mangelnden Leistungsbereitschaft des Sklaven über die verweigerte Feudallast bis zum proletarischen Generalstreik. Die Kontinuität des Klassenkampfes, der von Gesellschaftsformation zu Gesellschaftsformation eine immer höhere Stufe erreicht, dessen objektive Bedingungen sich wandeln, Zielstellungen sich ändern und zu dessen wichtigsten Träger schließlich die politisch organisierte, mit einer wissenschaftlichen Weltanschauung ausgerüstete Arbeiterklasse wird, führt in der historischen Konsequenz hin zur revolutionären Zerschlagung der kapitalistischen Ordnung und zur Errichtung der klassenlosen kommunistischen Gesellschaft.

Der graue Alltag produktiver Tätigkeit mit seiner steten Gleichheit sich wiederholender Vorgänge ist in den alten Gesellschaften wenig geeignet, die werktätige Masse aus ihrer Namenlosigkeit heraustreten zu lassen. Nun müßte eigentlich für den Klassenkampf das Gegenteil angenommen werden, und dann gerade, wenn er besonders dynamisch verläuft, höhere Formen erreicht hat und offenen Charakter trägt. Dennoch bleiben selbst in Phasen zugespitzter Klassenauseinandersetzung im Altertum die unteren Volksschichten zumeist anonym.

Der Grund dafür lag nicht etwa im Fehlen geeigneter Anführer, obwohl es in der Frühzeit klassengesellschaftlicher Entwicklung den Volksmassen tatsächlich schwerfiel, als soziale und politische Triebkraft immer klar erkennbar in den Vordergrund historischen Geschehens zu treten – erkennbar in der Persönlichkeit und der Tat ihrer unmittelbaren Vertreter. Er findet sich vielmehr in der Art des Berichtens über solche Ereignisse. Die ohnehin wenigen Quellen, die uns Nachricht über soziale Kämpfe in den altorientalischen Klassengesellschaften, im antiken Griechenland und Rom geben, sind in der Regel von Angehörigen der oberen Gesellschaftsschichten verfaßt und aus der Sicht der herrschenden Klasse geschrieben worden. Oft ist es so, daß nur beiläufig, im Zusammenhang mit anderen historischen Vorgängen, über soziale Bewegungen der Volksmassen, über Sklavenverschwörungen und -aufstände berichtet wird.

Thukydides beispielsweise, schiebt solche Mitteilungen dort in seine „Geschichte des Peloponnesischen Krieges" ein, wo sie das Bild der gerade anzutreffenden Situation konkretisieren. Plutarch, der moralisierende griechische Schriftsteller, kommt in der Biographie des Crassus auf Spartacus zu sprechen, wobei die durchaus warmherzige Darstellung des Spartacus dazu dient, die Persönlichkeit des Crassus auch durch die Größe seines Gegners zu glorifizieren.

Sozial motivierte Volksbewegungen und Sklavenunruhen waren für die antike Geschichtsschreibung kein Gegenstand ernstzunehmender Beschäftigung. Sie wurden nicht für wert befunden, der Nachwelt in den Geschichtsaufzeichnungen überliefert zu werden. Eher verschwieg man derartige Ereignisse oder teilte, wenn es nicht anders ging, nur das Allernötigste in knapper Form mit. Sollte es in Sonderfällen dennoch zu einer ausführlicheren Berichterstattung kommen, dann geschah das pauschal, oberflächlich, tendenziös und mit dem Ziel, den sozialen Aufruhr abzuwerten, die sich empörenden und nun aktiv handelnden unteren Volksschichten in Verruf zu bringen.

Ein typisches Beispiel für diese Art von Quellen, die zwar reale Verhältnisse und Begebenheiten widerspiegeln, kaum aber als direkte Tatsachenberichte anzusehen sind, bieten die „Mahnworte eines Weisen" oder, in der vielleicht geläufigeren Bezeichnung, die „Klagen des Ipuser". Die „Klagen des Ipuser", eines offenbar vermögenden ägyptischen Aristokraten, schildern voreingenommen, sehr emotional und bildhaft die sozialen Wirren, die aller Wahrscheinlichkeit nach gegen Ende des Mittleren Reiches Ägypten erschütterten. Der Schrecken und das Chaos des gesellschaftlichen Umsturzes werden nachgezeichnet, um der heranwachsenden Generation einer privilegierten Minderheit zur Belehrung und gleichzeitig Warnung zu dienen.

„Es ist doch so", wehklagt Ipuser, „die Kinder der Besseren schlägt man an die Mauern ... Die wohlhabenden Leute müssen an den Handmühlen arbeiten. Die, die gekleidet waren in feines Linnen, hat man mit Stöcken geschlagen ... Das Korn ist überall umgekommen ... Geöffnet sind die Archive, gestohlen sind aus ihnen die Steuererklärungen. Die Sklaven wurden Sklavenhalter ... Oh, wie betrübt bin ich wegen der Not der Zeit ... Alles ist voller Blut. Der Tod weicht nicht". Ipusers Verzweiflung ist so groß, daß er ausruft: „Das Land kehrte sich um gleich einer Töpferscheibe." Der ägyptische Aristokrat nennt wohl einige Berufsgruppen, die an der Erhebung des Volkes teilnahmen, doch ohne sie sozial näher zu charakterisieren. Die eigentlichen Triebkräfte des gesellschaftlichen Umsturzes und seine Ursachen interessieren ihn nicht. Nirgends erwähnt er die Anführer der aufständischen Volksmassen. Seine vordergründig didaktische Erzählung soll Entsetzen und Abscheu bewirken. „Die Zuckerbäcker ..., die Wäscher weigern sich, ihre Arbeit zu machen; Kanalgräber ... Vogelfänger formieren sich zu Schlachtreihen ... Leute aus dem Delta tragen Schilde ... Die beste Erde ist in den Händen von Banden." Niederträchtige sind es, die nach Ipusers Worten Unruhe im Lande verbreiten: derjenige, der sich keine Hütte bauen konnte, der nicht einmal neben einer Mauer schlief, der niemals für sich selber arbeitete, der niemals feine Leinwand für sich selbst webte oder ein Boot für sich baute, der die Nacht im Kehricht verbrachte, der sich Korn borgen mußte. Voller Haß mahnt Ipuser wieder und wieder: „Seht doch, die einfachen Leute des Landes wurden reich. Die, die Reichtümer besaßen wurden mittellos ... Seht doch, den Starken des Landes, nicht berichtet man ihnen über die Lage des Volkes. Alles ist dem Untergang nahe. Seht doch, alle Handwerker, sie arbeiten nicht ... Die Ernte wird reif, aber keiner berichtet darüber. Der Schreiber sitzt in seiner Kanzlei, aber seine Hände haben nichts zu tun."[2] So wird von einem Angehörigen der oberen Gesellschaftsschichten, der sich aus Klasseninteresse zu einer umfassenden Schilderung sozialer Unruhen und ihrer aus seiner Sicht negativen Ergebnisse veranlaßt sieht, ganz bewußt der Eindruck der zügellosen, der gewalttätigen „Masse" geweckt, die, indem sie Untat an Untat reiht, das traditionelle Gesellschaftsgefüge aus den Angeln hebt und umkehrt. Betont werden die unliebsamen Folgen einer solchen Volkserhebung gerade für die herrschende Klasse, einmal, um die nötige Furcht zu erzeugen und keinen Leichtsinn aufkommen zu lassen, zum anderen, um den Willen zum konsequenten, dauernden Widerstand gegen diese von unten drohende stete soziale Gefahr wachzuhalten. Die Volksmassen selbst und ihre Handlungsweise werden diffamiert und historisch wie gesellschaftlich abgewertet.

1.2. Thersites. Solon. Petosarapis

In Homers „Ilias", die im 8. Jahrhundert v. u. Z. entstanden sein dürfte, sind die Heldentaten der adligen Einzelkämpfer, des Achilles, Patroklos, Odysseus, Agamemnon, Diomedes, Menelaos und anderer, ihr Lebensstil und ihre Bewaffnung bevorzugter Gegenstand dichterischen Gestaltens und naturalistisch detailgetreuer Beschreibung. Auch vom Volk ist hin und wieder die Rede, aber der Dichter verwendet keine Mühe auf seine genauere Kennzeichnung. Es bleibt in der „Ilias" eine undeutliche, gesichtslose, nicht weiter differenzierte Masse, sogar vor den Mauern Trojas, wo der gemeine Mann bedeutungslos und am Kriegsgeschehen kaum beteiligt zu sein scheint. Nur einmal greift in der Person des Thersites ein Vertreter des niederen Volkes aktiv in die Vorgänge um Troja ein. Thersites wird zum Wortführer der einfachen Krieger und Schiffsleute, die der Kämpfe müde sind, nach

Hause wollen und sich weigern, die nun schon das zehnte Jahr andauernde, in ihren Augen aussichtslose Belagerung Trojas fortzusetzen. Mit dieser Haltung geraten sie und vor allem ihr Sprecher in schärfsten Widerspruch zu ihren adligen, nach Ruhm und Beute hungernden Anführern. Hin und her gehen in der Heeresversammlung die Meinungen, „wie schwellende Wogen des Meeres auf der ikarischen Flut, wenn hoch sie der Ost- und der Südwind aufstürmt, schnell dem Gewölke des Donnerers Zeus sich entstürzend". Die Griechen drängten zum Abbruch des Krieges und zur schleunigen Rückkehr. „Hin mit Geschrei nun stürzte das Volk zu den Schiffen", heißt es dazu in der „Ilias", „empor stieg unter dem Fußtritt finsterer Staub in die Luft; sie ermunterten einer den anderen, anzugreifen die Schiff' und zu ziehn in die heilige Meerflut; und man räumte die Graben; es scholl gen Himmel der heimwärts Strebenden Ruf; und den Schiffen entzog man die stützenden Balken." In dieser kritischen Situation beruhigt Odysseus mit schmeichelnden Worten, Schlägen und Drohungen die aufgebrachten Männer und führt sie in die Versammlung zurück.

„Nur Thersites erhob sein zügelloses Geschrei noch: dessen Herz mit vielen und törichten Worten erfüllt war, immer verkehrt, nicht der Ordnung gemäß, mit den Fürsten zu hadern, wo ihm nur etwas erschien, das lächerlich vor den Argeiern wäre. Der häßlichste Mann vor Ilios war er gekommen: schielend war er, und lahm am anderen Fuß; und die Schultern höckerig, gegen die Brust ihm geengt; und oben erhob sich spitz sein Haupt, auf der Scheitel mit dünnlicher Wolle besäet." Er sagt sehr unangenehme Wahrheiten. Vor allem wendet er sich gegen den habsüchtigen Agamemnon, dessen Zelte voll sind von Erz und vielen Weibern, der aber schier unersättlich ist in seiner Gier nach immer neuen Reichtümern. Wieder muß Odysseus einschreiten, um Thersites zum Schweigen zu bringen.

„Finster schaut er auf jenen, und rief die drohenden Worte:
törichter Schwätzer Thersites, obgleich ein tönender Redner,
schweig', und enthalte dich, immer allein mit den Fürsten zu
hadern! Denn nicht mein' ich, daß irgend ein schlechterer Mensch
wie du selber
wandle, so viel herzogen mit Atreus' Söhnen vor Troja!
Also der Held; und zugleich mit dem Zepter ihm Rücken und Schultern
schlug er; da wand sich jener, und häufig stürzt ihm die Träne.
Eine Striem' erhob sich mit Blut aufschwellend am Rücken

unter des Zepters Gold. Er setzte sich nun, und bebte,
murrend vor Schmerz, mit entstelltem Gesicht, und wischte die Trän'
ab."[3]

Welch einen Gegensatz, ihn dichterisch noch überhöhend, stellt Homer
hier zur Schau: Auf der einen Seite findet sich Thersites, der „Volks-
vertreter", der verwachsene, geschwätzige und keifende Demagoge,
der häßlichste unter den griechischen Männern vor Troja, auf der
anderen – der goldstrahlende, herrliche, starke, edle, weise, locken-
umkränzte und göttergleiche Held Odysseus. Thersites wird schließlich von Achilles umgebracht. Er hatte die tote Amazone Penthesi-
leia, die den Trojanern zu Hilfe geeilt und im Kampf gegen Achilles
gefallen war, geschmäht und dabei auch Achilles' Gefühle schwer
verletzt. Während Achilles vor der Leiche der schönen Amazone
steht, tritt Thersites mit folgenden Worten an ihn heran: „Tor, warum
grämst du dich wegen der Amazone, die uns allen so viel Unheil
gebracht? Dein weibersüchtiges Herz empfindet Liebeskummer um
sie, wie um eine süße Braut. Hätte sie doch erst dich mit dem Speere
durchbohrt, da deine Gedanken so an Weibern hängen und du alle
Tapferkeit vergißt." Zur Bekräftigung stieß Thersites der toten Pen-
thesilea seinen Speer ins Auge. Da traf ihn der Faustschlag des wut-
entbrannten Achilles und mit einem Strom von Blut fielen ihm alle
Zähne aus dem Mund. Selbst dieser letzte Zwischenfall zeigt uns den
Wortführer der einfachen griechischen Waffengenossen vor Troja
wiederum in einem sehr ungünstigen Lichte. Darin äußert sich die
subjektive Art und Weise abwertender Darstellung der unteren
Volksschichten durch die herrschende Klasse – auch mit den Mitteln
der Kunst. Hesiod, in dessen Dichtung nicht mehr die adlige Herren-
schicht dominiert, schildert in seiner wohl wichtigsten Schöpfung, dem
Lehrpoem „Werke und Tage", die Welt des kleinen und mittleren
Bauern, seine Nöte und Anstrengungen, mit den Widerwärtigkeiten
der Natur und des Lebens fertigzuwerden. Zugleich flicht er, da er
selbst aus bäuerlichem Milieu kommt, eine Fülle von praktischen Rat-
schlägen für Ackerbau, Viehhaltung, Hauswirtschaft und eine vernünftige Eheführung in seine Verserzählung ein. Hesiods „Werke und
Tage" sind einer der überaus seltenen Fälle in der antiken Literatur, in denen das weltanschauliche und soziale Denken, die Arbeit
und Kultur der unteren Volksschichten direkt faßbar werden. Übrigens soll, wie die Legende erzählt, in einem Dichterwettkampf, den
Homer und Hesiod gegeneinander austrugen, der Siegerpreis Hesiod

zuerkannt worden sein, weil er, nicht wie Homer Schlachten und Kämpfe, sondern die Arbeit und den Frieden besang.

In der Zeit vom 8. bis 6. Jahrhundert v. u. Z. verschärften sich die sozialen Widersprüche in Griechenland, und vor allem in Attika, erheblich. Ein langwieriger Kampf zwischen der Masse des Volkes und der Sippenaristokratie, die zur herrschenden Klasse wurde, brach aus. Aristoteles bemerkte dazu in seiner „Schrift vom Staatswesen der Athener": „Der ganze Grundbesitz befand sich in der Hand einiger weniger reicher Leute, denen die verarmten Bauern mit Weib und Kind dienstbar waren." Verschuldeten sie und gerieten sie mit ihren Zahlungen in Rückstand, „verfielen sie mit Leib und Leben dem Grundbesitzer, sie selbst wie ihre Söhne ... Am schwersten und bittersten empfand es die Menge, daß sie von allen Regierungsstellen ausgeschlossen war, aber es gab noch manches andere, was sie empörte, denn im Grunde hatte das Volk überhaupt keine Rechte." So darf es nicht verwundern, daß, wie der Philosoph fortfährt, „diese Zustände und besonders das Verhältnis der Knechtschaft, in welchem die große Masse zu den wenigen Reichen stand, das Volk zur Gegenwehr zwangen".[4]

Die bäuerlichen Produzenten auf dem Lande, die Handwerker und Händler in den sich noch formierenden städtischen Siedlungen begehrten auf gegen die Allgewalt und die Willkür der landbesitzenden Sippenaristokratie, die in ihren Händen die ökonomische und politische Macht konzentrierte. Der Demos, das von allen Rechten ausgeschlossene einfache Volk, wehrte sich gegen Rechtsbeugung, sozialen Ruin, Schuldsklaverei und forderte die Neuaufteilung des Grund und Bodens, eine Lastenabschüttlung (Entschuldung) und den Zugang zu politischen Ämtern. Eine Situation war entstanden, in der die Volksmassen unter den existierenden Bedingungen nicht mehr weiter leben wollten, während sich die Obrigkeit, die „aristoi" (die „Besten", die „Führer"), außerstande sah, ihre traditionelle Herrschaft auf bisherige Weise aufrechtzuerhalten und fortzusetzen. Die bäuerlichen und städtischen Volksmassen in Attika hatten mit ihrem Widerstand gegen die ökonomischen und politischen Machtansprüche den Boden für die, so F. Engels, erste „der sogenannten politischen Revolutionen" vorbereitet, die Reformen des Solon im Jahre 594 v. u. Z. in Athen.[5]

Solon setzte das Eigentum an die Stelle der Herkunft, machte die politischen Rechte abhängig von der Höhe des Vermögens und schränkte damit das politische Wirkungsfeld der Sippenaristokratie empfindlich ein. Er stabilisierte das kleine und mittlere Grundeigentum, verbot die Schuldsklaverei und förderte durch eine Reihe von Maßnahmen jene zwei Sphären menschlicher Tätigkeit, die für die künftige ökonomische und politische Entwicklung Griechenlands, vorrangig Athens, von entscheidender Bedeutung werden sollten: das Handwerk und den Handel.

Die außerordentlich aktive Rolle der unteren Volksschichten in den sozialen und politischen Auseinandersetzungen des 7. bis 6. Jahrhunderts v. u. Z. ist offenkundig. Keinem Zweifel unterliegt auch, welch gewaltige stimulierende Wirkung sie auf den historischen Fortschritt ausübten, der in Athen schließlich in die demokratischen Verhältnisse unter Perikles einmündete. Aber selbst in solcher Zeit erhöhter sozialer und politischer Aktivität der Volksmassen kamen die Persönlichkeiten, die auf der Geschichtsbühne handelnd hervortraten, nicht aus ihrer Mitte, sondern aus vornehmlich aristokratischen Geschlechtern: Drakon, der um 621 v. u. Z. das Gewohnheitsrecht schriftlich niederlegen ließ, der Olympiasieger von 640 v. u. Z., Kylon, dessen Umsturzversuch scheiterte, Solon, Peisistratos, der athenische Tyrann von 561 bis 527 v. u. Z., Kleisthenes, der mit seinen Reformen 508/07 v. u. Z. einen weiteren bedeutungsvollen Schritt zur Entfaltung der Sklavenhalterdemokratie auf attischem Boden machte. Hinter der politischen Leistung dieser führenden Männer, die zumeist progressiv-oppositionellen Schichten der herrschenden Klasse angehörten, hinter ihrem subjektiven Tateifer standen letztlich jedoch die unmißverständlichen und nicht mehr zu umgehenden Forderungen des ländlichen und städtischen Demos nach gesellschaftlichen Veränderungen, seine soziale und politische Schubkraft bei der Durchsetzung historisch fortschrittlicher Zielstellungen.

Im Jahre 165 v. u. Z. kam es in der Hauptstadt des ptolemäischen Ägypten, in Alexandreia, zu einer Erhebung, die, nachdem ihr hier der Boden entzogen worden war, in südlichere Landesteile übersprang. Der Aufstand, an dem ungefähr viertausend ägyptische Soldaten teilnahmen, erfaßte in erster Linie die unteren Volksschichten, insbesondere natürlich die bäuerliche Bevölkerung. Er richtet sich gegen soziale Mißstände und die allgemeine wirtschaftliche Zerrüttung, die im Lande um sich griff, weil die schwächer werdende ptolemäische Zentralgewalt ihre staatlich-organisatorischen Aufgaben nur noch unzureichend erfüllte, zugleich aber den Druck auf die arbeitende Bevölkerung verstärkte. Urkunden wurden verbrannt und Tempel zerstört. Königliche Truppen schlugen nicht ohne Mühe die Volksbewegung nieder. Viele der Aufständischen verloren ihr Leben, mußten sich in den Sümpfen oder der Wüste verstecken, von wo aus sie ein Dasein als Räuber fristeten. An der Spitze des Aufruhrs, der in einer königlichen Urkunde als ein schlimmes Unglück bezeichnet wird, stand Dionysios Petosarapis, wiederum ein Mann, der nicht zum einfachen Volke gehörte, sondern ein in Alexandreia einflußreicher politischer und militärischer Amtsträger gewesen war.

Es ist ein langer, sich über Jahrhunderte erstreckender und opferreicher Weg, den die unterdrückten Klassen gehen müssen, ehe sie ein Klassenbewußtsein, eine wissenschaftlich begründete Weltanschauung, einen hohen Grad der Organisiertheit und einen eigenen Führungskader entwickeln. Dieser Prozeß verlief parallel zur Entwicklung der Produktivkräfte und Produktionsverhältnisse. Er wird durch sie objektiv ursächlich bedingt. Hinzu kommt, daß sich mit dem Aufstieg von niederen zu höheren Formen gesellschaftlicher Organisation der Staat als Machtinstrument der herrschenden Klasse vervollkommnet, sich der gesamte systemerhaltende Mechanismus des gesellschaftlichen Überbaus verfeinert. Der Druck von oben wird immer härter, die Mittel der Machtausübung und der Machtbewahrung werden immer wirksamer. So sehen sich die unterdrückten und ausgebeuteten Klassen, und insbesondere die jeweils fortschrittsträchtigste unter ihnen, dem Zwang ausgesetzt, nun ihrerseits neue Methoden und Wege des sozialen und politischen Kampfes zu finden, auch bessere Organisationsmethoden zu schaffen.

Über Jahrtausende wirkt dieses dialektische Wechselverhältnis von Druck und Gegendruck im Klassenkampf, kompliziert sich der Gegensatz zwischen Ausgebeuteten und Ausbeutern, zwischen Unterdrückten und Unterdrückern. Das hat an beiden sozialen und gesellschaftlichen Polen einen ständigen Zuwachs an Schärfe und Anforderungen im Antagonismus des Klassenkampfes zur Folge, bis endlich das in einem hohen Grade politisch organisierte, mit der Ideologie des Marxismus-Leninismus ausgerüstete und von einer Kampfpartei geführte Proletariat die kapitalistische Gesellschaftsordnung restlos zerschlägt. Im Verlauf des ständigen welthistorischen Ringens der antagonistischen Klassen miteinander traten die unteren Volksschichten, trat die geschichtstragende „Masse" der unmittelbaren Produzenten allmählich aus dem Dunkel der Anonymität heraus. Sie sammelte sich in eigenen festen Organisationen, wurde sich ihrer selbst, der eigenen Kraft bewußt und befreite sich in der Endkonsequenz selbst aus der Bevormundung durch die herrschende Klasse.

2
Der Klassenkampf der Sklaven

2.1. Entwicklung der Sklaverei und soziale Kämpfe der Freien in Rom im 2. Jahrhundert v. u. Z.

Es ist an sich müßig zu fragen, wie die Weltgeschichte verlaufen wäre, wenn die Sklaven in einem ihrer großen Aufstände wirklich einen bleibenden Sieg errungen hätten? Der Versuch, eine Antwort auf diese eigentlich unhistorische Frage zu finden, käme der Lösung eines Rätsels ohne Sinn gleich, denn solche Siege der Sklaven, die einen grundsätzlichen Wechsel der gesellschaftlichen Verhältnisse eingeleitet hätten, gab es nicht und konnte es nicht geben. Notwendig ist es dagegen, zu überdenken, welche historische Rolle die Sklaven in der Tat zu spielen vermochten, und wo sie ihren Platz in der Geschichte, besonders in der Geschichte der Klassenkämpfe, hatten.

Solange der Klassenkampf in den ersten Klassengesellschaften über niedere Formen nicht hinauskam und auch einen gewissen quantitativen Rahmen nicht überstieg, traten die unterdrückten und ausgebeuteten unmittelbaren Produzenten, handelnd als Masse, Gruppe oder Individuum, nur wenig in Erscheinung. Ihre Möglichkeiten, im Klassenkampf wirksam zu werden, die Formen, Richtungen und Ziele dieses Kampfes waren zum einen durch das Wesen der altorientalischen und antiken Gesellschaftsformationen vorherbestimmt, zum anderen hingen sie vom objektiv bestimmten Platz der jeweiligen sozialen Klasse oder Schicht in der gesellschaftlichen Gesamtstruktur ab.

Für den freien Bevölkerungsteil gibt es im Vergleich mit den Sklaven eine nicht zu unterschätzende, unbedingt zu beachtende Besonderheit. Der freie Teil der Volksmassen konnte seine sozialen Forderungen auch mit politischen Mitteln durchsetzen, denn dafür ließen sich die ihm, vor allem den freien Bürgern, zugänglichen verschiedenen politischen Ebenen der antiken Staatswesen nutzen. Die freie Bevölkerung Attikas, die weitgehend mit der Bürgerschaft der Polis Athen identisch war, konnte im 5./4. Jahrhundert v. u. Z., wenngleich in ihren politischen Rechten nach der Vermögenslage unterschiedlich eingestuft, in der Volksversammlung, dem Volksgericht, dem Rat der 500 und den öffentlichen Ämtern auf legale Weise politisch wirksam werden. Nicht anders lagen die Dinge zuzeiten der Republik in Rom, wo der Vollbürger eine Reihe von Rechten besaß, die ihn politisch handlungsfähig machten. Er nahm an den Volksversammlungen teil, stimmte dort für oder gegen eingebrachte Anträge und durfte als Beamter gewählt werden. Für den Mann aus dem Volke freilich kam die Ausübung eines öffentlichen Amtes kaum in Betracht. Beamtensold gab es nicht und die Kosten, die der Amtsaufwand verursachte, mußten überwiegend selber getragen werden. Zweifellos setzte das römische öffentliche Amt, das ja ein Ehrenamt war, bei seinem Träger bestimmte persönliche Qualitäten voraus, aber eben auch, und das vor allen Dingen, entsprechende materielle Grundlagen, Vermögen und Reichtum.

Die sozialen Kämpfe unter der freien Bevölkerung konnten zum direkten Aufeinanderprallen von Bevorteilten und Benachteiligten, von Ausgebeuteten und Ausbeutern, von Beherrschten und Herrschenden führen. Sie konnten unter antiken Bedingungen aber auch innerhalb des jeweiligen Staatsmechanismus auf dessen politischen Ebenen ausgetragen werden oder sich in Fraktionskämpfen der herrschenden Klasse äußern. Auf diesem Wege ließen sich Mißstände beseitigen, gesellschaftliche Disproportionen zurechtrücken, die zwischen dem sozialen Gewicht und der politischen Mündigkeit einzelner Schichten und Gruppen der freien römischen Bevölkerung bestanden, und Kompromisse finden. Die Lösung der sozialen Widersprüche, die den ursächlichen Beweggrund aller dieser Auseinandersetzungen darstellten, war so aber nicht zu erreichen. Dazu hätte es der grundsätzlichen Umgestaltung, der Aufhebung der antiken Gesellschaftsverhältnisse bedurft.

Die soziale Interessenlage und die sozialen Spannungen an der Basis des römischen Staates, die sozialen Forderungen, die dort laut wurden, fanden ihren Niederschlag in politischen Reibereien und oft in ungemein harten Auseinandersetzungen an der Führungsspitze der römischen Republik, in Kontroversen, deren Verlauf den Mord am politischen Gegner nicht ausschloß. Ein beredtes Beispiel dafür sind die politischen Kämpfe, die um die Agrarprojekte, die Reformversuche der beiden Brüder Tiberius und Gaius Gracchus entbrannten. Nach 200 v. u. Z., nach dem 2. Punischen Kriege, als Hannibal über die Alpen in die Poebene eingedrungen und weit in den Süden des Landes, fast vor die Tore Roms marschiert war, machten sich in Italien der Niedergang des römisch-italischen Bauernstandes und ein allgemeiner Verfall der Landwirtschaft, genauer gesagt, die Auflösung ihrer traditionellen Organisationsstruktur bemerkbar. Die meisten der römischen Bürger waren Bauern. Sie standen in den Legionen, die Rom; beginnend mit dem 2. Jh. v. u. Z. nach allen Himmelsrichtungen in alle Ecken und Winkel der Mittelmeerwelt aussandte: nach Spanien, Nordafrika, Syrien, Kleinasien, Griechenland, Makedonien und Thrakien. Noch galt, daß der römische Bauer zugleich Bürger und Soldat war. Roms Macht trugen die Bauern über die Grenzen Italiens hinaus.

Roms Expansion ging, bleibt man beim römischen Volk, zu Lasten der Bauernschaft. Eroberungspolitik bedeutete Kriege und diese wiederum oft jahrelangen Felddienst für die Bauern. In der Zwischenzeit aber verfielen ihre Wirtschaften. Viele Bauerngüter waren während der Feldzüge Hannibals ruiniert worden und Tausende von Landwirten in den Schlachten gefallen. Die Hälfte aller römischen Bürger soll allein der 2. Punische Krieg hinweggerafft haben. Die Belastungen des römisch-italischen Bauernstandes durch Roms expansionistische Kriege waren nur der eine Grund seines Niedergangs, aber nicht der hauptsächlichste. Den anderen und hauptsächlichsten bildeten die Entstehung und ständige Ausweitung des Großgrundbesitzes, der sich von Rom aus wie ein Krebsgeschwür ins Land hineinfraß. Mit den römischen Eroberungen hatte ein starker Geldfluß nach Italien eingesetzt. Gewaltige finanzielle Mittel wurden in Spanien und in den hellenistischen Reichen, in Syrien, Makedonien und Pergamon, abgeschöpft und aus Karthago, überhaupt aus allen römischen Provinzen herausgepreßt. Die Karthager, Syrer und Makedonen hatten allein 150 000 Talente an Kriegskontributionen aufzubringen. Dieses Geld diente der Finanzierung von Staatsausgaben, aber auch der Befriedigung anspruchsvoller Bedürfnisse einer Minderheit, dem Konsum von Luxus und Genuß. Es fand, wenngleich in nur bescheidenem Umfange, Anwendung im Handwerk und Handel, wurde demgegenüber jedoch bevorzugt in den landwirtschaftlichen Bereich gelenkt. Nach antiken Vorstellungen war der Kauf von Grund und Boden die sicherste und ehrenhafteste Form der Geldanlage.

An Roms räuberische Expansionspolitik knüpfte sich noch ein weiterer Umstand, der wesentlich für die Entwicklung der römisch-italischen Landwirtschaft und des Großgrundbesitzes werden sollte. Die Beschäftigung von Sklaven in der Landwirtschaft brachte demjenigen, der das konnte, weil er Land und Geld genug besaß, einen ökonomischen Vorsprung vor Landwirten, die ohne die Unterstützung und Ausbeutung von Sklaven auskommen mußten. Der bäuerliche Kleinbetrieb, der nur auf der Arbeit der eigenen Familienangehörigen beruhte und vielleicht ein bis zwei Sklaven zu Hilfe nahm, war den größeren Gütern mit mehr Sklaven von vornherein wirtschaftlich unterlegen und geriet nicht selten in deren Abhängigkeit.

Als im Ergebnis der vielen siegreich verlaufenden Kriege Länder und Völker römischer Herrschaft unterworfen wurden, ergoß sich ein beinah unendlicher Strom von Sklaven nach Italien. Tausende, die nach verlorenen Schlachten in Gefangenschaft gerieten oder als Einwohner eroberter Städte in die Hände der Römer fielen, wurden in die Sklaverei verkauft.

30 000 Tarentiner sollen im Jahre 209 v. u. Z. nach Einnahme der Stadt zu Sklaven gemacht worden sein, wie der Historiker Titus Livius berichtet. 200 v. u. Z. erlitten nach der Schlacht bei Kynoskephalai, die dem Makedonenkönig Philipp V. eine vernichtende Niederlage brachte, ungefähr 5 000 Gefangene das gleiche Schicksal. Nicht anders war das Los der 20 000 aufständischen und dann geschlagenen Sarden (177 v. u. Z.), der 5 632 Istrier, die sich im gleichen Jahr gegen Rom erhoben hatten, der 150 000 Griechen aus Epirus (167 v. u. Z.), der 10 000 aufständischen Keltiberer (147 v. u. Z.), der 55 000 Karthager nach erfolgter Niederlage im 3. Punischen Kriege und der völligen Zerstörung ihrer Stadt im Jahre 146 v. u. Z., der Einwohner Korinths, das ebenfalls 146 v. u. Z. dem Erdboden gleichgemacht wurde, und der in Spanien gelegenen Stadt Numantia (133 v. u. Z.), der 60 000 Kimbern und 90 000 Teutonen, die 102 bis 101 v. u. Z. die Beute des Marius wurden.

Damit sind nur einige markante Punkte aus der langen Reihe sich wiederholender Gefangennahmen, Entvölkerungen und Versklavungen genannt. Rom führte fast pausenlos Krieg. Seine Eroberungssucht kannte keine Grenzen. 201 v. u. Z. wurde mit Karthago Frieden geschlossen. Im nächsten Jahr begann der 2. Makedonische Krieg, der bis 197 v. u. Z. dauerte. Zur selben Zeit etwa mußten (200–177 v. u. Z.) mehrere Feldzüge zur Sicherung Oberitaliens unternommen werden. 192 v. u. Z. folgten die Auseinandersetzungen mit dem seleukidisch-syrischen König Antiochos III., genannt der Große, die 188 v. u. Z. mit dem Frieden von Apameia zu Ende gingen. Der 3. Makedonische Krieg währte von 171 bis 167 v. u. Z. Dann kamen die spanischen Kriege (154–133 v. u. Z.) und der 3. Punische Krieg (149 bis 146 v. u. Z.). Auch diese Aufzählung ließe sich fortsetzen.

Sklaven in großer Menge gelangten nach Italien. Sie waren sehr billig und konnten immer auf dem Markt erworben werden. Es bestand kein Mangel, eher ein Überfluß. Die Sklaven wurden vor allem in der Landwirtschaft verwendet, weil dort ihr Einsatz in größerer Zahl möglich und zweckmäßig war. Das althergebrachte System der Pächterwirtschaft und die Beschäftigung von freien Tagelöhnern, auf die jetzt verzichtet werden konnte, erforderten vom Grundherrn mehr Mittel als der weniger aufwendige Sklave, der nun zum bevorzugten Ausbeutungsobjekt wurde. Mit ihm zu wirtschaften war unter den gegebenen Umständen einträglicher, was zur Folge hatte, daß im 2. und 1. Jh. v. u. Z. im agrarischen Bereich der überwiegend mit Sklaven arbeitende Großgrundbesitz dominierte. Drei Faktoren wirkten zu gleicher Zeit: die ökonomische Schwächung des römisch-italischen Bauernstandes, die Anhäufung von Geldmitteln in den Händen der Nobilität und der Ritter, das Vorhandensein eines billigen und konstanten Sklavenangebots. Die beiden letzten drängten förmlich zu einer Ausweitung des Großgrundbesitzes und zur Sklavenhaltung großen Stils.

Es gab zwei Wege der Entstehung und der Erweiterung des Großgrundbesitzes. Der eine bestand darin, Teile des *ager publicus*, des römischen Staatslandes, zu okkupieren, d. h. gegen eine geringe Abgabe in Gebrauch zu nehmen. Das war nur dem möglich, der die entsprechenden Mittel zur tatsächlichen Nutzung des brachliegenden Staatslandes besaß. Dazu gehörten sowohl Gerätschaften und Vieh, als auch die nötigen Arbeitskräfte.

Naturgemäß waren nur Angehörige der beiden obersten Schichten der römischen Sklavereigesellschaft in der Lage, Staatsland in Nutzung zu nehmen, und sie haben es in einem solchen Umfange getan, daß sehr bald Höchstnormen gesetzlich festgelegt werden mußten. Aufhalten ließ sich der Konzentrierungsprozeß des Grund und Bodens deshalb aber nicht.

Gleichzeitig wurde die ökonomische und machtpolitische Grundlage für den anderen Weg, den Großgrundbesitz auszudehnen, geschaffen. Dieser Weg ging eindeutig zu Lasten der kleinbäuerlichen Wirtschaften, die, weil sie ökonomisch geschwächt oder dem Ruin nahe waren, aufgegeben und von finanzkräftigen Käufern aus den Reihen der Nobilität oder der Ritterschaft, die natürlich den Preis diktierten, erworben wurden. Vielfach griffen die Großgrundbesitzer zum Mittel der Gewalt und vertrieben rücksichtslos die Eigentümer der landwirtschaftlichen Kleinbetriebe. Ein regelrechtes „Bauernlegen", ein Aufsaugen der kleineren und mittleren Bauerngüter durch den Großgrundbesitz, setzte ein.

Appian, der aus Alexandreia gebürtige Historiker (100–170 u. Z.) und Verfasser einer 24 Bücher umfassenden „Römischen Geschichte", berichtet darüber unmißverständlich: „Die Reichen eigneten sich den größeren Teil des nicht verteilten Bodens an und meinten, auf die Zeit vertrauend, er werde ihnen nicht mehr abgenommen werden. Sie brachten die angrenzenden Felder und die Parzellen ihrer armen Nachbarn teils durch Kauf mittels Überredung, teils durch gewaltsame Wegnahme an sich und kamen schließlich soweit, daß sie statt einzelner Güter große Landstriche bewirtschafteten, für deren Bestellung sie gekaufte Landarbeiter und Hirten verwendeten, da diese nicht wie die freien Arbeiter von der Landarbeit weg zum Heeresdienst eingezogen wurden. Zugleich brachte ihnen der Besitz von Sklaven große Gewinne infolge des Kinderreichtums der Sklaven ... Infolgedessen wurden die Mächtigen außerordentlich reich, und die Zahl der Sklaven im Lande wuchs, während die Italiker an Zahl und Stärke abnahmen, da Armut, Kriegssteuern und Kriegsdienste sie ruinierten. Aber auch wenn sie davon verschont blieben, waren sie zur Untätigkeit verurteilt, da der Boden sich in den Händen der Reichen befand, die als Landarbeiter Sklaven an Stelle von Freien verwendeten."[6]

Mit dem 2. Jh. v. u. Z. trat die römische Gesellschaft in die Phase entwickelter Sklavereiverhältnisse ein. Es wäre aber falsch, deshalb glauben zu wollen, daß die Sklavenarbeit, die von nun an ein wirklich großes Ausmaß erreichte, den freien unmittelbar selbstwirtschaftenden Bauern völlig verdrängt habe. In Italien gab es nach wie vor genügend dörfliche Gemeinwesen, und in sie eingebunden freie kleinbäuerliche Produzenten. Doch der bäuerliche Kleinbetrieb war nicht imstande, mit den großen Gütern zu konkurrieren. Diese hatten sich, da billiges Getreide nach Italien und vor allem nach Rom eingeführt wurde, beispielsweise aus Sizilien, einer der Kornkammern des Mittelmeerraumes, der Viehzucht, Gemüsekulturen, dem Öl- und Weinanbau zugewandt und produzierten stark marktbezogen. So herrschten zwei Betriebsformen in der Landwirtschaft vor und bestimmten das Niveau und die weitere Entwicklung der Produktivkräfte: das mittlere Landgut, die mittlere *villa rustica*, und der große Grundbesitz, das *latifundium*. Beide arbeiteten mit Sklaven, und in beiden eröffneten sich sowohl in der Arbeitsorganisation, im Zusammenwirken vieler Arbeitskräfte, als auch in der Anwendung von Arbeitsgeräten, in der Planung und Normierung des Arbeitsprozesses ganz andere Möglichkeiten als sie der kleinbäuerliche Betrieb mit seinem Konservatismus bot. Natürlich behinderte in der Endkonsequenz das Produktions- und Ausbeutungsverhältnis der Sklaverei, vor allem unter den Bedingungen des extensiv wirtschaftenden Latifundiums, den Progreß der Produktivkräfte, förderte es Stagnation und Rückläufigkeit im ökonomischen System der Sklavereigesellschaft. Vorerst aber bedeutete der Großgrundbesitz mit den zwei Betriebsarten, dem mittleren Landgut und dem Latifundium, dem mit der Sklaverei gekoppelte Großgrundbesitz, einen Schritt nach vorn. Gerade die mittleren Landgüter sind es, die über ihre Marktbeziehungen die Entwicklung der kleinen Warenwirtschaft, des Ware-Geldverkehrs stimulierten und zu einer Intensivierung des Wirtschaftslebens im römischen Italien beitrugen.

Die extensiven Großwirtschaften, die Latifundien, stellten zweifellos eine spezifische Erscheinung der römischen Sklavereigesellschaft dar. Sie hatten zwei entscheidende Dinge zur Voraussetzung: große zusammenhängende Landflächen, die es beispielsweise in Griechenland nicht gab, und eine ständige Zufuhr billiger unfreier Arbeitskräfte, die durch die erfolgreichen Kriege Roms außerhalb Italiens für das 2. und 1. Jh. v. u. Z. tatsächlich gewährleistet war. Auf den Latifundien, und eigentlich nur hier, herrschten die Zustände, die gemeinhin als Massensklaverei bezeichnet werden. Die Kopplung von Latifundium und Massensklaverei war zwar typisch für die entwickelten Sklavereiverhältnisse in Rom und nur unter diesen Bedingungen möglich, überlebte sich aber bald. Das Latifundium erwies sich auf die Dauer als zu wenig leistungsfähig, wurde rasch unrentabel, war ein zu schwerfälliges ökonomisches Gebilde und trug, verglichen mit den viel intensiver wirtschaftenden kleinen und mittleren Landgütern, zeitweiligeren Charakter. Im 2. und 1. Jh. v. u. Z. war es jedoch in Italien noch verhältnismäßig weit verbreitet, denn der römische Senat ließ nach der Vernichtung Karthagos, weil offensichtlich ein akuter Bedarf an einer Art Handbuch für das mit Sklaven arbeitende landwirtschaftliche Großgut bestand, das Werk des Puniers Mago, eine aus 28 Büchern bestehende Abhandlung über die Landwirtschaft, ins Lateinische übersetzen. Die Römer scheuten sich also nicht, von ihren Gegnern, den Karthagern, zu lernen, die auf ihren Besitzungen in Nordafrika einschlägige Erfahrungen in der Bewirtschaftung großer Landgüter gesammelt hatten.

Die Entwicklung der römischen Gesellschaft im 2./1. Jh. v. u. Z.

wurde einerseits vornehmlich geprägt durch die Ausbreitung des Großgrundbesitzes und den Rückgang der freien kleinen Bauernwirtschaften, andererseits durch die volle Entfaltung der Sklavereiverhältnisse. An die Stelle der kleinbäuerlichen Produktionsweise, die an Bedeutung verloren hatte, trat als nun dominierender ökonomischer Faktor die „reine Sklavenwirtschaft", nachdem, wie K. Marx dazu feststellte, „der Wucher der römischen Patrizier die römischen Plebejer, die Kleinbauern, völlig ruiniert hatte".[7]

Die Folge dieser Prozesse war eine merkliche Zuspitzung der sozialen Antagonismen, des Widerspruchs zwischen einer Masse von Sklaven, ihren unmittelbaren Ausbeutern und der Gesellschaft der Freien, vor allem aber des Gegensatzes von großem und kleinem Grundeigentum, der sich wie ein roter Faden durch die Geschichte der römischen Republik zieht. Die „Geheimgeschichte" der römischen Republik, um Worte von K. Marx aus dem „Kapital" zu gebrauchen, bildet die Geschichte des Grundeigentums. Früher schon, in einem Brief an F. Engels, hatte K. Marx in klarer Erkenntnis dieses Zusammenhanges geschrieben, daß die innere Geschichte des republikanischen Roms sich klar auflöst „in den Kampf des kleinen mit dem großen Grundeigentum, natürlich spezifisch modifiziert durch Sklavereiverhältnisse".[8]

Die soziale Problematik schob sich in den Vordergrund des römischen Gesellschaftslebens. Es wuchsen der Mißmut der unteren Bevölkerungsschichten, ihre Verdrossenheit über den Eigennutz, den Luxus und die elitäre Herrschaft der Nobilität. Einer dringenden Lösung bedurfte die Agrarfrage.

Ihr nahm sich, getragen von einer breiten Oppositionsbewegung gegen den Senat, Tiberius Sempronius Gracchus an, der 134 v. u.Z. zum Volkstribun gewählt wurde. Er entstammte einem vornehmen plebejischen Geschlecht, war einer der Enkel des Scipio Africanus, hatte eine ausgezeichnete Bildung und häusliche Erziehung genossen, unter den Mauern Karthagos und Numantias gekämpft und bereits einige öffentliche Ämter innegehabt.

Sein Bruder Gaius berichtete, nach dem Zeugnis des Plutarch, daß Tiberius, als er „auf seiner Reise nach Numantia durch Etrurien kam und die Öde des Landes sah, als er beobachtete, daß alle Feldarbeiter und Hirten fremde barbarische Sklaven waren", den Plan eines Agrargesetzes ins Auge faßte. „Den stärksten Anstoß aber", wie Plutarch weiter ausführt, hier seine Ehre zu suchen, „gab ihm übrigens das Volk selbst, das ihn durch Aufschriften in Hallen, an Hauswänden und Denkmälern aufforderte, den armen Bürgern das Staatsland zurückzugeben".[9] Gleich zu Beginn seiner Amtsperiode wurde von Tiberius Gracchus der Entwurf eines solchen Gesetzes eingebracht. Die Reichen und Besitzenden waren dagegen und bemühten sich, den Gesetzesvorschlag in Verruf zu bringen, ihm die Unterstützung durch das Volk zu nehmen.

In einer flammenden, beeindruckenden Rede, die zeigt, mit welcher Schärfe Tiberius Gracchus die ihn umgebende Wirklichkeit sah, verteidigte er leidenschaftlich das Projekt seines Agrargesetzes. Wie der Historiker Appian mitteilt, äußerte sich Tiberius Gracchus voller Unwillen über die Masse der Sklaven, die für den Krieg unbrauchbar und ihrem Herrn niemals treu sei; er erwähnte die Leiden, die vor kurzem in Sizilien den Herren von ihren Sklaven zugefügt worden waren.[10] Anklagend sind seine von Plutarch überlieferten Worte. „Die wilden Tiere, die Italien bevölkern, haben ihre Höhlen und kennen ihre Lagerstätte, ihren Schlupfwinkel. Die Männer aber, die für Italien kämpfen und sterben, haben nichts als Luft und Licht; unstet, ohne Haus und Heim, ziehen sie mit Weib und Kind im Lande umher. Die Feldherren lügen, wenn sie in der Schlacht ihre Soldaten aufrufen, Gräber und Heiligtümer gegen die Feinde zu verteidigen. Denn von so vielen Römern hat keiner einen Altar von seinen Vätern geerbt, kein Grabmahl seiner Ahnen. Für das Wohlleben und den Reichtum anderer setzen sie im Krieg ihr Leben ein. Herren der Welt werden sie genannt; in Wirklichkeit gehört ihnen kein Krümchen Erde zu eigen."[11]

Das Gesetz, das privates Grundeigentum unangetastet ließ, sah vor, den Umfang der Okkupation, der Nutzung von Staatsland zu beschränken. Keinem römischen oder italischen Familienoberhaupt sollte gestattet sein, mehr als 500 *iugera* für sich (ein *iugerum* entspricht etwa 0,25 ha) und je 250 *iugera* für die beiden ältesten Söhne in Besitz zu nehmen, so daß jede Familie maximal 1 000 *iugera* des *ager publicus* beanspruchen konnte. Dieses Land sollte zu freiem Eigentum werden, der über das festgesetzte Höchstmaß hinausgehende Grund und Boden jedoch gegen eine Entschädigung an den Staat zurückfallen, um in Parzellen zu je 30 *iugera* aufgeteilt, zur erblichen Nutzung, ohne das Recht der Veräußerung, an bedürftige Bauern verteilt zu werden. Mit dieser Agrarreform war beabsichtigt, den römisch-italischen Bauernstand als ein natürliches Bollwerk gegen die wachsende Menge der Sklaven zu stärken und damit die Rückläufigkeit der Bürgerzahl Roms aufzuhalten.

Der Gesetzesvorschlag rief Gegner und Anhänger gleichermaßen auf den Plan. „In Scharen strömten die Bauern vom Lande nach Rom, wie die Flüsse in das alles aufnehmende Meer", schrieb Diodor, ein Historiker des 1. Jh. v. u. Z.[12] Nicht nur die Bauern kamen, sondern auch andere Leute, Begüterte, die etwas zu verlieren hatten. Sie alle schlugen sich entweder auf die eine oder andere Seite, wurden in der Masse aktiv, setzten Krawalle in Szene und bereiteten sich so auf den Tag der Abstimmung vor.

Die Reichen und Besitzenden scheuten keine Anstrengungen, um die Annahme des Gesetzes um jeden Preis zu verhindern, während die Gegenseite ihr Bestes tat, um das Gesetz unter allen Umständen durchzubringen.

Am Tag der Abstimmung hielt Tiberius Gracchus nochmals eine längere Rede, in der er seinen Zuhörern unter anderem die Frage vorlegte, ob es nicht gerecht wäre, daß das, was allen gemeinsam gehöre, auch unter alle gemeinsam aufgeteilt werde.

Als das Gesetz verlesen werden sollte, legte der Amtskollege des Tiberius Gracchus, der Volkstribun Marcus Octavius, der selbst größere Ländereien besaß, auf Betreiben der Großgrundbesitzer sein Veto ein. Die Abstimmung mußte auf den nächsten Tag verschoben werden. Am zweiten Tag der Abstimmung sprach sich Marcus Octavius wiederum gegen das Gesetz aus. Es kam zu ernsthaften Tumulten, und nur mit Mühe konnte die erregte Menge besänftigt werden. Erst nachdem Marcus Octavius seines Amtes enthoben worden war, ein in der Geschichte Roms bis dahin unerhörter Vorgang, wurde das Agrarprogramm des Tiberius Gracchus angenommen, ohne den Passus der Entschädigung. Tiberius Gracchus hatte den Willen des Volkes, die Entscheidungsgewalt der Volksversammlung über die Staatstradition, über die römische Verfassung gestellt. Getragen war sein konsequentes, revolutionäres Auftreten vom Bewußtsein, im Interesse des Volkes zu handeln, dessen Sache er zu der seinen gemacht hatte, und damit im Interesse Roms.

Tiberius Gracchus war kein Umstürzler, er wollte nicht am Staatsfundament rütteln, keine grundsätzlichen gesellschaftlichen Veränderungen herbeiführen, sondern lediglich helfen, Rom von unten her zu sanieren, selbst gegen den Widerstand der obersten politischen Führungsschicht, um deren soziale Sicherheit und ökonomischen Wohlstand es ihm letztlich auch ging. Als nicht realisierbar erwies sich der Versuch, unter den Bedingungen der sich entfaltenden Sklavereigesellschaft den sozialen und politischen Status der freien römischen und italischen Bauernschaft zu stabilisieren, ungeachtet der positiven Tendenz, die der römische Bürgerzensus ausweist.

159 v. u. Z. gab es 328 316 römische Bürger. Ihre Zahl sank 147 v. u. Z. auf 322 000 ab, um im Jahre 136 v. u. Z. 317 933 zu erreichen. 125 v. u. Z., also noch vor dem Volkstribunat des Gaius Gracchus, erhöhte sie sich wieder auf 394 736.

Vorerst jedoch mußten große Anstrengungen unternommen werden, um das von der Volksversammlung gebilligte Agrargesetz verwirklichen zu können. Eine Dreimännerkommission wurde gewählt, der die schwierige Aufgabe zufiel, das Staatsland entsprechend den getroffenen gesetzlichen Festlegungen einzuziehen und neu aufzuteilen. Ihre Arbeit, die nur schleppend vorankam, wurde auf jede Weise behindert. Der Senat behandelte die Kommission mit offenem Hohn und setzte für sie ein Tagegeld fest, das ungefähr dem Verdienst eines Tagelöhners gleichkam.

Ein anderes Problem bestand darin, daß den mittellosen römischen und italischen Familien mit der Zuweisung von Land allein nicht gedient war. Zu seiner Bewirtschaftung wurde ein Minimum an Inventar, Saatgut und Vieh gebraucht. Das wiederum setzte entsprechende Geldmittel voraus, Summen, die von der römischen Staatskasse nicht aufzubringen waren. Doch es fand sich eine Lösung, denn der 133 v. u. Z. verstorbene König von Pergamon, Attalos III., hinterließ ein Testament, mit dem er das römische Volk zum Erben seines Reiches und seines sonstigen, sehr wertvollen Nachlasses machte. Die Römer jedenfalls behaupteten das, während große Teile der Bevölkerung Pergamons anders darüber dachten.

Dieses pergamenische Erbe forderte Tiberius Gracchus für die finanzielle Absicherung der Agrarreform. Er richtete an die Volksversammlung den Antrag, die Reichtümer Attalos III. zugunsten der neu zu schaffenden Bauernstellen zu verwenden. Dem Antrag wurde stattgegeben, obwohl der Senat kein Mittel unversucht ließ, dagegen vorzugehen. Dem Senat, der bisher unkontrolliert, eigenmächtig und zum Vorteil seiner Mitglieder über die staatlichen Finanzen verfügt hatte, war ein neuerlicher schwerer Schlag versetzt worden. Damit waren aber auch seine Geduld und die der begüterten Gesellschaftsschichten erschöpft, und selbst Tiberius Gracchus dürfte sich klar darüber gewesen sein, daß die römische Aristokratie seine Beseitigung jetzt ernsthaft plante. Aus diesem Grunde setzte er alles daran, für die nächste Amtsperiode wieder als Volkstribun gewählt zu werden. Er rief die Bauern von den Feldern, aber die waren mit der Ernte beschäftigt, und so mußte er sich an die städtischen Volksmassen wenden.

Die ärmeren Bevölkerungsteile lebten in Unruhe, weil sie, wie Appian berichtet, fürchteten, „sie würden künftig nicht mehr als gleichberechtigte Bürger leben können, sondern als Sklaven dienen müssen".[13] Ihre Sorge galt nicht minder dem Tiberius Gracchus, dessen Vernichtung sie zweifellos schwer getroffen hätte. Deshalb ergriffen sie Vorsichtsmaßregeln, um ihn vor möglichen Anschlägen zu schützen. Am Abend vor der Wahl wurde er von ihnen nach Hause begleitet und gebeten, zuversichtlich zu sein. Tiberius Gracchus versammelte noch in dieser Nacht seine Anhänger und besetzte das Capitol, wo die Wahl stattfinden sollte. Zur Abstimmung kam es aber nicht mehr, denn als man am nächsten Tag zum Wahlakt schreiten wollte, erhob sich ein wüster, von der Gegenseite inszenierter Tumult, in dessen Verlauf Tiberius Gracchus erschlagen wurde.

Die römische Aristokratie triumphierte. Wiederhergestellt schien die Macht des Senates. Viele Anhänger des Tiberius Gracchus waren Opfer des vom Senat gesteuerten Mordterrors geworden oder wurden in die Verbannung geschickt. Dennoch hatte sich die politische Situation nicht entspannt. Im Gegenteil, da der Druck des Volkes unvermindert andauerte und man seinen berechtigten Zorn fürchten mußte, sah der Senat sich gezwungen, von weiteren Behinderungen der Bodenneuverteilung Abstand zu nehmen.

Einen neuerlichen Aufschwung erlebte die Agrarbewegung, als Gaius Sempronius Gracchus in den Jahren 123 und 122 v. u. Z. das Amt des Volkstribunen bekleidete. Er soll ein aufrechter, energischer und redegewandter, mitunter jähzorniger Mann gewesen sein, jedoch kein Demagoge, wie ihm manchmal nachgesagt wird, sondern weit mehr ein verantwortungsbewußter, aus dem Zwang der Notwendigkeit heraus handelnder Politiker und Interessenvertreter des Volkes.

Die vermögenden Kreise in Rom, die römischen Aristokraten traten 124 v. u. Z. entschieden gegen die Kandidatur des Gaius Gracchus auf, während andererseits, wie seiner von Plutarch verfaßten Biographie zu entnehmen ist, „das untere Volk aus ganz Italien in solcher Masse nach der Hauptstadt zur Wahl zusammenströmte, daß es für viele an Wohnungen fehlte, das Wahlfeld nicht ausreichte, um die Menge zu fassen, und daher von allen Dächern und Giebeln die Stimmen zusammenschollen".[14]

Gaius Gracchus bemühte sich zunächst, die antisenatorische Opposition auf eine breitere soziale Basis zu stellen. Eine Reihe von Gesetzen wurde erlassen, die ihm die Sympathien des Volkes, auch der Ritterschaft einbrachten, und die Fortsetzung der Politik seines Bruders, ja sogar ein teilweises Hinausgehen über diese Politik bedeuteten. Im Interesse der minderbemittelten städtischen Plebejer, der stadtrömischen Proletarier, und der eigenen Popularität lag das Getreidegesetz *(lex frumentaria)*.

Es sah den regelmäßigen Verkauf stark verbilligten Brotgetreides von monatlich ungefähr 33 Kilogramm pro Familie zu etwa der Hälfte des üblichen Marktpreises vor. Das setzte natürlich eine Stützung durch Staatszuschüsse voraus. Mit dieser Art von Brotversorgung, teilfinanziert durch öffentliche Gelder, wurden insbesondere die unteren, die armen Schichten der Bevölkerung der Stadt Rom an den Einkünften beteiligt, die aus den Provinzen oder der Kriegsbeute kamen. Das Getreidegesetz trug unzweifelhaft doppeldeutigen Charakter. Einerseits war es eine demokratische Maßnahme, denn die materielle Unterstützung bedürftiger römischer Bürger wurde jetzt Staatspflicht. Andererseits förderte es auch in den unteren Gesellschaftsschichten ein parasitäres Verbrauchertum, eine parasitäre Lebenshaltung, die ihren Vorteil aus der Ausbeutung anderer zog, korrumpierte es Teile der stadtrömischen Bevölkerung, der Volksmassen, und deformierte sie sozial. Die römischen Plebejer wurden „brothörig" und damit politisch leichter manipulierbar, ein Umstand, der sich in der späteren Geschichte Roms noch negativ auswirken sollte. Außerdem zog das „billigere" Leben in Rom güterlose Landleute in die Stadt. Der erste Schritt zur Brot-und-Spiele-Politik *(panem et circenses)*, die unter den römischen Kaisern ins Uferlose auswucherte, war getan worden.

Wie schon seinem Bruder, so lag auch Gaius Gracchus an der wirtschaftlichen Kräftigung des römisch-italischen Bauernstandes. Das Agrargesetz des Tiberius Gracchus erhielt nach neuerlichem Volksbeschluß seine volle Gültigkeit zurück. Die Dreimännerkommission, deren Befugnisse 129 v. u. Z. stark eingeschränkt worden waren, begann nun wieder freier zu arbeiten. In gewisser Weise war auch das von Gaius Gracchus veranlaßte Gesetz über die Kolonien *(lex de coloniis deducendis)* Bestandteil seiner Agrarpolitik. Es sah die Ansiedlung römischer Bürger an verschiedenen Orten in und außerhalb Italiens vor, beispielsweise in Capua (die hier geplante Kolonie wurde nicht angelegt), in Tarent und auf dem Territorium des zerstörten Karthago.

Die Agrarpolitik des Gaius Gracchus wurde des weiteren ergänzt

durch das Militärgesetz *(lex militaris)*, das folgendes festlegte:
männliche Personen unter 17 Jahren durften nicht zum Militärdienst
ausgehoben werden; die Kosten für die Bekleidung des römischen
Soldaten hatte der Staat allein zu tragen. Die Bestimmungen dieses
Gesetzes gingen von der realen Lage der römischen Bauernschaft aus
und brachten ihr zweifellos eine finanzielle Erleichterung. Sie gaben,
und das ist wahrscheinlich entscheidender, dem im Felde stehenden
oder ins Feld ziehenden Familienoberhaupt die Gewißheit, daß seine
halbwüchsigen Söhne der Wirtschaft vorerst erhalten blieben. Ein
anderes Problem der römischen Gesellschaft, das Gaius Gracchus zu
lösen versuchte, war die Bundesgenossenfrage. Die Bundesgenossen
der Römer, die Italiker, leisteten Heeresdienst, hatten in allen Krie-
gen fest an der Seite Roms gestanden, doch fehlte ihnen nach wie vor
das römische Bürgerrecht, so daß sie von den Privilegien, die dem
römischen Bürger zustanden, ausgeschlossen blieben. Die Bundesgenossen hatten u. a. direkte Steuern *(tributum)* zu entrichten, und wurden bei der Landverteilung zurückgesetzt.

Als Gaius Gracchus über das Latiner- und Bundesgenossengesetz
eine weitgehende rechtliche Angleichung der Bundesgenossen an die
Römer erreichen wollte, sieß er auf Widerstand auch unter den eigenen Anhängern. Der Senat förderte diese oppositionelle Bewegung
nach Kräften und die Plebs verweigerte Gaius Gracchus aus egoisti-
schen Antrieben heraus die Zustimmung, denn sie fürchtete um ihre
Vorrechte als römische Bürger, befürchtete Einbußen, Schmälerun-
gen, die sie hinzunehmen nicht gewillt war. Das Band zwischen den
Volksmassen und ihrem Führer löste sich, ein Moment der Schwäche,
den der Senat nicht ungenutzt verstreichen ließ.

Es kam zu Streitigkeiten. Neuer Konsul wurde einer der schärfsten
Gegner des Gaius Gracchus, L. Opimius. Wenig später lief die zweite
Amtsperiode des Gaius Gracchus aus, der damit allen Intrigen schutzlos preisgegeben war. Als sich dann in der Volksversammlung tumult-
artige Zwischenfälle ereigneten und ein Begleiter des L. Opimius den
Tod fand, machte man Gaius Gracchus dafür verantwortlich. Der
Senat befahl die Wiederherstellung der öffentlichen Ruhe und Sicherheit. Das war der Anlaß, mit Gaius Gracchus und seinen Anhängern
abzurechnen. Diese nun wandten sich, wie Appian zu berichten weiß,
um Hilfe an die Sklaven, denen sie dafür die Freiheit versprachen,
doch ihr Aufruf blieb ungehört. Gaius Gracchus, der selbst nicht
kämpfen wollte, ließ sich von seinem Sklaven töten. Seine Leiche
wurde zusammen mit 3 000 anderen in den Tiber geworfen.

„Das Volk", so schreibt Plutarch, „war zwar durch die Ereignisse aufs tiefste gedemütigt, zeigte aber bald darauf, mit welcher Liebe und Sehnsucht es der Gracchen gedachte. Man ließ Statuen von ihnen anfertigen und an öffentlichen Plätzen aufstellen, und die Stätte ihres Todes sprach man heilig. Man brachte ihnen die Erstlinge aller Jahresfrüchte, viele opferten ihnen auch täglich und erwiesen ihnen kniefällig göttliche Ehren. Wie zu Göttertempeln wallfahrtete man zu ihnen".[15]

2.2. Widerstand und Kampf der Sklaven

Die sozialen Kämpfe innerhalb des freien Bevölkerungsteils Roms konnten, wie das Beispiel der Gracchenbewegung zeigte, auf staatspolitischer Ebene ausgetragen und mit verfassungsrechtlichen Mitteln geführt werden, die sich nur in seltenen Fällen als nicht ausreichend genug erwiesen.

Für die Sklaven gab es nichts dergleichen. Sie hatten keinerlei Möglichkeit, ihre Interessen politisch zu vertreten, am staatlichen Geschehen teilzunehmen und es direkt zu beeinflussen. Ihnen fehlte überhaupt jedes Mittel, um selbst auf politischem Wege legal wirksam zu werden. Die Sklaven besaßen weder eine eigene politische Organisation, noch nahm sich in Rom irgendeine staatliche Einrichtung ihrer Angelegenheiten an. Sie standen als völlig rechtloser Bevölkerungsteil außer- und unterhalb der Gesellschaft, die eine Gesellschaft der Freien, eine Gesellschaft freier römischer Staatsbürger war und die sich, obwohl im Inneren ökonomisch-sozial und politisch-rechtlich stark differenziert, ihnen gegenüber prinzipiell, auch in der Form des Staates, abgrenzte.

Die heftigen Klassenauseinandersetzungen innerhalb der freien Bevölkerung Roms berührten kaum die Lage der Sklaven, die ihrerseits wiederum wenig, beinah keine Beziehungen zum Kampf zwischen den großen und kleinen Grundeigentümern hatten und sich diesem Konflikt gegenüber mehr oder weniger passiv verhielten. Aus welchen sozialen und politischen Motiven heraus hätten sich die Sklaven auch für die eine oder andere Seite entscheiden sollen, waren doch hier wie dort Eigentümer von Sklaven und Befürworter der Sklavereigesellschaft zu finden? Selbst das oft mißbrauchte Versprechen der Freiheit konnte die Sklaven nicht immer zur Parteinahme veranlassen. Als Gaius Gracchus und Fulvius Flaccus in der Hoffnung, ihre schon verlorene Sache doch noch zum Guten zu wenden, den Sklaven in Rom die Freiheit anboten, fanden sie dort kein Gehör.[16] Nicht anders war es im Jahre 88 v. u. Z., als der aus dem patrizischen Geschlecht der Cornelier stammende L. Cornelius Sulla (138–78 v. u. Z.) Rom einnahm und seine Widersacher den Sklaven die Freiheit zusicherten, falls sie in den Kampf eingriffen. Der Aufruf verhallte ergebnislos.[17]

Verglichen mit den Klassenkämpfen der freien Bevölkerung blieb der Widerstand der Sklaven gegen Ausbeutung und Unterdrückung, gegen Willkür und Mißhandlung in seinen direkten Auswirkungen auf Inhalt und Kurs der Staatsgeschäfte, auf die Form der Staatsführung zweitrangig. Die Sklaven machten keine Staatspolitik, hatten keinen unmittelbaren Einfluß auf innen- oder außenpolitische Entscheidungen. Eine aktive Rolle im Mechanismus des Staatsgetriebes war ihnen nicht zugedacht. Es gab für sie auch keine Möglichkeit, ihren sozialen Protest, ihre Versuche, gegen brutale Gewalt, gegen physische Qual und Not zu kämpfen, staatspolitisch umzusetzen oder umsetzen zu lassen.

Der Sklave war auf Grund seiner gesellschaftlichen Stellung kein staatspolitisch mündiges Subjekt, sondern nur rechtloses, das rechtloseste Objekt des antiken Klassenstaates. Er besaß zu keiner der staatlichen Ebenen Zugang, konnte objektiv nie zu einem politisch selbständigen, politisch tätigen Teil der antiken Staatsstruktur werden. Es war eigentlich auch niemals das erklärte Ziel von Sklavenbewegungen, die existierende Gesellschaft grundsätzlich zu verändern, die staatliche Ordnung zu reformieren oder, wie beispielsweise die Plebejer, am politischen Staatsleben beteiligt zu werden, sich politisch Geltung zu verschaffen oder etwa durch ihren Protest und Widerstand bestimmte staatliche Maßnahmen zu ihren Gunsten zu erwirken.

In diesem Sinne, und nur in diesem Sinne, eingegrenzt in den Rahmen der legalen staatspolitischen Realisierung und der Gesellschaft der Freien, ist die Feststellung von K. Marx zu verstehen, daß „im Alten Rom der Klassenkampf nur innerhalb einer privilegierten Minderheit spielte, zwischen den freien Reichen und den freien Armen, während die große produktive Masse der Bevölkerung, die Sklaven, das bloß passive Piedestal für jene Kämpfer bildete".[18]

Auf den unteren, mittleren und oberen Ebenen des Sklavenhalterstaates, in seinen Gliederungen wurden nur die freien Bürger politisch aktiv tätig. Es dominierten, modifiziert durch Fraktionskämpfe, die Interessen der sozial starken und politisch mächtigen Oberschichten und die Interessen der sozialen und politischen Gemeinschaft der römischen Staatsbürger als Ganzes. Die Klassenkämpfe, die innerhalb dieser Gemeinschaft tobten und sie spalteten, beeinflußten in ihren Auswirkungen unmittelbar die römische Staatspolitik und gaben ihr diese oder jene Richtung. Im Verhältnis zu den Klassenkämpfen der Freien, die sich in einem von den Sklaven völlig abgeschiedenen gesellschaftlichen Aktionsbereich vollzogen, im Verhältnis zu den politischen Gruppierungen der Freien, die am staatlichen Geschehen aktiv Anteil nahmen, mußte die produktive Masse der Sklaven in ihrer Rechtlosigkeit und absoluten Unterordnung das „passive Piedestal" bilden. Auf ihrem Rücken wurden die oftmals heftigen Klassenauseinandersetzungen innerhalb der freien Bevölkerung Roms ausgetragen.

Es war durchaus keine Seltenheit, daß man Sklaven in die politischen Kämpfe der Freien einbezog, sie als gehorsame und billig zu habende Gefolgsleute mißbrauchte. Sie dienten dann fremden Interessen, meist in der Hoffnung, bei glücklichem Ausgang des Unternehmens mit der Freiheit belohnt zu werden, was sich aber sehr oft als bitterer Trugschluß erwies. Sklaven wurden in Verschwörungen einbezogen oder in beinah aussichtslosen Situationen, wenn sich Parteigänger unter der freien Bevölkerung schon nicht mehr finden ließen, zu Soldaten gemacht.

Nachdem Sulla 82 v. u. Z. Rom zum zweiten Male in seine Hand gebracht hatte und sich auf unbestimmte Zeit zum Diktator ausrufen ließ, schenkte er, wie Appian mitteilt, mehr als 10 000 jungen und kräftigen Sklaven die Freiheit, „machte sie zu römischen Bürgern und nannte sie nach sich selbst ‚Cornelier', um in der Volksversammlung 10 000 Menschen zu haben, die bereit waren, alle seine Befehle auszuführen".[19]

Auch der Verschwörer Catilina, der sich für einen Freund und Beschützer der Armen ausgab, wird von Cicero und dem Historiker Sallust (86—35 v. u. Z.) beschuldigt, zur Unterstützung seiner Bewegung Sklavenunruhen in Apulien und Capua geplant zu haben. Die Sklaven in Rom sollten ebenfalls auf seine Seite gezogen werden.[20] Als Cäsar, der am 10. Januar 49 v. u. Z. den Rubico, den Grenzfluß zwischen den gallischen Provinzen und Italien überschritten hatte, auf Rom vorrückte, sammelten seine verschreckten Gegner in aller Eile ein Heer. In Capua nahm der Konsul P. Cornelius Lentulus die dortigen Gladiatoren, u. a. auch die aus der Fechterschule Cäsars, in sein Gefolge auf. Er stellte ihnen die Freiheit in Aussicht, gab ihnen Pferde und Waffen, mußte sie aber wenig später, da man diese Art der Kräfterekrutierung für ungehörig ansah, wieder ausgliedern und unter Bewachung nehmen.

Cn. Pompeius Magnus, der eigentliche Widersacher Cäsars, formierte auf dem Wege nach Brundisium, von wo er dann nach Griechenland flüchtete, eine etwa 300 Mann starke, aus Sklaven und Hirten bestehende Reitertruppe. Vor der Schlacht bei Pharsalos hatte sich ihre Zahl auf 800 Mann erhöht. Insgesamt führte Pompeius 7 000 Reiter in das Treffen mit Cäsar.[21]

An den Iden des März 44 v. u. Z. (15. März), dem Tag der Ermordung Cäsars, versteckten die Verschwörer eine Gruppe von Sklaven und Gladiatoren in einem Gebäude unweit des Tatortes. Unter ihrem Schutz zogen sie dann, kaum war Cäsar tot, zum Kapitol, um sich dort vorläufig zu verschanzen.[22]

Die Gladiatoren, deren Dienste vor allem in den Zeiten der Bürgerkriege auch ernsthafte Feldherren suchten, eine nach Tacitus Meinung verwerfliche Praxis, werden von ihm rückblickend voller Verachtung als „mißliebige Abart einer Hilfstruppe" bezeichnet.[23] Wie rücksichtslos man mit den Sklaven umsprang, die ein billiges „Kriegsmaterial" darstellten, wie schnell man ihnen gegenüber wortbrüchig wurde, denn moralische Bedenken waren in diesem Falle überflüssig, das zeigte sich nach Abschluß der Kämpfe zwischen Sex. Pompeius Magnus und Octavian, dem späteren Augustus. Beide hatten sich nicht gescheut, in ihre Armeen auch Sklaven aufzunehmen. Allein Octavian gab auf Sizilien 20 000 von ihnen die Freiheit, um sie als Ruderer auf seinen Schiffen zu verwenden. Die Zahl der von Sex. Pompeius in Sold genommenen Sklaven war noch höher. Das weitere Schicksal eben dieser Sklaven des Pompeius wurde sogar vertraglich festgelegt, unter Zustimmung auch des Octavian. Sie sollten die Freiheit erhalten.

Als aber Octavian über Sex. Pompeius gesiegt hatte, vergaß er seine Zusagen und gab die 30 000 Sklaven seines Gegners an ihre Herren zurück oder ließ sie, wenn sich kein Herr mehr fand, umbringen. Ähnlich verfuhr er mit den Gladiatoren, die Antonius, seinem letzten großen Rivalen, bis über dessen Tod hinaus die Treue hielten. Sie wurden vorerst in Daphne, einem Vorort des syrischen Antiocheia, angesiedelt, doch bald darauf unter dem Vorwand, den Legionen zugeteilt zu werden, von dort weggebracht und bei der ersten sich bietenden Gelegenheit beseitigt.[24]

Das besondere, objektiv bedingte Verhältnis der Sklaven zum Klassenkampf der freien Bevölkerung, „passives Piedestal" zu sein, bedeutete nicht, daß die Sklaven keinen eigenen Klassenkampf geführt, nicht selbst für ihre Interessen gekämpft hätten. Nur verlief dieser Kampf in einem anderen Rahmen, in anderen Formen und außerhalb der staatlichen Institutionen, die dem römischen Staatsbürger und dem Freien vorbehalten waren.

2.2.1. Die Struktur der Sklavenklasse

Bevor die Struktur der Sklavenklasse untersucht wird, ist es notwendig, auf ein damit im Zusammenhang stehendes Problem hinzuweisen. Die Anwendung des Begriffs der sozialen Klasse auf die antiken Sklaven stößt auf gewisse Schwierigkeiten, die darin begründet liegen, daß die Sklaven sich zwar rechtlich als Gesamtheit ziemlich eindeutig von den übrigen Gesellschaftsschichten abheben, als rechtloser Stand der Sklaven vom Stand der freien Römer oder dem Stand der Bürger oder freien Nichtbürger in den griechischen Poleis, sie aber sozial und bezüglich ihres Platzes im Prozeß der Produktion kein homogenes Ganzes sind. Deshalb kann unterschieden werden in den Stand der Sklaven und die soziale Klasse der Sklaven, die eingegrenzt ist auf alle im produktiven Bereich, in der Landwirtschaft, im Handwerk oder Bergwerk tätigen Sklaven und, so wie die Sklaverei zum hauptsächlichen Produktions- und Ausbeutungsverhältnis innerhalb der antiken Produktionsweise wurde, ein typisches und bestimmendes Basiselement der griechischen und römischen Gesellschaften bildete.

Die Sklaven waren Teil der Volksmassen, stellten eine der entscheidenden Existenzgrundlagen der griechisch-römischen Sklavereigesellschaft dar und damit eine der Kräfte, die die Gesellschaft von unten, von ihrer Basis her vorwärtsbewegten: durch ihre produktive Tätigkeit, durch ihren ständigen, alltäglichen, in der Regel passiven Widerstand gegen Ausbeutung, Unterdrückung und Gewalt und durch die offene Rebellion.

Es liegt im Wesen der Sklaverei, im Verhältnis des freien Bevölkerungsteils zu den Sklaven begründet, daß ihre Proteste außerhalb jeder staatlichen Ordnung lagen, Mord, Totschlag, Verschwörungen einbegriffen, und von der Revolte über den Aufstand bis zum Sklavenkrieg reichten. Welche Form der Widerstand der Sklaven auch annehmen mochte, sie standen stets außerhalb jedes Gesetzes, sie waren immer die Geächteten.

Die Sklaven waren gegenüber der Gesellschaft der Freien von vornherein im Nachteil. Sklavenunruhen wurden von ihr, trotz der ihr selbst eigenen inneren Differenzierung, als Herausforderung der gesamten Gemeinschaft der Bürger und Freien empfunden, und sie vermochte dann, die ganze Macht ihrer Organisiertheit, das Gesetz und sämtliche ihr zur Verfügung stehenden Repressivmittel, vor allem das Heer, gegen die aufrührerischen Sklaven zu richten. Das war natürlich ein Druck, dem die Sklaven auf die Dauer nicht widerstehen konnten und dem sie nichts Gleichwertiges entgegenzusetzen hatten. Mag die Klasse der Sklaven zahlenmäßig auch sehr groß gewesen sein, namentlich im 2. und 1. Jh. v. u. Z., als die Sklavereigesellschaft in Rom in ihre entwickelte Phase eintrat, mag in dieser Zeit auch ihr Klassencharakter deutlicher als sonst hervortreten, die Ausgangsstellung der Sklaven im Klassenkampf war außerordentlich schwierig. Sie lebten nicht in großen kompakten Gruppen, sondern verstreut, ohne Zusammenhang. Ein Bewußtsein der Einheit, der sozialen Zusammengehörigkeit als Klasse war ihnen fremd, bedingt durch den allgemein niedrigen Entwicklungsstand der Gesellschaft. Sie hatten keine oder nur sehr unklare Vorstellungen von der Kraft, die sie in ihrer Gesamtheit darstellten. Das verwundert nicht, denn die Sklaven bildeten weder ethnisch eine Einheit, noch waren sie in ihren Arbeits- und Lebensbedingungen gleichgestellt. Unter der römischen Sklavenschaft gab es sicherlich auch Italiker, doch in der Hauptsache setzte sie sich aus Vertretern der von den Römern unterworfenen Völker zusammen: aus Griechen, Syrern, Libyern, Numidiern, Iberern, Germanen, Kelten, Thrakern u. a. Die einzelnen Sklaventrupps wurden von ihren Herren planmäßig gemischt, um die Verständigung der Sklaven untereinander zu erschweren und ihren Zusammenhalt durch vielleicht bestehende ethnische Vorurteile oder Feindschaft zielgerichtet zu schwächen. „Man soll sich aber auch nicht viele Sklaven desselben Stammes (derselben Nationalität) zulegen", lautet die in einer griechischen ökonomischen Schrift aus dem 4. Jh. v. u. Z. sich findende Regel.[25]

Die Sklaven unterschieden sich nach vielerlei Merkmalen. Da gab es zuerst die Stadt- und die Landsklaven. Die Landsklaven waren im landwirtschaftlichen Bereich eingesetzt. Ihre Arbeit war schwerer, ihr Los meist härter als das der Sklaven in der Stadt. Sie lassen sich in die zwei Kategorien der Hirten- und Feldsklaven untergliedern. Den Feldsklaven oblagen saisonbedingte Arbeiten auf den Äckern, in den Obstplantagen, den Weinbergen und auf den Gemüsefeldern. Daneben gab es auch Sklaven für die kräftezehrende Tätigkeit in den Getreidemühlen, an den Wein- und Ölpressen. Die Aufgaben der städtischen Sklaven waren wesentlich breiter gefächert, die Art ihrer Beschäftigung sehr verschieden. Sie wurden sehr zahlreich im Handwerk verwendet, außerdem als Dienstpersonal, als Lehrer, Ärzte, Schreiber, Archivare, Künstler und Musikanten in den Häusern der Reichen.

Die Gladiatoren, über die noch zu berichten sein wird, und die Bergwerks- und Rudersklaven stellten besondere Gruppen von Unfreien dar. Ihr Schicksal war am bedauernswertesten, denn die einen starben in den Arenen, die anderen gingen an den unmenschlichen Arbeitsbedingungen frühzeitig zugrunde. Der Verschleiß an Menschen war hier groß. Unterschieden werden kann des weiteren in Sklaven, die privates Eigentum einzelner Personen waren, und Staatssklaven, die im öffentlichen Bereich, bei staatlichen Bauunternehmen, bei der Anlage von Wegen und Straßen zum Einsatz kamen, aber auch mit Aufgaben im staatlich-administrativen Bereich betraut wurden, wie beispielsweise die 300 skythischen Bogenschützen, die in Athen den Polizeidienst versahen.

Darüber hinaus sind die Sklaven nach ihrem Platz im System der gesellschaftlichen Produktion zu differenzieren. Schon die Antike wußte in zwei Arten zu unterteilen: in leitende und in arbeitende Sklaven.[26] Diese Gegenüberstellung entsprach den praktischen Gegebenheiten des Alltags. Ihr wurde auch durch die unterschiedliche Behandlung der Sklaven Rechnung getragen. Diejenigen Sklaven, die als Verwalter, als Aufseher eingesetzt waren und die Arbeit der anderen, der gewöhnlichen Sklaven anleiteten und beaufsichtigten, galten von ihrem Pflichtenkreis her als „freier", vertraten den Herrn und rückten ihm daher „näher". Es wurde empfohlen, sie mit einer gewissen Achtung zu behandeln, ihnen bestimmte Vorteile einzuräumen und, wenn sie sich besonders hervortaten, auch Geschenke zu machen. Durch Sonderzuteilungen und die Gewährung von Sonderrechten sollten einzelne Sklaven für ihren Gehorsam und ihre Arbeitswilligkeit belohnt und aus der Mitte der übrigen Unfreien herausgehoben werden. Das war auch ein Weg, um Neid zu wecken, Rivalitätsdenken unter den Sklaven anzustacheln, Mißtrauen zu säen, sie durch Zwietracht auseinanderzubringen und ihre Einigung zu erschweren.

Nach Catos Angaben gehörte zu den Pflichten des *vilicus*, des Verwalters eines römischen Landgutes, dies: „Er sorge für gute Ordnung... Bei Streitigkeiten führe er den Vorsitz über die Sklavenschaft; wenn sich einer etwas hat zuschulden kommen lassen, bestrafe er ihn seinem Vergehen entsprechend auf korrekte Weise. Er sei zu den Sklaven nicht schlecht, denn sie sollen nicht hungern und nicht frieren... Er sorge dafür, daß die Sklaven auch arbeiten; er achte darauf, daß das, was der Herr angeordnet hat, geschieht. Er halte sich nicht für klüger als der Herr ... Er lege vor dem Herrn oft Rechenschaft ab ... Er unterstehe sich nicht, etwas ohne Wissen des Herrn zu kaufen, und unterstehe sich nicht, dem Herrn etwas zu verheimlichen ... Er bemühe sich darum, daß er jede Landarbeit versteht, und er arbeite oft, nur nicht bis zur Erschöpfung. Wenn er das tut, wird er erfahren, was die Sklaven denken, und sie werden williger arbeiten. Wenn er dies tut, wird er weniger Lust haben, müßig herumzugehen, wird er gesünder sein und besser schlafen. Er stehe als erster auf und gehe als letzter schlafen. Erst sehe er nach, ob der Hof abgeschlossen ist, ob alles an seinem Platz liegt und ob das Vieh Futter hat."

Varro (116–27 v. u. Z.), ein anderer Agrarschriftsteller, schlägt hinsichtlich der mit administrativen Aufgaben betrauten Sklaven vor: ihren Eifer durch Belohnungen anzufeuern, ihnen irgendein Eigentum zu gewähren, das Zusammenleben mit einer Frau zu gestatten und zu erlauben, Kinder zu haben, denn das macht diese Leute treuer und bindet sie fester an ihren Herrn.[27] Auf dem Landgut, das Cato beschreibt, kamen drei solcher Sklavenadministratoren auf ungefähr 16 bis 20 Sklaven. Ihre Zahl erhöhte sich im 1. Jh. v. u. Z. weiter und somit ihr prozentualer Anteil an der Gesamtmenge der produktiv tätigen Sklaven.

Sehr viele Unfreie vornehmlich im städtischen Bereich standen außerhalb jeglichen Produktionsprozesses, waren Luxussklaven, Hausdiener, dienten als Musikanten, Tänzerinnen oder Konkubinen zu Repräsentationszwecken. Sie machten aber nie den Hauptteil der Sklavenmasse aus.

Die Sklavenmasse war also in sich durchaus differenziert: Es gab arbeitende und nichtarbeitende, leitende und angeleitete, privilegierte und weniger privilegierte Sklaven, Lehrer, Schweinehirten, Gladiatoren, Gärtner, Ackerknechte und die unglücklichen Geschöpfe, die in Steinbrüchen und Bergwerken schufteten.

Einerseits wurden Sklaven in Ketten gelegt, trugen sie Halsringe oder Fußfesseln, andererseits konnte ihre Ausstattung mit Sonderrechten so weit gehen, daß ihnen ihr Herr die selbständige Führung einer Wirtschaft, Eigentumsbildung und weitgehende Geschäftsfreiheit genehmigte, daß der selbständig wirtschaftende Sklave nun seinerseits unfreie, ja selbst freie Arbeitskräfte beschäftigte. Eine solche ökonomische Selbständigkeit von Sklaven blieb aber die Ausnahme. Sie wurde nicht zur allgemein üblichen Erscheinung der Sklavereigesellschaft, zeigt jedoch, zu welcher Flexibilität, im Interesse des Herrn, die Sklavenhaltung fähig war. Daß der Herr seinen Sklaven bestimmte ökonomische Freiheiten einräumen konnte, änderte nichts am Charakter der Sklaverei. Zur direkten, oft brutalen Ausbeutung der unfreien Arbeitskraft kam lediglich eine Form der indirekten Ausbeutung hinzu. Für den betroffenen Sklaven mochte sie eine spürbare Verbesserung der Lebensumstände bringen. Dennoch blieben er und das Wirtschaftsunternehmen, das er führte, volles Eigentum des Herrn, dem der größte Teil des erzielten Mehrproduktes oder Gewinns, beispielsweise bei Handelsgeschäften, zufloß.

Der Sklave war ein beseeltes Ding, ein Objekt in der Hand eines anderen, dessen unbeschränktes privates Eigentum (bei den Römern *mancipium*). Er gehörte nicht sich selbst, sondern ausschließlich seinem Herrn, von dessen Willen er voll und ganz abhing. In der Regel hatte er kein Recht auf eine Familie, auf Kinder, auf ein eigenes Vermögen. Die Tatsache, daß der Sklave absolutes privates Eigentum einer anderen Person war, drückt einerseits einen Rechtszustand aus, andererseits, und das ist weit entscheidender, ein ökonomisches Verhältnis, ein Produktions- und Ausbeutungsverhältnis, waren doch der Sklave auszubeutendes Objekt und das private Eigentum an seiner Person unumgängliche Produktionsbedingung. Er galt als sprechendes Werkzeug, wie der bekannten Definition bei Varro zu entnehmen ist, wo gesagt wird, daß man die Arbeitsgeräte in drei Gruppen einteilen kann: „in stimmbegabte, halbstimmbegabte Werkzeuge und stumme Werkzeuge; zu den stimmbegabten gehören die Sklaven, zu den halbstimmbegabten die Ochsen, zu den stummen die Wagen"[28].

Der Platz der Sklaven im antiken System der gesellschaftlichen Produktion war der des unmittelbaren Produzenten, ungeachtet der Ausnahmen. Sklaven hatten kein Eigentum an den Produktionsmitteln. Ihre Rolle in der Organisation der gesellschaftlichen Produktion war außerordentlich beschränkt und ging nur selten über die untersten Leitungs- und Kontrollfunktionen hinaus. Sklaven besaßen kein Mitspracherecht hinsichtlich der Art und Weise sowie der Größe eines etwaigen Anteils am gesellschaftlich erzeugten Produkt. Da sie selbst und all das, was sie schufen und erwirtschafteten, Eigentum eines anderen waren, hatten sie nichts zu fordern und zu beanspruchen. Allein ihr Herr bestimmte, was sie an Nahrungsmitteln und Kleidung erhielten.

Wie das aussah, belegt eine Stelle aus Catos Werk „Über die Landwirtschaft": „Verpflegungssätze der Sklaven. Wer arbeitet im Winter

4 *modii* Weizen (1 *modius* entspricht ungefähr 8,8 Litern – A. J.),
im Sommer 4,5 *modii* (monatlich – A. J.), für den *vilicus*, die *vilica*,
den Aufseher, den Schäfer 3 *modii*, für Fußfesselträger im Winter
4 Pfund Brot (täglich – A. J.), sobald sie mit dem Umgraben des
Weingartens begonnen haben 5 Pfund Brot, solange, bis es anfängt,
Feigen zu geben, danach kehre man zu den 4 Pfund zurück. Wein
für die Sklaven. Sobald die Weinlese erfolgt ist, sollen sie drei Monate
Lauer trinken. Im vierten Monate 1 *hemina* täglich (0,27 Liter) . . .,
im fünften, sechsten, siebenten und achten Monat täglich 1 *sextar*
(0,54 Liter) . . ., im neunten, zehnten und elften Monat täglich 3 *hemi-
nae* (0,81 Liter) . . ., zusammen an Wein für den einzelnen Mann im
Laufe des Jahres 8 *quadrantalia* (ungefähr 209 Liter). Den Fußfessel-
trägern lege, je nachdem was sie arbeiten, entsprechend zu. Es ist
nicht zuviel, wenn sie Jahr für Jahr 10 *quadrantalia* Wein vertrinken
(ungefähr 261 Liter). Zukost zum Brot für die Sklaven. Mache möglichst viele Falloliven ein, darauf die reifen Oliven, woraus am wenigsten Öl gemacht werden kann. Sei sparsam, damit sie möglichst lange
vorhalten; sobald die Oliven aufgegessen sind, gib eingelegte Fische
und Essig. Öl gib monatlich 1 *sextar*. Salz wird für jeden im Jahr ein
Scheffel (8,7 Liter) genug sein.
     Kleidung der Sklaven. Eine Tunika im Gewicht von 3,5 Pfund und
ein Umhang ein Jahr ums andere; jedesmal, wenn du eine Tunika
oder einen Umhang ausgibst, ziehe zuerst den alten ein, aus dem
Lumpen gemacht werden sollen. Gute Holzschuhe sollen ein Jahr
ums andere ausgegeben werden."[29]
     Die Höhe der Lebensmittelration, die an die Sklaven ausgegeben
wurde, schwankte entsprechend dem Umfang und dem Charakter der
saisonbedingt anfallenden Arbeiten und war ausgesprochen leistungs-
gebunden. Wer schwere körperliche Tätigkeiten zu verrichten hatte,
erhielt, solange er damit beschäftigt war, reichlicher zu essen. Wurde
die Arbeit leichter, sank die Lebensmittelration. Bei Krankheit des
Sklaven erfolgte ebenfalls eine Kürzung der Kost.[30] So erklärt sich
auch, warum der gefesselte Sklave, der in der Regel zu sehr kraftauf-
wendigen Arbeiten herangezogen wurde, mehr Nahrung bekam als
der gewöhnliche Sklave und dieser wieder mehr als der *vilicus*, die
vilica, der Aufseher und Schäfer. Folgende Tabelle gibt die mittlere
tägliche Verpflegungsnorm auf dem von Cato beschriebenen mittleren
Landgut wieder. Sie zeigt deutlich den Zusammenhang zwischen der
vom Sklaven geforderten Arbeitsleistung und der ihm zugebilligten
Nahrungsmenge.[31]

	Brot	Wein	Öl	Salz
Vilicus, vilica				
Aufseher, Schäfer	870 g	0,644 l	16,7 g	22,8 g
Gewöhnlicher Sklave	1 233 g	0,644 l	16,7 g	22,8 g
Gefesselter Sklave	1 411 g	0,911 l	16,7 g	22,8 g

Diese hinsichtlich ihrer Kost differenzierte Behandlung der Sklaven, wie Cato sie demonstriert, geschah ganz im Interesse des Sklaveneigentümers und mit der vordergründigen Absicht, dem Sklaven eine möglichst hohe körperliche Leistung abfordern zu können. Zugleich wird sichtbar, welche Möglichkeiten sich dem Sklavenhalter eröffneten, seine Sklaven zu manipulieren, indem er die Quantität der Lebensmittelzuteilung veränderte, d. h. zur Strafe oder Belohnung herabbzw. heraufsetzte. Der *vilicus*, die *vilica* und der Aufseher, die in einer privilegierteren Lage waren, verfügten nicht selten über eigene, zusätzliche Nahrungsquellen.

In sich stark aufgesplittert, mangelte es der Sklavenklasse, trotz verbindender allgemeiner Merkmale, spürbar an sozialer Geschlossenheit. Hinzu kam, daß unter den normalen, alltäglichen Bedingungen der Sklavereigesellschaft die Vereinigung der Sklaven zu größeren Gemeinschaften außerordentlich erschwert, fast ausgeschlossen war und sich ein durch ihre soziale und rechtliche Stellung, durch die Kontraposition von frei und unfrei motiviertes übergreifendes Zusammengehörigkeitsgefühl nicht entwickeln konnte.

Gruppenbildung gab es nur in bescheidenen Ansätzen, im Rahmen der objektiv vorgegebenen Existenzbedingungen der Sklaven, so auf den einzelnen Landgütern und in den handwerklichen Produktionsstätten in den Größenordnungen der dort beschäftigten Sklavengruppen. In diesen Werkstätten und auf den Landgütern mochten 2 bis 10, 10 bis 20 oder 30 bis 120 Sklaven zusammengefaßt sein. Nach Catos Angaben arbeiteten in einem Weinberg von 25 ha 16, in einem Olivenhain von 60 ha 13 Sklaven. Für ein Gut mit 50 ha Getreidekulturen, eingeschlossen einen Weinberg, wurden 11 bis 15 Sklaven, für eine Herde von 700 Schafen, die Varro besaß, 8 Hirten mit ihren Frauen veranschlagt. Ein ähnliches Bild vermitteln die Ausgrabungen der campanischen Villen, die der Vesuv bei seinem Ausbruch im Jahre 79 u. Z. zusammen mit Pompeji und Herculaneum verschüttet hatte. Dabei wurden Räumlichkeiten, Kammern von 4 bis 8 m², seltener 10 bis 14 m² entdeckt, die als Sklavenunterkünfte dienten. In einem Falle fanden sich 5, in einem anderen 11 solcher Stuben nebeneinander, die mit den separat gelegenen Zimmern des *vilicus* offenbar 16 bzw. 22 bis 24 Sklaven Platz boten. Da anzunehmen ist, daß ein Teil der Sklaven, die Hirten oder Stallknechte, in der Nähe des Viehs schliefen, müssen die hier angeführten Zahlen noch um ein Geringes höher angesetzt werden.

Demnach arbeitete das mittlere römische Landgut im 2. bis 1. Jh. v. u. Z. mit einer Stammbesatzung von Sklaven, die in der Regel wohl aus 15 bis 30 erwachsenen Personen bestanden haben dürfte. Ab und zu kamen, saisonbedingt, noch Mietssklaven hinzu.[32] Zieht man in Betracht, daß Cato seinen *vilicus* anweist, er solle zu zwei oder drei Wirtschaften Kontakt halten, „von denen er erbitten kann, was er braucht, und denen er gibt", und sonst zu niemanden mehr, dann ist es durchaus denkbar, daß auch die Sklaven dieser drei oder vier Landgüter miteinander in nähere Berührung kamen.[33]

Natürlich gab es daneben Landgüter, die größer waren und auf denen 50 bis 60 Unfreie arbeiteten. Nicht zu vergessen sind die im 2. und 1. Jh. v. u. Z. häufig begegnenden Latifundien, wo Sklaven in beträchtlicher Zahl konzentriert waren. Um diese Masse unfreier Arbeitskräfte besser lenken und kontrollieren zu können, hat man sie vielerorts in kleinere Abteilungen zu 10 Mann aufgegliedert.[34] Dennoch dürften gerade hier, ungeachtet der ethnischen Unterschiede, die Bedingungen für die Aufnahme von Verbindungen zwischen den Sklaven und für die Herausbildung vielleicht sogar eines ausgeprägteren Solidaritätsgefühls besonders günstig gewesen sein. Auf den Latifundien herrschten zuweilen solche Zustände, daß Sklaven sich selbst überlassen blieben und dabei rasch verelendeten, sich gegen Räuber und Raubtiere notdürftig bewaffnen und zur Wehr setzen mußten und vor allem als Hirten ein ziemlich ungebundenes Leben führten. Derartige Bedingungen förderten zweifellos einen stärkeren Zusammenhalt der Sklaven untereinander, zwar nicht in ihrer Gesamtheit, aber doch innerhalb bestimmter Gruppen, und schufen den Nährboden für leicht aufkeimende Sklavenunruhen.

Konkrete Angaben über die Anzahl der Sklaven auf den Latifundien liegen nicht vor. Es ist nur immer von großen Massen die Rede. So soll der Hinweis auf die 30 Jungen und 40 Mädchen genügen, die dem Trimalchio, einer Gestalt aus dem Roman „Satiricon" von Petronius (1. Jh. u. Z.), auf dessen Gut bei Cumae an einem Tag geboren wurden. Mag diese Zahl auch überhöht sein, für den zeitgenössischen Leser charakterisierte sie eben deshalb sehr genau die demographische Situation auf den Latifundien.[35]

Aufschluß über die wahrscheinliche Größe von Sklavengruppen im Handwerk können die wenigen vergleichbaren Fakten geben, die aus Athen im 5. und 4. Jh. v. u. Z. bekannt sind. Lysias, ein athenischer Redner (445–380 v. u. Z.), und sein Bruder Polemarchos, besaßen eine Werkstatt für Schilde, in der 120 Sklaven beschäftigt wurden. Dem Vater des Demosthenes (384–322 v. u. Z.), ebenfalls ein Redner und der glühende Feind des Makedonenkönigs Philipp II., gehörten zwei Handwerksbetriebe: eine Messerschmiede mit 32 oder 33 Sklaven und eine Tischlerwerkstatt, in der 20 unfreie Arbeitskräfte tätig waren. In der Werkstatt eines anderen Atheners, Timarchos, arbeiteten 10 Sklaven.[36] Große handwerkliche Produktionsstätten, wie Lysias und der Vater des Demosthenes sie besaßen, gab es auch in Rom und im übrigen Italien. Aus Arretium, einer Stadt im nördlichen Etrurien, sind ab 40 v. u. Z. mehrere kleinere und größere Keramikwerkstätten bekannt, in denen zeitweilig 7 bis 26, in einigen Fällen, so zum Beispiel in der Werkstatt des L. Rosinius Pison 44 oder des P. Cornelius 59 Sklaven Beschäftigung fanden. Daneben existierten auch kleinere Töpfereien, wie die des T. Rufrenus, mit vielleicht nur vier Sklaven. Im Kampanischen Puteoli besaß N. Naevius Hilarus eine Töpferwerkstatt, zu der etwa 13 Sklaven gehörten. Zweifellos eine Ausnahme bildete der Bäckereibesitzer M. Vergilius Eurysaces, der nicht weniger als 100 Sklaven angestellt hatte und dessen von seinem hohen Selbstbewußtsein zeugendes Grabmal noch heute in Rom in der Nähe der Porta Maggiore zu betrachten ist. Allgemein überwog in den italischen Städten, einschließlich Rom, der handwerkliche Kleinbetrieb, der mit weniger als fünf Sklaven oder ganz ohne sie auskam. In den Städten fiel es den Sklaven natürlich leichter, miteinander Kontakt aufzunehmen, als auf dem Lande, da sich unter städtischen Bedingungen der Sklave auf die Dauer weder von seinesgleichen noch von der städtischen Plebs isolieren ließ.

Möglichkeiten der Gruppenbildung boten sich den Sklaven auch in zeitweilig zusammengezogenen Arbeitskolonnen, erinnert sei an die 500 Bausklaven des römischen Staatsmannes und Feldherrn Crassus, in kultischen Vereinen, in Räuberbanden und in den Gladiatorenschulen. Alles in allem hatten die Sklaven es aber überaus schwer, ihren Widerstand gegen Ausbeutung, Unterdrückung und Willkür zu organisieren, ihm Geschlossenheit, Breite und Stärke zu geben.

2.2.2. Formen des Kampfes und des Widerstandes

Die Sklaven konnten sich auf sehr unterschiedliche Weise gegen Ausbeutung und Unterdrückung, gegen Willkür, Erniedrigung und physischen, mitunter sehr brutalen Leistungszwang zur Wehr setzen. Es war das ein allgegenwärtiger Kampf, der von versteckten, kaum wahrnehmbaren Formen bis zum offenen Aufruhr, bis zum ganz Italien erfassenden Sklavenkrieg reichte. Er beschränkte sich oft nur auf die einzelne Sklavenpersönlichkeit, war individuell, nahm aber ebensogut kollektive, organisierte Formen an. Er grenzte sich auf den Rahmen des jeweiligen sozialen Kollektivs ein, wie es beispielsweise durch die auf einem mittleren römischen Landgut beschäftigte Gruppe von Unfreien gebildet wurde, richtete sich gegen ein konkretes Sklave-Herrn-Verhältnis, gegen einen bestimmten Sklavenhalter, oder ging darüber hinaus, wurde von einer größeren Masse von Sklaven getragen und bedrohte auf unterschiedliche Weise die gesamte Gemeinschaft der Freien.

Der Klassenkampf der Sklaven kannte niedere und höhere Formen, wobei sich die niederen als gewöhnlich-alltäglicher oder latenter Widerstand von den höheren Formen abhoben, die bis zur direkten Konfrontation von Sklaven und Klassenstaat führen konnten, aber stets nur episodischen Charakter trugen. Weder die niederen noch die höheren Formen des Klassenkampfes der Sklaven vermochten für sich genommen den Bestand der Sklaverei ernsthaft in Frage zu stellen. Sie wirkten als dialektische Einheit, und in dieser Einheit von niederen und höheren Formen ihres Klassenkampfes leisteten die Sklaven einen nicht zu unterschätzenden Beitrag zur inneren Ausformung und schließlichen Zersetzung der Sklavereigesellschaft. Verschwörungen, Aufstände und Kriege waren zweifellos Höhepunkte des Klassenkampfes der Sklaven, seine am meisten verbreitete und allgemeinste Form jedoch stellte jener kontinuierliche Widerstand dar, der sich in immer wiederkehrenden Aktionen der Sklaven gegen das ihnen aufgezwungene Sklavenlos und gegen ihre Herren äußerte.

Die einfachste Form des Widerstandes der Sklaven drückte sich in mangelnder Arbeitsleistung aus. Die in Feld und Werkstatt oder bei der Viehhaltung anfallenden Arbeiten wurden lustlos verrichtet, nicht im vollen Umfange, nicht mit genügender Intensität, vor allem nicht gut genug ausgeführt. Auch die knotige oder dornige Peitsche, der kräftigste Stock und die sonstigen Strafen, die es noch gab, das Aufhängen an Händen und Füßen, zeitigten nur vorübergehende Wirkung. Das passive Verhältnis des Sklaven zu seiner Arbeit, zu den ihm auferlegten Pflichten, sein unzureichendes Interesse am Arbeitsergebnis ließen sich auf diesem Wege nicht beseitigen. Es blieb immer eine Differenz zwischen der eigentlich möglichen und der tatsächlichen produktiven Leistung des Sklaven, eine Differenz, an deren Verringerung nicht ihm, wohl aber seinem Herrn gelegen war. Sie groß zu halten, indem bei geringem körperlichen Aufwand schlecht und nachlässig gearbeitet wurde, war ein Akt sozialen Protestes und Widerstandes, der, weil er die Arbeitsproduktivität herabdrückte, die Rentabilität der mit Sklaven arbeitenden Landgüter oder Handwerksbetriebe gefährdete. Sicher, die niedrige Arbeitsmoral leitet sich folgerichtig aus der objektiven Stellung der Sklaven in der Gesellschaft, im System der Produktion her, doch sie war lediglich eine sozialinstinktive Reaktion auf die äußeren Lebensumstände und wurde nie zu einer sozialbewußten Verhaltensnorm.

Andere einfache Formen des Klassenkampfes waren die Zerstörung von Arbeitsgerät, die Brandstiftung und der Diebstahl. Auch der Selbstmord, mit dem sich der Sklave einer unerträglich gewordenen physischen und psychischen Pein entzog, ist dazuzuzählen.

Kleinere oder größere Diebstähle, von Sklaven mehr oder weniger geschickt verübt, gehörten fraglos zum römischen Alltag, und es spricht für sich, daß das lateinische Wort für „Dieb", auch „Spitzbube", „Schurke", als ein Synonym für Sklave Geltung erlangte. Vergriff sich der Sklave am Eigentum seines Herrn, dann wurde er nicht juristisch abgeurteilt, denn „wer nämlich", wie es im Gesetz heißt, „einen Dieb züchtigen kann, hat es nicht nötig, ihn zu verklagen".[37] Der Herr hatte das Recht der Züchtigung uneingeschränkt und verfuhr mit seinen Sklaven, die ja sein Eigentum waren wie das gestohlene Gut, ganz nach Belieben. Mitunter erhielt der Langfinger ein Brandzeichen auf die Hand, eine schwere Tracht Prügel, Nahrungsentzug oder irgendeine andere Strafe. Bestahl der Sklave eine fremde Person, haftete der Eigentümer des Sklaven mit dem vierfachen Wert und züchtigte nachfolgend selbst den Übeltäter. In früheren Zeiten wurde der diebische Sklave, laut dem 451/50 v. u. Z. aufgeschriebenen Zwölftafelgesetz, ausgepeitscht und anschließend hingerichtet. Die Sklaven unterschlugen oder stahlen bei sich bietender Gelegenheit alles, was ihnen nützlich sein konnte, was zum Verzehr, zum Tausch oder Verkauf geeignet war oder zur Anhäufung von Geldmitteln diente, um sich loszukaufen. Der von Sklaven begangene Diebstahl geschah zum Schaden des Herrn und war eine gegen diesen gerichtete feindselige

Schmiedewerkstatt. Attische schwarzfigurige Amphora, Ende des 6. Jh. v. u. Z.
(Boston, Museum of Fine Arts)

Olivenernte. Schwarzfigurige Amphora, 6. Jh. v. u. Z.
(London, Britisches Museum)

Schusterwerkstatt. Attische
schwarzfigurige Amphora,
Ende des 6. Jh. v. u. Z.
(Boston, Museum of
Fine Arts)

Feldsklaven. Attische
schwarzfigurige Schale,
um 540 v. u. Z.,
Ausschnitt aus dem Fries
(Paris, Louvre)

Sklave bei einem Ölverkäufer (?). Schwarzfigurige Amphora,
um 550 v. u. Z. (Altenburg, Lindenau Museum)

Töpferwerkstatt. Attischer rotfiguriger Krater, um 450 v. u. Z.
(Oxford, Ashmolean Museum)

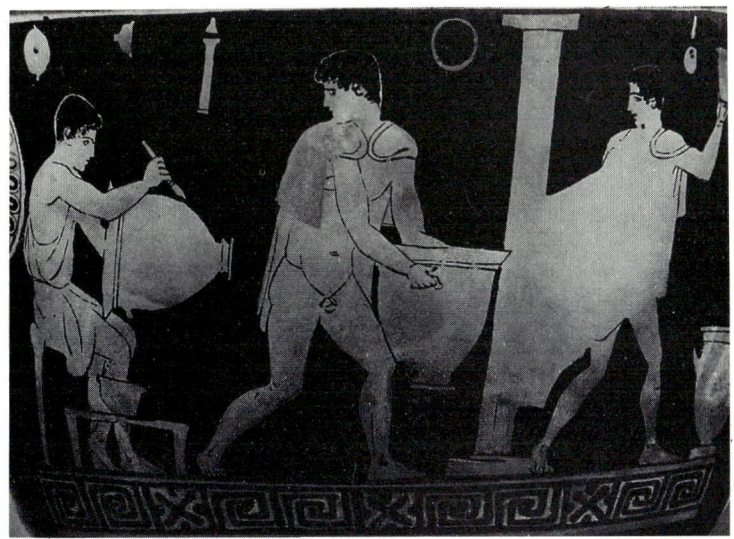

Sklave beim Teigkneten. Etruskisches Wandgemälde aus Volsinii.
Ausschnitt, 4. Jh. v. u. Z. (Kopie Florenz, Archäologisches Museum)

Werkstattstrafen für Sklaven. Schwarzfiguriger böotischer Napf, um 400 v. u. Z.
(Athen, Polytechnion)

Handlung. Sie hatte ihre Ursache weniger in irgendwelchen kriminellen Veranlagungen der Sklaven, sondern wurzelte vielmehr in deren durch die Sklaverei bestimmten Lebensumständen.

Eine in ihrer Stetigkeit sehr wirkungsvolle niedere Form des Widerstands der Sklaven war die Flucht. 132 v. u. Z. rühmte sich der Konsul P. Popillius Laenas in einer von ihm errichteten Inschrift, daß er als Prätor in Sizilien die entlaufenen Sklaven der Italiker aufgespürt und im Verlaufe eines Jahres 917 Mann ihren Herren zurückgegeben habe. Welch gewaltiges Ausmaß die Flucht von Sklaven annehmen konnte, belegt ein Beispiel aus der athenischen Geschichte. Zu Beginn des Dekeleischen Krieges (413–404 v. u. Z.), der letzten Periode des Peloponnesischen Krieges, liefen 20 000 Sklaven, darunter größtenteils Handwerker, zu den Spartanern über, ein Unglück, das den Athenern beträchtlich zu schaffen machte, gingen ihnen doch dadurch Arbeitskräfte verloren, die in den Silberbergwerken von Laurion, in den Werkstätten der Waffenschmiede und natürlich in der Landwirtschaft fehlten.

Während der Kämpfe nach Cäsars Tod nahm in Italien die Sklavenflucht einen so bedrohlichen Umfang an, daß die römischen Vestalinnen die Götter anflehten, „dem Überlaufen ein Ende zu machen". Es war vor allem Sextus Pompeius, der, weil er Soldaten brauchte, die Sklaven bewog, ihren Herren massenweise davonzulaufen und zu ihm zu kommen. Diese Politik des Pompeius brachte nach Meinung der sowjetischen Althistorikerin E. M. Štaerman „den italischen Sklavenhaltern vielleicht nicht weniger Schaden als der Aufstand des Spartacus".[38]

Kriegsereignisse begünstigten überhaupt die Flucht von Sklaven. Als noch vor der Schlacht bei Zama (202 v. u. Z.), die den 2. Punischen Krieg beendete, karthagische Unterhändler bei Scipio vorsprachen, wurden die Friedensbedingungen festgelegt, die als eine der ersten Forderungen die Rückgabe aller Gefangenen, der Überläufer und entflohenen Sklaven enthielten.

Im Jahre 188 v. u. Z. wurden der Seleukidenkönig Antiochos III. von Syrien und seine Untertanen im Frieden von Apameia verpflichtet, „die Sklaven der Römer und ihrer Bundesgenossen, die Kriegsgefangenen und Überläufer und wen sie sonst von irgendwoher in ihre Gewalt bekommen haben" auszuliefern. Ein Jahr zuvor waren auch die Aetoler vertraglich dazu verpflichtet worden. Der Passus, die Gefangenen, Überläufer und flüchtigen Sklaven an die Römer und ihre Bundesgenossen zurückzugeben, gehörte offensichtlich als ein feststehender Punkt in alle Friedensabkommen, welche die römische Seite mit den besiegten Gegnern abschloß. Hinsichtlich der Gefangenen und Überläufer ist das nur allzu verständlich, denn die einen sollten befreit, die anderen bestraft werden. Daß man gezwungen war, auch eine Festlegung über die Rückführung von entflohenen Sklaven in die Friedensabschlüsse aufzunehmen, macht eigentlich so recht das Ausmaß deutlich, welches die Flucht von Sklaven in Kriegszeiten annehmen konnte. Erinnert sei noch, daß 58 v. u. Z. Cäsar von den unterworfenen Helvetiern, einem gallischen Volk, ebenfalls die Herausgabe aller zu ihnen geflüchteten Sklaven verlangte.[39]

Sklaven verließen ihre Herren einzeln, wie beispielsweise Dionysios der Bibliothekar und Vorleser Ciceros, der zahlreiche wertvolle Buchrollen veruntreut hatte und, um der Strafe zu entgehen, nach Dalmatien floh. Sie entzogen sich dem drückenden Joch der Unfreiheit, der Unterdrückung und Ausbeutung in kleineren oder größeren Gruppen. Ihre Zahl ging in die Hunderte und Tausende. Die Flucht von Sklaven war für die Römer etwas durchaus selbstverständliches, stellte in ihren Augen keinesfalls eine gesellschaftliche Abnormität dar, sondern gehörte nun einmal als unbequeme Begleiterscheinung zum von altersher überkommenen System der Sklaverei. Krankheit bei Sklaven, Schlechtwetter und die Flucht von Sklaven sind, neben einer Reihe anderer, offenbar die hauptsächlichsten Gründe, mit denen der römische *vilicus* sich rechtfertigen kann, wenn Arbeiten unausgeführt blieben. So jedenfalls sieht es Cato, der sich allem Anschein nach an die Flucht von Sklaven, an die Unabänderlichkeit dieses Faktes ebenso gewöhnt hatte wie an Blitzschlag, Hagel, Wolkenbrüche oder ähnliche unangenehme Naturerscheinungen.[40]

Die Flucht des Sklaven bedeutete für seinen Herrn zum einen den Verlust einer notwendigen und vielleicht besonders wertvollen Arbeitskraft, zum anderen eine Schmälerung des privaten Eigentums. Sie wog in doppelter Hinsicht schwer: ökonomisch und darüber hinaus auch ideell, denn durch die Flucht entzog sich der Sklave wider den Willen seines Herrn einem Abhängigkeitsverhältnis. Von ihr, glückte sie, ging Beispielwirkung aus und schließlich war sie eine Herausforderung der Sklavereigesellschaft insgesamt, wurde doch damit an einer von ihren Grundfesten gerüttelt. Das erklärt vielleicht auch, warum Cicero seinen flüchtigen Sklaven Dionysios mit einem derartigen Eifer ausforschen ließ und alles daran setzte, ihn wieder in seine Hände zu bekommen. „Die Sache selbst ist geringfügig, aber mein Ärger gewaltig", schrieb Cicero an den Proprätor der Provinz

Illyricum, „... sollte ich diesen Menschen durch deine Hilfe zurückerlangen, so werde ich meinen, von dir einen sehr großen Dienst erhalten zu haben".[41]

Vor allem mußte der flüchtige Sklave gefaßt und bestraft werden, was natürlich nicht immer möglich war, aber als generelle Forderung allgemeine und dauernde Gültigkeit besaß. Es galt auch diejenigen ausfindig zu machen und zur Verantwortung zu ziehen, die den Sklaven irgendwie behilflich gewesen waren oder ihnen Unterschlupf gewährt hatten. Wer einen Sklaven versteckt hielt, mußte in Rom mit einer Strafe rechnen, die mindestens das Doppelte dessen betrug, was der Entflohene wert war. Über die Flucht eines Sklaven wurde die Öffentlichkeit informiert. „Sag mir", fragt Sokrates seinen Bekannten Diodor, „wenn dir einer der Sklaven wegläuft, bemühst du dich dann, ihn wiederzubekommen?." „Ich rufe sogar noch andere zu Hilfe", lautet die Antwort, „und setze eine Belohnung für den aus, der ihn zurückbringt."[42] Die Beschreibung des Sklaven, auch die Belohnung, die man für sein Ergreifen aussetzte, wurden ausgerufen, an die Wände geschrieben, in den Putz der Häuser geritzt oder in einer Inschrift, die man an einem belebten Ort aufstellte, bekanntgegeben.

Im schon erwähnten Roman „Satirikon" des Petronius findet sich die bezeichnende Szene: Ein Ausrufer tritt mit einem Amtsdiener und sonstigem Anhang in eine Herberge ein, „schüttelt eine mehr rauchende als leuchtende Fackel und ruft aus: ‚Ein Knabe hat sich kürzlich im Bade verirrt, sechzehn Jahre alt, Lockenkopf, zart, schön, namens Giton. Wer ihn beibringen oder nachweisen sollte, erhält 1 000 Goldstücke'."[43] Den bloßen Fakt teilt eine Wandinschrift in Pompeji mit: „Polycarpus ist geflohen." Es gab sogar Leute, die das Aufspüren und Wiedereinfangen flüchtiger Sklaven berufsmäßig betrieben, in Griechenland die sogenannten *drapetagogoi*, in Rom die *fugitivarii*.

Wer einen Sklaven fing oder Angaben über seinen Verbleib machte, bekam in der Regel eine Belohnung. In einem ägyptischen Papyrus werden demjenigen zwei Talente in Kupfer (etwa 52 kg) in Aussicht gestellt, der einen flüchtigen Sklaven mit eisernem Halsring und einem Brandmahl am unteren Handgelenk seinem Herrn zurückbringt, 1 Talent, wenn er anzugeben weiß, daß sich der Geflohene in einem Tempel befindet, 3 Talente, falls der Sklave bei einer zahlungskräftigen und rechtsfähigen Person untergeschlüpft ist.[44] Auch öffentliche Ehrungen waren möglich. Auf der Kykladeninsel Ios wurde Zenon, dem Kapitän eines ptolemäischen Schiffes, 290/89 v. u. Z. eine Ehreninschrift errichtet, weil er entflohene Sklaven, die sich unter seine Matrosen mischen wollten, den Eigentümern zurückgab.[45]

Die Athener waren nicht weniger großzügig, als es galt, die Verdienste eines Griechen aus Chios durch ein Dekret zu würdigen, der auf die Insel geflüchtete Sklaven entschädigungslos nach Athen zurückbringen ließ.[46] In Handlungen, wie der des Zenon und des Griechen aus Chios, drückt sich die Klassensolidarität der Sklavenhalter aus. Die Rückführungen von flüchtigen Sklaven lagen im Interesse des Einzelnen, dessen Eigentum gewahrt blieb, und der gesamten Gemeinschaft, die sich in ihrer Machtbefugnis bestärkt sah.

Das zeigen noch deutlicher die offiziellen Absprachen, die zwischen den einzelnen antiken Staatswesen getroffen wurden, um der Flucht von Sklaven, diesem Krebsschaden der Sklavereigesellschaft, wirksamer begegnen zu können. Als 421 v. u. Z. die erste Phase des Peloponnesischen Krieges mit dem Nikiasfrieden zu Ende ging, vereinbarten Athen und Sparta in einem Waffenstillstandsabkommen u. a., keine Überläufer von der anderen Seite, weder Sklaven noch Freie, bei sich aufzunehmen.[47] Die beiden Städte Milet und Herakleia legten 180 v. u. Z. fest, einander über die Flucht von Sklaven zu informieren und die Rückgabe von ergriffenen Sklaven an ihre Herren zu unterstützen.[48]

Ein weiterer Fakt, der die Alltäglichkeit von Sklavenfluchten belegt, sind private Versicherungsverträge. Antimenes aus Rhodos, der zum Heer Alexanders des Großen gehörte, ließ gegen einen Jahresbeitrag von acht Drachmen die in den Militärlagern befindlichen Sklaven unter Angabe ihres Wertes registrieren. Den Eigentümern der so erfaßten Sklaven gewährte er Versicherungsschutz, d. h. sicherte ihnen bei Flucht der Sklaven Schadenersatz zu, wenn es nicht gelang, der Geflohenen habhaft zu werden und sie ihren Herren zurückzugeben. Das Aufspüren und die Festnahme der Flüchtigen waren Sache des für das jeweilige Reichsgebiet zuständigen Statthalters.[49]

Der ergriffene Sklave wurde seinem Herrn zurückgebracht und nicht selten schwer bestraft. Gewöhnlich bekam er ein Brandzeichen auf die Stirn oder an die Beine und, um einer neuerlichen Flucht vorzubeugen, Fußfesseln. Wurde er später einmal freigelassen, so standen ihm Herkunft und Vergehen für alle sichtbar „auf die Stirn geschrieben". Sklaven, die zur Flucht neigten und auch den Versuch dazu gemacht hatten, sanken im Preis und waren schwerer zu veräußern. Gelangten solche Sklaven auf den Markt, war der Verkäufer verpflichtet, auf diesen wertmindernden Umstand hinzuweisen.

Der latente, der passive Widerstand der Sklaven, der sich in den eben beschriebenen Formen äußerte, hatte eine weit größere Bedeutung für die Entwicklung der Sklavereigesellschaft, als gemeinhin angenommen wird. Es war seine kontinuierliche Wirkung, die, verbunden mit der immer unzureichend bleibenden und schließlich sinkenden Arbeitsproduktivität der Sklaven, einen entscheidenden Einfluß auf die Gestaltung des Ausbeutungsverhältnisses der Sklaverei nahm und es schließlich zerrüttete. Der Ausbeutung des Sklaven lag das private Eigentum an seiner Person zugrunde, die volle zwangsweise Aneignung des unmittelbaren Produzenten. Die Sklaverei stellte ein Ausbeutungsverhältnis dar, das einerseits ohne äußere Gewalt und brutalen Druck nicht aufrechtzuerhalten war, andererseits aber den passiven Widerstand, Leistungsunwilligkeit, Fluchtabsichten und den plötzlichen, offenen Aufruhr der Sklaven von vornherein als eine objektive Gegebenheit einschloß.

Den Sklavenhaltern waren die Schwächen des Sklavereisystems nicht verborgen geblieben. Zumindest kannten sie ihr äußeres Erscheinungsbild: die schlechte Arbeitsmoral der Sklaven, ihre mangelnde Arbeitsbereitschaft, ihren Wunsch nach Befreiung, Freilassung und ihre Fluchtabsichten. Die Nachteile des Systems gänzlich zu beseitigen, ging nicht, denn dann hätte die Sklaverei abgeschafft werden müssen.

Andererseits aber war es eine unumstößliche Tatsache, daß in Griechenland vom 5. Jh. v. u. Z., in Rom vom Ende des 3. Jh. v. u. Z. an, nachdem sich die Sklaverei dort der Produktion „ernstlich bemächtigt" hatte, „Sklaven den größten Teil des direkten Einkommens aus Besitz ... für die wirtschaftlich, sozial und politisch herrschende Schicht erwirtschafteten", wie der amerikanische Althistoriker M. I. Finley feststellt, und „Griechen und Römer über viele Jahrhunderte von dem oft großen Einkommen lebten", das ihnen ihre Sklaven verschafften.[50] Dieser ökonomische Sachzwang nötigte die Sklavenhalter, sich für die Probleme der Sklavenarbeit zu interessieren und zweckgerichtete Überlegungen über ihren praktischen Umgang mit den Sklaven anzustellen.

Der latente Widerspruch zwischen Herrn und Sklaven, zwischen freiem Privateigentümer und unfreiem Produzenten, spiegelte sich im ökonomischen Bereich als Widerspruch zwischen der ungenügenden, nach unten tendierenden Arbeitsleistung des Sklaven, der selbst kein Interesse an einer vollen Ausschöpfung seiner produktiven Möglichkeiten haben konnte, und dem Gewinnstreben seines Herrn wider, dessen erklärtes Ziel die maximale Ausnutzung, die maximale Ausbeutung der Arbeitskraft des Sklaven war. Die Nachteile der Sklaverei offenbarten sich für den Sklavenhalter am spürbarsten in der Sphäre der Produktion.

Um materielle Einbußen zu verhindern, um die Erhaltung und die Mehrung des durch Sklavenarbeit gewonnenen Reichtums zu sichern, war es unabdinglich, die Lebensbedingungen der Sklaven und das Sklave-Herr-Verhältnis in der Praxis so zu gestalten, daß die Barriere der objektiv bedingten niedrigen Leistungsbereitschaft des Sklaven wenigstens zum Teil durchbrochen und ein gewisses Eigeninteresse des Sklaven am Ergebnis seiner Arbeit geweckt wurde. Die einfachste, aber auf die Dauer am wenigsten wirksame Methode waren Repressivmaßnahmen bis hin zu brutaler Gewaltanwendung und schärfsten Strafen. Wachsender passiver Widerstand oder gar der Aufruhr bildeten die logische Folge und führten zu ökonomischen Verlusten. Doch es gab noch einen anderen Weg der Leistungsstimulierung. Der passive Widerstand der Sklaven, dem aus ökonomischen Gründen entgegengewirkt werden mußte, veranlaßte die Sklavenhalter zu einer differenzierteren Behandlung der Sklaven und löste auf seiten der Herren Reaktionen und Schritte aus, die im Sinne einer größeren Effektivität der Sklaverei und Rentabilität der Sklavenwirtschaften zur volleren Ausschöpfung der Möglichkeiten führte, die diesem auf einer bestimmten Entwicklungsetappe durchaus fortschrittlichen Ausbeutungsverhältnis innewohnten. Gleichzeitig damit wurden seine Grenzen erreicht.

Der im ökonomischen Bereich ablaufende Klassenkampf in seinen niederen, indirekten Formen, der dort geübte passive Widerstand der Sklaven und die daraufhin notwendig gewordenen Maßnahmen der Sklavenhalter trugen in dialektischer Wechselwirkung zur Durchsetzung des gesellschaftlichen Fortschritts, zur Entwicklung und, nachdem ihr beschränkter Rahmen weitere positive Möglichkeiten ausschloß, zum Niedergang der Sklavereigesellschaft bei. Der passive Widerstand der Sklaven gegen Unterdrückung und Ausbeutung, gegen ein außerökonomisches Knechtschaftsverhältnis vollzog sich im Stillen und weniger schmerzhaft, war aber auf Grund seiner anhaltenden Dauer von weit größerer gesellschaftlicher Wirkung und Tragweite als manche Formen der offenen Klassenauseinandersetzung. Er wurde mit Absicht geleistet, ohne zur planmäßig organisierten Aktion zu werden und war, was seine unmittelbaren Auswirkungen betraf, zweifellos berechenbar. Aber er ließ sich in seinen Folgen für die gesellschaftliche Entwicklung weder von den Sklaven noch ihren Herren bewußtseinsmäßig erfassen.

Mit der Durchsetzung der Sklaverei als für die griechisch-römische Antike wichtigstem Produktions- und Ausbeutungsverhältnis begannen die Sklaveneigentümer sich verstärkt Gedanken darüber zu machen, wie beim Sklaven über den erzwungenen Gehorsam hinaus eine größere Bereitschaft zu williger Unterordnung geweckt werden könne, wie er zu einer besseren Arbeitshaltung, mehr Eigeninitiative zu bewegen und nutzbringender einzusetzen sei.

In Xenophons Lehrschrift „Oikonomikos" fragt Sokrates seinen Gesprächspartner Kristobulos: „Wenn ich dir nun noch weiter auseinandersetzte, daß der einen Herrschaft Sklaven, obwohl sie sozusagen in Fesseln gelegt sind, dennoch oft ausrücken, während sie bei der anderen, wo sie sich frei bewegen, mit Lust arbeiten und aushalten, meinst du nicht, daß ich damit deine Aufmerksamkeit auf einen beachtenswerten Punkt der Hauswirtschaft hinlenke?" Kristobulos erwidert: „Das versteht sich." An einer anderen Stelle dieser Schrift heißt es, „daß Sklaven nicht weniger durch verlockende Hoffnungen ermuntert sein wollen als Freie, im Gegenteil, noch viel mehr, damit sie willig bleiben".[51]

Ähnliche Feststellungen finden sich auch in der dem Aristoteles zugeschriebenen „Oikonomika", wo für den Umgang mit Sklaven gilt: „Weder darf man sie übermütig sein lassen noch soll man sie hart behandeln ... Drei Dinge sind zu berücksichtigen: Arbeit, Zucht, Nahrung. Nicht in Zucht gehalten werden und nicht arbeiten, aber Nahrung haben – führt zu Dreistigkeit, Arbeit und Züchtigungen, aber keine Nahrung haben – das ist grausam und schwächt außerdem den Körper. Bleibt folglich nur: Arbeit und genügend Nahrung geben. Denn es ist unmöglich über Leute zu herrschen, die gar keinen Lohn empfangen. Der Lohn der Sklaven aber ist die Nahrung. Wie auch die übrigen Menschen schlechter werden, wenn nicht die Besseren etwas Besseres erhalten und wenn nicht die Tüchtigkeit und die Schlechtigkeit entsprechend vergolten werden, so verhält es sich auch bei den Sklaven. Es ist deshalb notwendig, Kontrolle auszuüben, Nahrung und Kleidung, Freizeit und Bestrafungen je nach Verdienst zuzuteilen und zu gewähren."[52]

Ungefähr ein Jahrhundert später läßt Plautus (um 250 v. u. Z. bis 184 v. u. Z.), der bedeutendste Komödiendichter Roms, in den „Zwillingen" den Parasiten Peniculus („Kehrwisch") sagen:

„Die Leute, die Gefangene in Ketten tun,
In Fesseln legen ihr entlaufnes Hausgesind,
Sind große Narren – wenigstens halt ich's dafür:
Denn, trifft den armen Wicht zur Qual noch weitere Qual,
Treibt's mehr ihn noch zur Schlechtigkeit und zum Entfliehn;
Geh's wie es will, er macht sich von den Fesseln frei:
Bald feilt er euch den Kettenring am Fuße durch,
Bald stößt mit einem Stein den Nagel er hinaus.
Das sind Geschichten, grad so dumm wie lächerlich.
Willst einen du festhalten, daß er nicht entflieh,
Den fesselst du am sichersten mit Speis und Trank,
Bind ihn den Schnabel fest an den gefüllten Tisch."[53]

Auch Cato, der als ein typischer Vertreter der römischen Sklavenhalter und als ein außerordentlich haushälterisch denkender und handelnder Mensch gilt, sah sich, eben aus wirtschaftlichen Erwägungen
heraus, zu einem weniger rigorosen, eher doppelten Verhältnis zu seinen Sklaven veranlaßt. So kann ihm Plutarch einerseits einen allzu
harten, ja grausamen Charakter vorwerfen, weil er seine Sklaven, die
er schon bei den kleinsten Vergehen streng bestrafte, „wie das Vieh
zuerst abnutzte, um sie alsdann im Alter fortzujagen oder zu verkau-
fen", andererseits jedoch räumt er ein, daß Cato sich um den Schlaf
seiner Sklaven sorgte, denn gut ausgeschlafene Sklaven waren sanfter
und für die Arbeit brauchbarer, daß er ihnen, der seelischen Aus-
geglichenheit wegen, den Umgang mit Sklavinnen gestattete. Cato
selbst trat für eine ausreichende Beköstigung und Bekleidung der
Sklaven ein. Sie sollten weder hungern noch frieren, auch für besondere Leistungen belohnt werden, so daß andere dadurch angespornt
würden. Die Behandlung der Pflüger, so legte er nahe, habe nach-
sichtig zu sein, denn sie könnten sonst die ihnen anvertrauten Tiere
schlecht behandeln.
Varro betonte ebenfalls die Notwendigkeit, sich um den physischen
und seelisch-moralischen Zustand der Sklaven zu kümmern. Er rät,
den gut arbeitenden Sklaven durch anerkennende Worte zu belobi-
gen, ihm reichlicheres Essen und bessere Kleidung zu geben, auch
Ruhepausen zu gönnen und andere Vergünstigungen zu gewähren. Bei
Sklaven, die besonders schwere Arbeiten zu verrichten hatten oder
hart gezüchtigt worden waren, empfahl Varro Bekundungen von
Wohlwollen, um ihre Arbeitslust zu erhalten bzw. wiederherzustellen.

Varro verlangte Sklaven, die weder verängstigt noch frech waren, und wiederholte damit eine Forderung Aristoteles'. Ihre Leitung sollte älteren Personen aus den Reihen der Sklaven übertragen werden, die sich in der Landwirtschaft auskannten, über ein Minimum an Bildung verfügten und eine gewisse Autorität ausstrahlten. Die Peitsche galt es dort zu vermeiden, wo sich mit Worten der gleiche Erfolg erreichen ließ.

Sicher, alle diese Hinweise zur Behandlung von Sklaven, die sich bei griechischen und römischen Autoren gleichermaßen finden, widerspiegeln nicht die generell in der Sklavereigesellschaft gültigen und in der täglichen Praxis geübten Verhaltensnormen, sind nicht als verbindliche Vorschrift, sondern lediglich als eine Empfehlung, als Ratschlag anzusehen. Aber sie entsprangen der nüchternen Einsicht, daß Gewalt allein ein schlechtes, ein ungenügendes Mittel war, die große Zahl der Sklaven in ständiger Botmäßigkeit zu halten und sie darüber hinaus auch noch zu einer fortdauernd guten Arbeitsleistung anzuspornen.

Natürlich gab es Sklavenhalter, und die angeführten Stellen sind der Beweis dafür, die sich im Umgang mit ihren unfreien Arbeitskräften, ob nun Feld- oder Handwerkssklaven, ob Hirten oder Hauspersonal, von „modernen" Gesichtspunkten leiten ließen. Daneben jedoch existierte eine Vielzahl von „konservativen" Sklaveneigentümern, die ihre Sklaven nach wie vor hart und unnachgiebig, ja roh behandelten. Der direkte Zwang dominierte auch weiterhin unter den Methoden, mit deren Hilfe den Sklaven die übliche Arbeitsleistung abgepreßt und Gehorsam beigebracht wurden. Fußketten, die Knute, das halbunterirdische *ergastulum*, wo gefesselte Sklaven tagsüber arbeiteten oder des Nachts untergebracht waren, blieben das unvermeidliche Sachzubehör der Sklavereigesellschaft. Das Spannungsverhältnis zwischen den Sklaven und ihren Herren, zwischen frei und unfrei lockerte sich nicht. Die Kluft, die die beiden gesellschaftlichen Pole voneinander trennte, wurde in Rom und in Italien zum 1. Jh. v. u. Z. hin eher noch tiefer.

Es verschwand auch nicht der Haß, den die Sklaven gegen ihre Herren hegten, mußten ihnen diese doch als die konkret Schuldigen an ihrem Schicksal gelten. Allein gelassen in ihrer Verbitterung, denn öffentliches Gehör fanden die Sklaven in der Regel nicht, und immer neuer Drangsal schutzlos ausgesetzt, brach sich ihr angestauter Haß wieder und wieder Bahn: in Brandstiftung, in Mordtaten, in blutiger, zielgerichteter Rache an der Person und den Familienangehörigen ihres Herrn. Keine Strafe war schwer genug, um die Sklaven von solchen Gewaltausbrüchen abzuhalten. Zuviel mußten sie erdulden und zuoft wurde ihre Menschenwürde auf barbarischste Weise mit Füßen getreten, wurden sie über jedes Maß des Zumutbaren hinaus gedemütigt.

L. Minucius Basilus, einen der Verschwörer gegen Cäsar, brachten die eigenen Sklaven um, nachdem er befohlen hatte, einige von ihnen kastrieren zu lassen. Von seinen Sklaven im Bade überfallen wurde der drakonisch strenge Largius Macedo, der selbst der Sohn eines Unfreien war. Die Sklaven würgten und schlugen ihn solange, bis sie glaubten, er sei tot. Dann warfen sie ihn, um sich davon zu überzeugen, auf den heißen Boden der Badestube. Largius Macedo kam aber wieder zu sich und erlebte, bevor er starb, noch „den Trost der Rache".

Der Mord, den Sklaven an ihren Herren verübten, war für die Römer nichts Außergewöhnliches. „Wir haben so viele Feinde, wie wir Sklaven haben", lautete ein römisches Sprichwort, das Seneca, der römische Philosoph und Schriftsteller (4 v. u. Z.–65 u. Z.), für schamlos und ungerechtfertigt hielt, denn, so meint er, „nicht die Sklaven sind uns feind, wir machen sie selbst uns zu Feinden". Ein von ihm in diesem Zusammenhang angeführtes Beispiel stützt diese Behauptung und zeigt, auf welchem Nährboden versteckter Groll und Haß der Sklaven gedeihen. Seneca rügt die Gewohnheit von Römern, sich während des ausgedehnten und üppigen Nachtmahls mit einer Schar von Sklaven zu umgeben. „Die unglücklichen Sklaven", schreibt er, „dürfen nicht einmal zum Sprechen den Mund öffnen; die Rute des Silentarius hält jedes Murmeln im Zaume, und selbst die zufälligen Dinge wie Husten, Niesen, ein heftiger Schluckauf sind von den Schlägen nicht ausgenommen; hart wird jeder die Stille unterbrechende Laut gebüßt, und so stehen sie nüchtern und stumm die ganze Nacht hindurch." Deshalb, schlußfolgert Seneca, redeten diejenigen über ihre Herren und denunzierten sie, denen sonst das Wort verboten war, während die Sklaven, denen man das Sprechen, die kurze Unterhaltung mit ihren Herren gestattet, sogar unter der Folter schwiegen. An anderer Stelle gibt er zu bedenken, daß „der Zorn von Sklaven nicht weniger Menschen vernichtete als die Wut von Tyrannen".[54]

Der Haß der Sklaven und das Zusammenwohnen mit ihnen in einem Hause bargen für ihre Herren eine reale und stets gegenwärtige, todbringende Gefahr in sich. Ihr galt es durch staatliche Sanktionen vorzubeugen, weshalb auch unter Augustus ein altes republikanisches Gesetz erneuert wurde, wonach im Falle der Ermordung des Herrn alle Sklaven, die sich im Haus befanden, zum Tode verurteilt werden sollten, mit Ausnahme der Kinder, Blinden, Stummen, Tauben, Schwerkranken und eingesperrten, angeketteten Sklaven. In einem späteren Kommentar dazu heißt es: „Da anders kein Haus sicher sein kann, wenn die Sklaven nicht unter Gefahr für ihr Leben gezwungen werden, ihren Herrn vor Verbrechen sowohl seitens der Dienerschaft als auch von der Hand Fremder Schutz zu gewähren, sind deswegen Senatsbeschlüsse gefaßt worden, die Sklaven von Getöteten der öffentlichen Folter zu unterwerfen."[55]

Der Sklave konnte seinen Herrn auch zugrunde richten, indem er ihn denunzierte oder Verrat an ihm übte. Das war meist in politisch unruhigen Zeiten der Fall, so während der Machtkämpfe zwischen Sulla und Marius in den Jahren 88 bis 82 v. u. Z. und auch nach Cäsars Tod 44 v. u. Z., als die Triumvirn Lepidus, Antonius und Octavian Proskriptionen verfügten. Die Praxis der Proskriptionen war schon von Sulla geübt worden. Er ließ seine politischen Gegner in Listen erfassen und diese Listen öffentlich bekanntmachen. Wer auf solch einer Liste stand, galt als Geächteter, war vogelfrei. Jeder, der eine dieser in den Bann getanen Personen tötete oder auslieferte, erhielt eine Belohnung. Das Vermögen der Proskribierten wurde eingezogen, ihre Sklaven nicht selten freigelassen.

Lepidus, Antonius und Octavian erklärten in ihrem Proskriptionserlaß: „Im Namen der Götter! Niemand soll einer am Ende dieses Ediktes aufgeführten Person Unterschlupf gewähren, sie verbergen oder ihr weiterhelfen oder sich durch Geld bestechen lassen. Wer überführt wird, eine Person gerettet, unterstützt oder darum gewußt zu haben, den werden wir, ohne uns um Ausflüchte zu kümmern, ohne Gnade auf die Liste der Geächteten setzen. Jeder Freie, der eine dieser Personen tötet und uns den Kopf bringt, erhält pro Kopf 25 000 attische Drachmen, jeder Sklave die Freiheit, 10 000 Drachmen und das Bürgerrecht seines Herrn. Dasselbe gilt auch für diejenigen, die Anzeige erstatten. Niemand, der die Belohnung erhält, wird in unsere Akten eingetragen werden, damit sein Name unbekannt bleibt."

Selbstverständlich nutzten viele Sklaven die Gunst der Stunde, um sich auf diesem Wege für erlittenes Unrecht an ihren Herren zu rächen, zumal ihnen noch die sehnlichst erwünschte Freiheit und das nicht minder wichtige römische Bürgerrecht winkten.

Appian, dessen Darstellung der Bürgerkriege das zitierte Proskriptionsedikt entnommen ist, bringt in diesem Zusammenhang gleich einige Belege für das ihren Herren gegenüber feindselige Verhalten der Sklaven. „Zwei Brüder namens Ligarius", berichtet er, „die beide geächtet waren, versteckten sich unter einem Badeofen, bis sie von den Sklaven entdeckt wurden. Der eine wurde auf der Stelle getötet, der andere floh und stürzte sich, als er von der Ermordung seines Bruders erfuhr, von der Tiberbrücke selbst in den Fluß ... Von zwei anderen Brüdern stürzte sich der eine in den Fluß; sein Sklave suchte seine Leiche fünf Tage lang, und als er sie gefunden hatte, schnitt er ihr, da sie noch kenntlich war, den Kopf ab, um die Belohnung zu erhalten. Den zweiten, der sich in einer Dunggrube versteckt hatte, verriet ein anderer Sklave."[56]

Andererseits gab es in derartigen politischen Notzeiten nicht wenige Sklaven, die ihren Herren die Treue hielten und das Leben retteten. Der von den Parteigängern des Marius und Cinna gesuchte M. Cornutus entkam den Häschern nur, weil seine Sklaven die Leiche eines Unbekannten ins Feuer warfen und diese dann in verstümmeltem Zustand für die ihres Herrn ausgaben. Verschiedentlich sollen Sklaven die Kleider ihrer Herren angezogen haben, um sich an deren Stelle töten zu lassen. Ein anderer Sklave wiederum, der seinen Herrn in einer Höhle versteckt hielt, schlug einen vorüberkommenden Mann nieder, brachte ihn um und übergab die Leiche den Verfolgern, immer wieder beteuernd, daß sein Herr, der ihm ein Mal auf die Stirn gebrannt hatte, kein besseres Los verdiene.

Die Flucht, mangelnde Arbeitsleistung, Brandstiftungen, Mord und Denunziation waren niedere Formen des permanenten, oft verborgenen Widerstandes, mit dem sich die Sklaven überall gegen ihre Herren, gegen die sie bedrückende Unfreiheit und Knechtschaft zur Wehr setzten. Die höchsten Stufen des Klassenkampfes der Sklaven waren die Revolte und der Aufstand, die schließlich im Sklavenkrieg gipfeln konnten. In ihnen kommt der soziale und politisch-rechtliche Antagonismus zwischen Sklaven und Sklavenhaltern, Unfreien und Freien am klarsten und offensten zum Ausdruck.

Die vielfältigen Formen des Klassenkampfes der Sklaven, die eng miteinander verbunden waren, koexistierten, ergänzten sich und bildeten eine Einheit. Niedere Formen hatten die Tendenz bei entsprechend günstigen Bedingungen zu eskalieren und in neue Qualitäten umzuschlagen. Die eine Aktion, der Mord, zog die andere, die Flucht, nach sich. Die Flucht wiederum mündete nicht selten in die Ausweglosigkeit des Räuberdaseins oder löste den offenen Aufruhr aus.

In der Gegend von Halicyae, einer Stadt im Westen der Insel Sizilien, unmittelbar vor dem 2. Sizilischen Sklavenkrieg (104–101 v. u. Z.), töteten etwa 30 Sklaven ihre schlafenden Herren, zwei reiche Brüder, flüchteten und bewogen noch in der gleichen Nacht andere Sklaven der umliegenden Landgüter, sich ihnen anzuschließen. Dann besetzten sie einen von Natur aus unzugänglichen Platz, erhielten weiteren Zuzug und waren etwa 200 Mann stark, als der römische Statthalter von Sizilien, der Prätor P. Licinius Nerva, anrückte und sie belagerte. Er hatte anfangs wenig Erfolg, aber da die Sklaven isoliert blieben, sich die Erhebung nicht ausweitete und Verräter in ihre Reihen eingeschleust werden konnten, fiel es ihm verhältnismäßig leicht, den lokal begrenzten Unruheherd auszulöschen. Alle Sklaven kamen ums Leben. Sie fielen entweder im Kampf, oder stürzten sich, um der Gefangenschaft und Folter zu entgehen, selbst in den Tod.

2.2.3. Sklavenerhebungen in Griechenland und im republikanischen Rom

Die offene, die bewaffnete Klassenauseinandersetzung von Sklaven und Sklavenhaltern war weniger häufig, für die frühe Zeit der Sklavereigesellschaft sogar selten, denn sie setzte einen bestimmten Entwicklungsstand der Sklaverei voraus und damit die gebietsweise Ballung von Sklaven, ein hohes Maß an Ausbeutung, an groben physischen und psychischen Druck. Deshalb nahmen die Zahl, die Heftigkeit und Ausdehnung der Sklavenunruhen mit der fortschreitenden Entwicklung der Sklavereigesellschaft, d. h. ihrer vollen Entfaltung, zu.

Auffallend ist, daß die antik-griechische Gesellschaft solch gewaltige Sklavenbewegungen wie im 2./1. Jh. v. u. Z. auf Sizilien und in Italien nicht kannte. Das lag offenbar an der Aufsplitterung Griechenlands in eine Vielheit von politischen Gemeinwesen, den Poleis, staatlichen Organismen, die selbständig nebeneinander existierten, einen jeweils eigenen Wirtschaftsbezirk darstellten, und deren Bürger gemeinsam stark genug waren, in normalen Zeiten die Macht über ihre Sklaven aufrechtzuerhalten. Außerdem gab es in Griechenland keine solchen Konzentrationen von Sklaven wie auf Sizilien oder im römischen Italien. Lediglich in den Bergwerken von Laurion in Attika war eine größere Zahl von Sklaven zusammengebracht worden, und hier kam es auch zu den für die Athener ernsthaftesten Sklavenunruhen.

Meist werden die bewaffneten Auseinandersetzungen zwischen Sklaven und Sklavenhaltern pauschal vereinfachend als Sklavenaufstände bezeichnet, obwohl es methodisch sicherlich richtiger wäre, hier eine elementare Differenzierung vorzunehmen. Zumindest sollten die Verschwörung und Revolte, der räumlich begrenzte Aufstand und der überregionale Sklavenkrieg, der die höchste Form des bewaffneten Kampfes der Sklaven darstellt, unterschieden werden. Zeitpunkt, Ort, Verlauf, Ausmaß und Erfolg einer Sklavenerhebung wurden nicht selten von äußeren Bedingungen entscheidend beeinflußt. Politische Schwierigkeiten, in denen sich das antike Staatswesen befand, vor allen Dingen jedoch Kriege, waren Faktoren, die sowohl die massenweise Flucht als auch den offenen Aufruhr der Sklaven besonders begünstigten.

Eine der ersten Sklavenerhebungen in Griechenland hatte der Krieg zwischen Sparta und der peloponnesischen Stadt Argos im Gefolge. Herodot berichtet darüber. Weil viele der Bürger von Argos im Kriege gefallen waren, gab es nur noch wenige Männer in der Stadt. Das nutzten die Sklaven aus, rissen 494 v. u. Z. die Regierungsgewalt an sich und spielten von nun an die Herren, bis schließlich die Söhne der Gefallenen herangewachsen waren, sie aus der Stadt jagten und die väterliche Macht wieder an sich nahmen. „Die vertriebenen Sklaven aber", schreibt Herodot, „setzten sich mit Waffengewalt in den Besitz von Tiryns. Eine zeitlang lebte man in Frieden miteinander, bis Kleandros, ein Seher aus Phigalia in Arkadien, zu den Sklaven kam und sie beredete, ihre ehemaligen Herren anzugreifen." Neue, langwierige Auseinandersetzungen begannen, die mit großer Mühe von Argos zum Sieg geführt werden konnten und um 470 v. u. Z. die Zerstörung der Stadt Tiryns zum Ergebnis hatten.[57]

Etwa zur gleichen Zeit, zwischen 488 und 486 v. u. Z., kam es im westsizilischen Selinus, das sich mit Karthago im Kriege befand, zu einem Sklavenaufruhr. Viele der im Kampf gefallenen Einwohner lagen unbeerdigt vor der Stadtmauer, und keiner wußte so recht, wie mit den Leichen zu verfahren sei, war doch der punische Gegner immer noch in der Nähe. Da schlug ein gewisser Theron vor, mit 300 Sklaven aus der Stadt auszurücken, Holz für ein großes Feuer zu schlagen und die Toten zu verbrennen. Falls die Karthager einen Angriff wagen sollten, erklärte er, dann wäre es um ihn und die Sklaven sicherlich nicht schade. Die Bürger von Selinus stimmten zu. Theron wählte 300 junge und starke Sklaven aus, versah sie mit Äxten und den notwendigsten Waffen. Nachdem er mit ihnen vor die Stadt gezogen war, bewog er sie, ihre Herren zu überfallen. Spät abends kehrte Theron mit seiner Sklavenschar in die Stadt zurück, ließ die nichtsahnende Torwache töten, einen großen Teil der schlafenden Bürger umbringen und machte sich zum Tyrannen von Selinus.[58]

Die Forschung ist sich nicht schlüssig, ob diese Sklavenrevolte in Selinus tatsächlich stattgefunden hat, denn der Schriftsteller Polyainos (2. Jh. u. Z.), der als einziger von diesem Ereignis Kunde gibt, gilt als nicht sehr zuverlässig. Vorsichtig hat man auch bei Meldungen über Sklavenunruhen in der Frühzeit der römischen Republik zu sein. Möglicherweise sind derartige Nachrichten unter dem Eindruck späterer, die römische Öffentlichkeit bewegender Sklavenunruhen zusammengestellt worden. Dennoch sollten solche Berichte nicht gleich gänzlich in den Bereich der Legende verwiesen werden.

Zwar waren im 5. Jh. v. u. Z., als in Griechenland die Sklaverei bereits ihre Blütezeit erlebte, in Rom die Sklavereiverhältnisse erst schwach ausgebildet, aber sie schlossen den aktiven Widerstand und Verschwörungen der Sklaven nicht von vornherein aus. Die Sklaven traten damals kaum als selbständig handelnde Kraft in Erscheinung, sondern ergriffen in für sie günstigen Situationen Partei für die äußeren Feinde Roms und schlugen sich auf die Seite derer, die ihnen die Freiheit anboten.

460 v. u. Z. nahm der Sabiner Appius Herodinus, unterstützt von Sklaven, Verbannten und Klienten, das Capitol in nächtlichem Handstreich ein und besetzte den befestigten Ort. In schweren Kämpfen eroberten die Römer und ihre Bundesgenossen die Burg zurück. Appius Herdonius fiel; die Freigeborenen unter den Gefangenen wurden mit dem Beile enthauptet, die Sklaven gekreuzigt.[59]

Im Jahre 419 v. u. Z. waren Capitol und Burg erneut Ziel eines Anschlages. Etliche Sklaven hatten sich zu einer Verschwörung zusammengetan, wollten Rom gleichzeitig an verschiedenen Stellen anzünden, um sich während der ausbrechenden allgemeinen Panik des politischen und kultischen Zentrums der Stadt zu bemächtigen. Durch Verrat erhielten die Römer rechtzeitig Kenntnis von dem Plan.[60]

414 v. u. Z., als die Athener vor Syrakus erschienen, mit ihren Schiffen den Hafen blockierten und von der Landseite her zur Belagerung schritten, erhoben sich in der Stadt die Sklaven. Die Syrakuser sahen sich von innen und außen bedroht und in dieser zugespitzten Lage außerstande, der großen Menge aufrührerischer und offenbar organisiert vorgehender Sklaven durch energische Maßnahmen Herr zu werden. Hermokrates, der zu dieser Zeit in Syrakus tonangebende Staats-

mann, mußte Verhandlungen einleiten. Den Sklaven wurden die Freiheit, Waffen und Proviant versprochen. Ihr Führer Sosistrates, dem man die Beteiligung an den Regierungsgeschäften zugesichert hatte, begab sich mit 20 anderen Sklaven leichtgläubig zu einer Zusammenkunft und wurde dort mit seinen Gefährten verhaftet. Dann forderte Hermokrates die Sklaven auf, zu ihren Herren zurückzukehren, und stellte ihnen, wenn sie das tun, Straffreiheit in Aussicht. Die meisten Sklaven folgten dem Aufruf, 900 jedoch liefen zu den Athenern über.[61]

Auf der Insel Chios, die 412 v. u. Z., in der letzten Phase des Peloponnesischen Krieges, von Athen abgefallen war, kam es ebenfalls zu Sklavenunruhen. „Die in Chios", berichtet Thukydides, „sehr zahlreich ... vorhandenen Sklaven, deren Vergehen, eben weil ihrer so viele waren, mit besonderer Härte bestraft wurden, liefen gleich massenweise zu den Athenern über, sobald es den Anschein gewann, daß diese sich mit Hilfe ihrer Festungswerke dort behaupten würden. Gerade sie, die im Lande gut Bescheid wußten, hausten darin am ärgsten."[62]

Noch schlimmer kam es auf der Insel im 3. Jh. v. u. Z., als die Sklaven abermals in großer Menge in die Berge flohen. Von dort aus überfielen sie ihre Herren, plünderten und brandschatzten die Gegend. Unter ihrem talentierten und klugen Anführer Drimakos, einem offenbar glänzenden Organisator, wurden sie bald zur mächtigsten Kraft auf Chios. Nachdem die Chier mehrere empfindliche Schlappen hinnehmen mußten und die Sklaven mit Gewalt nicht zu bezwingen waren, schlossen sie auf Vorschlag des Drimakos einen Vertrag mit den Aufständischen. Die Chier wurden zu regelmäßigen Abgaben an Drimakos verpflichtet, deren Höhe er selbst festlegte. Sie waren weiterhin angehalten, ihre Sklaven menschlicher und gerechter zu behandeln. Drimakos seinerseits sorgte für Zucht und Ordnung unter den Sklaven. Er entschied, ob entlaufene Sklaven bei ihm verblieben oder nicht. Sie durften es, wenn die Flucht berechtigt war. Fehlten aber ausreichende Gründe, dann wurden die Geflohenen an ihre Eigentümer zurückgesandt. Der Widerspruch zwischen Sklaven und Sklavenhaltern hatte auf Chios dazu geführt, daß Drimakos, der Sklave, gestützt auf eine bewaffnete Gefolgschaft, zwar nicht die Sklaverei abschaffte, aber im Interesse seiner Klassengenossen der Brutalität dieses Ausbeutungsverhältnisses und der Herrenwillkür bestimmte Grenzen setzte. Die Chier mußten unter dem Zwang der Umstände seine Autorität anerkennen und sich seiner Vermittlerrolle fügen. Später wurde ein Preis auf den Kopf des Sklavenführers ausgesetzt. Wie die Sage will, soll der bereits alt gewordene Drimakos einen seiner Begleiter gebeten haben, ihm den Kopf abzuschlagen und sich damit Geld und Freiheit zu verdienen. Kaum war er tot, brach ein neuerlicher Sklavensturm los. Die Chier errichteten in ihrer Not dem Drimakos einen Altar und begannen, ihn als jetzt „wohlwollenden" Heros zu verehren. Sie brachten ihm Opfer, weil sie glaubten, daß er ihnen die bösen Absichten der Sklaven verkünde. Geflohene Sklaven wandten sich der Kultstätte in der Hoffnung zu, daß ihnen der Geist des Drimakos auf ihren Wegen weiterhelfe.[63]

Von einem Sklavenaufstand, der durchaus stattgefunden haben kann, erzählt die Legende, die sich um den Tempel der Aphrodite Porna in Abydos rankt. Die dortigen Sklaven hatten sich der Stadt bemächtigt und ihre Herren vertrieben. In der Nacht stellten sie Wachen aus, die ihren Dienst aber schlecht versahen, dem Weine zusprachen und sich mit Hetären vergnügten. Sie schliefen schließlich vor Trunkenheit ein, so daß es einer der Frauen gelang, den Wächtern die Schlüssel abzunehmen, unbemerkt über die Befestigungsmauer zu klettern und zu den unweit der Stadt lagernden Bürgern zu gelangen. Diese bewaffneten sich, drangen, von niemanden gesehen, in Abydos ein und schlugen die Verschwörung nieder. Zum Dank für die glückliche Errettung der Stadt und die Tat der Hetäre baute die Bürgergemeinde der Aphrodite Porna, der Schutzgöttin der käuflichen Liebe, eine Kultstätte.[64]

Von der Legende, die in diesem Falle dem realen Sachverhalt des Klassenkampfes zwischen Sklaven und Sklavenhaltern Rechnung trug, wieder zurück auf den Boden der Fakten, die den aktiven, offenen Kampf der Sklaven im 3. Jh. v. u. Z. belegen und die vor allem für die Phase der besonderen Zuspitzung der Klassenkampfsituation im 2. Jh. v. u. Z. überliefert sind.

259 v. u. Z., während des 1. Punischen Krieges, wurde in Rom eine Sklavenverschwörung aufgedeckt, die das Ziel hatte, die Stadt zu vernichten. 3 000 Sklaven und 4 000 zumeist samnitische Matrosen sollen daran beteiligt gewesen sein. Die Samniten waren vor erst reichlich zwei Jahrzehnten von Rom besiegt und unterworfen worden. Aus der Zeit, als Hannibal mit seinem Heer in Italien stand, wird ein weiteres derartiges Vorkommnis gemeldet. Die Römer erhielten Kenntnis davon. Den Verräter, einen Sklaven, belohnte man mit der Freiheit und 20 000 schweren Kupferassen, 25 Sklaven aber, berichtet der Historiker Titus Livius (59 v. u. Z.–17 u. Z.), „wurden gekreuzigt, weil

sie sich angeblich auf dem Marsfelde zu einer Verschwörung verbunden hatten".[65]

Zu einer größeren Sklavenerhebung unweit Roms wäre es beinahe im Jahre 198 v. u. Z. gekommen. In der latinischen Stadt Setia lebten die nach Italien geholten karthagischen Geiseln mit ihren Sklaven. Außerdem gab es hier nicht wenige der in die Sklaverei verkauften punischen Kriegsgefangenen. Sie alle schlossen sich gegen Rom zusammen und planten den Aufstand. Boten wurden ausgeschickt, um in der Umgebung von Setia, Norba und dem an der Küste gelegenen Circeji die Sklaven aufzuwiegeln und dem Aufstand die nötige Breite zu geben. Beabsichtigt war, in Setia am Tage der demnächst stattfindenden öffentlichen Spiele über das schaulustige Volk herzufallen, Setia und dann die beiden anderen Städte an sich zu bringen. Wieder waren es zwei Sklaven, die Verrat übten und dafür die Freiheit und Geld erhielten.

Nur wenig später mußten die Römer in Praeneste eingreifen, wo sich die Sklaven ebenfalls heimlich verbündet hatten. Fünfhundert von ihnen ließ der Stadtprätor zum Tode verurteilen. Sorgen und Angst griffen in Rom um sich, denn es stand zu befürchten, daß, wie man glaubte, die karthagischen Geiseln und Sklaven weitere Anschläge vorbereiteten. Streifen durchzogen die Straßen der Stadt Rom. Die Wachsamkeit wurde allgemein erhöht und die Order erteilt, die Aufsicht über die Gefangenen in den Steinbrüchen zu verschärfen und den karthagischen Sklaven in ganz Latium Fußfesseln nicht unter zehn Pfund anzulegen.[66]

Im Jahre 196 v. u. Z. versetzte abermals eine Sklavenverschwörung die Römer in Unruhe, diesmal in Etrurien. Der Prätor Manlius Acilius Glabrio wurde mit einer der beiden städtischen Legionen in Marsch gesetzt, um die Sache zu untersuchen und Ordnung zu schaffen. Als er am Ort des Geschehens anlangte, war aus der Verschwörung bereits ein Aufstand geworden, der ganz Etrurien zu erfassen drohte. Acilius Glabrio handelte rasch, schlug die Aufständischen im offenen Gefecht, tötete viele von ihnen und machte zahlreiche Gefangene. Die Anführer der Verschwörung ließ er verprügeln und schließlich kreuzigen. Alle übrigen Sklaven wurden den Eigentümern zurückgegeben.[67] Im Jahre 185 v. u. Z. erhoben sich in Apulien die Hirtensklaven zu einem großen Aufstand, der die Römer ziemlich beschäftigte. Die Sklaven sperrten die Heerstraßen, raubten Reisende aus, verübten Überfälle und verwüsteten das Staatsland. Nicht auszuschließen ist, daß der Aufstand von Anhängern der Bacchus-Mysterien, an denen sowohl Freie als auch Sklaven teilnahmen, ausgelöst wurde. Durch Senatsbeschluß war dieser Geheimkult mit seinen nächtlichen Zusammenkünften und ekstatisch-sexuellen Ausschweifungen stark eingeschränkt worden. Man sah sich sogar genötigt, Gerichtsverfahren einzuleiten, worauf einige der Beschuldigten nach dem Süden des Landes auswichen und hier die in den Latifundienwirtschaften sehr zahlreichen Hirtensklaven zum Kampf gegen ihre Herren und Rom aufstachelten. Der in Tarent eingesetzte Prätor Lucius Postumius Tempsanus zögerte nicht lange, sondern ging mit Konsequenz und Strenge gegen die Aufrührer vor. Einem großen Teil gelang zwar die Flucht, doch wurden etwa 7 000 Personen ergriffen und bestraft, viele davon mit dem Tode.[68]

Alle bisher genannten Sklavenerhebungen waren entweder Verschwörungen, die von den Römern meist noch im Keime erstickt werden konnten, oder lokal begrenzte Aufstände. Erst in den 30er Jahren des 2. Jh. v. u. Z. fand auf Sizilien ein Ereignis statt, das zu Beginn freilich auch die Stufen der Verschwörung und des Aufstandes durchlief, in der Phase seiner vollen Entfaltung aber durchaus die Bezeichnung Sklavenkrieg verdient. Sizilien, in der Antike eine der bedeutendsten Kornkammern der Mittelmeerwelt, war zugleich, und das besonders in römischer Zeit, ein Zentrum der Sklavereiwirtschaft. Auf der Insel gab es große Latifundien mit ausgedehnten Feldflächen und riesigen Weideplätzen. Der bäuerliche Kleinbetrieb war weitestgehend verdrängt worden, der Bedarf an unfreien Arbeitskräften enorm gestiegen. Ein Strom von Sklaven ergoß sich im Ergebnis der zahlreichen, von Rom mit Erfolg geführten Kriege nach Sizilien. Daher war die Insel „von einer so großen Menge an Sklaven überschwemmt, daß die übermäßige Anzahl derselben denen, die davon hörten, unglaublich erschien", schrieb der Historiker Diodor (von etwa 80–29 v. u. Z.), in dessen „Historischer Bibliothek" sich ein ausführlicher Bericht über die sizilischen Sklavenkriege findet. Die Konzentration so vieler Sklaven auf der Insel brachte natürlich einige Probleme mit sich.

Unter den Bedingungen der auf Sizilien ausgeprägten Massensklaverei war es den dortigen Großgrundbesitzern offenbar nicht mehr möglich, ein grundlegendes Gebot antiker Sklavenhaltung, nie Sklaven gleicher ethnischer Herkunft in großer Menge zusammenzubringen, konsequent zu befolgen. Natürlich blieben die Sklavenscharen auch weiterhin ethnisch bunt gemischt, aber die sprunghaft angewachsene Zahl der Sklaven führte zwangsläufig dazu, daß sich jetzt größere Gruppen von Sklaven eines Ethnos bildeten. Es ist sogar anzunehmen, daß die eine oder andere Gruppe überwog, daß unter den sizilischen Sklaven insgesamt die Sklaven aus dem hellenistischen Osten am stärksten vertreten waren.

Die Sklaven auf Sizilien im 2. Jh. v. u. Z. kamen in ihrer Mehrzahl aus Ländern mit blühenden Städten, einer entwickelten Wirtschaft und einem Kulturniveau, das in mancherlei Hinsicht höher als in Rom lag. Sie alle, die Sklaven aus Syrien, Palästina, aus Kleinasien mit seinen vielen Völkerschaften oder Griechenland, gehörten einem großen Kulturkreis an, der viele verbindende Elemente trotz der trennenden örtlichen Besonderheiten aufwies. In der Fremde, in einer feindlichen Umgebung, förderten die kulturellen Gemeinsamkeiten zweifellos das Zusammengehörigkeitsgefühl der unterdrückten, rechtlosen Sklaven. Da war vor allem die Sprache, die „koine" die „Gemeinsprache" der Griechen, der sich ein großer Teil der Bevölkerung in den hellenistischen Staaten bediente, zumindest der städtische. Lebensauffassungen, philosophisch-ideologische Vorstellungen gehörten ebenso hierher, wie der verbindende Bereich der Religion, denn die hellenistischen Kulte mit ihren orientalischen Wurzeln, mit ihrer Angleichung griechischer Götter an die Gottheiten Ägyptens, Syriens, Kleinasiens und umgekehrt waren dem einfachen Volk vertraut und wurden von ihm verstanden.

Die gewiß beachtliche Zahl von Syrern, Kleinasiaten und Griechen, von Bewohnern hellenistischer Städte unter den sizilischen Sklaven war ein Umstand, der nicht ohne Folgen für die auf der Insel sich abspielenden Sklavenkriege sein konnte. Damit unterschied sich die ethnische Zusammensetzung der Sklavenklasse auf Sizilien in der zweiten Hälfte des 2. Jh. v. u. Z. wesentlich von der Italiens zur Zeit des Spartacus.

Die sizilischen Sklaven waren vielerlei Drangsal und einer äußerst unmenschlichen Behandlung ausgesetzt. Man hielt sie wie Tiere in Zwingern, wo sie – ehemals freie Menschen und nun das erkaufte Eigentum eines anderen – für ihr künftiges Los vorerst abgerichtet wurden. Trieben ihre Zuchtmeister sie dann aus diesen Pferchen heraus, erhielten sie sofort ein Brandmal aufgedrückt. Während die Jüngeren von ihnen als Hirten Verwendung fanden, wurden die Älteren für alle sonstigen Arbeiten eingestellt.

Die reichen Sizilianer, ob nun römischer, italischer oder griechischer Abkunft, wetteiferten förmlich in der Mißhandlung ihrer Sklaven. Aus Habsucht und Übermut behandelten sie die Sklaven, wie Diodor eindrucksvoll schildert, „bei der Arbeit schlecht und kümmerten sich sehr wenig darum, was sie zu essen und anzuziehen hatten . . ., und erlaubten ihren Hirten, die keine Nahrung empfingen, vom Raub zu leben. Da Leuten, die kräftig genug waren, ausreichend Zeit und Gelegenheit hatten, alle ihre Vorhaben auszuführen, eine solche Freiheit gegeben war, und da Mangel an Mitteln zum Lebensunterhalt diese Personen zu verschiedenen waghalsigen Unternehmungen zwang, mußten Gesetzlosigkeiten bald überhandnehmen. Anfangs brachten sie auf den bevölkertsten Straßen diejenigen um, die einzeln oder zu zweien reisten; dann rotteten sie sich zusammen, überfielen des Nachts kleinere und wenig geschützte Landhäuser, zerstörten sie, plünderten die Habe und töteten, wer sich ihnen widersetzte. Die Verwegenheit der Räuber wuchs mehr und mehr, so daß es auf Sizilien unmöglich wurde, nachts zu reisen, und gefährlich war, auf dem Lande zu leben. Die Insel war voller Gewalttaten, voller Raub und Mord. Durchaus natürlich ist, daß die draußen im Freien lebenden und bewaffneten Hirten übermütig und draufgängerisch wurden. Sie trugen Keulen, Lanzen und ihre großen Hirtenstöcke, waren in Felle von Wölfen und Wildschweinen gekleidet und hatten überhaupt ein fast kriegerisches, furchterregendes Aussehen. Jedem folge eine Meute scharfer Hunde; durch die Fülle von Fleisch und Milch verwilderten sie an Körper und Geist."[69]

Wie Truppen hatten sich die Sklaven auf Sizilien breit gemacht. Sicher, die von Rom eingesetzten Prätoren versuchten, ihrem Treiben Einhalt zu gebieten, vermieden es aber, einschneidende Strafen zu verhängen. Sie verhielten sich so, nicht weil sie etwa die Sklaven fürchteten, sondern weil sie vor deren mächtigen und einflußreichen Herren Angst hatten, denn die meisten Eigentümer dieser vernachlässigten und daher verwilderten Sklavenhorden gehörten zum Stand der römischen Ritter. Ein Vorrecht der Ritter aber war es, über den Prätor zu Gericht zu sitzen, wenn er nach seiner Amtsabgabe wegen Amtsmißbrauch oder schlechter Amtsführung angeklagt wurde. Der Prätor sah sich folglich genötigt, von Handlungen Abstand zu nehmen, durch die seine möglichen späteren Widersacher nur unnötigerweise gereizt werden konnten.

Andererseits behandelten die sizilischen Sklavenhalter ihre Sklaven immer ärger. Besonders schlimm führte sich der reiche und hochmütige Damophilos auf, der in Enna, einer Stadt im Herzen Siziliens, lebte, ausgedehnte Ländereien und ungezählte Viehherden sein eigen nannte. Über ihn berichtet Diodor: „Auf dem Lande fuhr er mit wertvollen Pferden, vierrädrigen Wagen und bewaffneten Sklaven umher. Dazu setzte er seinen Stolz darein, eine Menge wohlgeformter Sklaven und ein Gefolge von sittenlosen Schmeichlern zu haben. In der Stadt und in seinen Landhäusern stellte er getriebenes Silbergeschirr auf, ließ sich kostbare Purpurdecken anfertigen und gab Essen mit verschwenderischem und königlichem Aufwand und übertraf durch seine Verschwendung und seine Prachtentfaltung sogar den persischen Luxus; sein Hochmut aber kannte keine Grenzen. Denn er war sittenlos und ungebildet, und da er über Macht ohne Verantwortlichkeit und ein riesiges Vermögen verfügte, führte dies zuerst zu Übermut, später zu Gewalttätigkeiten und brachte schließlich Verderben über ihn selbst und großes Unheil über seine Heimat. Denn er kaufte eine Menge von Sklaven und behandelte sie gewalttätig; die Leiber von Leuten, die in ihrer Heimat Freie gewesen waren, die aber das Unglück gehabt hatten, in Gefangenschaft und Sklaverei zu geraten, ließ er mit Brenneisen kennzeichnen. Die einen von ihnen fesselte er mit Fußeisen und warf sie in seine Sklavenarbeitshäuser, die anderen machte er zu Hirten, gab ihnen aber weder die erforderlichen Kleider noch die notwendigen Lebensmittel.

Es verging kein Tag, an dem Damophilos nicht in seinem Hochmut und seiner Grausamkeit einige seiner Sklaven aus nichtigem Anlaß mißhandeln ließ. Seine Frau Megallis aber hatte ebensolche Freude an übertriebenen Peinigungen und behandelte ihr Dienerinnen und die Sklaven, die unter ihre Fuchtel gerieten, roh und gefühllos. Und weil sie von beiden mißhandelt und gepeinigt wurden, gerieten die Sklaven in Zorn über ihre Herren und meinten, daß sie kein schlimmeres Los treffen könnte, als sie es jetzt hätten.

Als einmal zu Damophilos von Enna einige halbnackte Sklaven kamen und ihn um Kleider zu bitten begannen, ließ er sie nicht weiterreden, sondern sagte nur: ,Was wollt ihr denn? Laufen denn die Leute, die durchs Land reisen, nackt herum und geben sie nicht denen eine fertige Ausstattung, die Kleider brauchen?' Dann befahl er, sie an die Säulen zu binden, ließ sie auspeitschen und schickte sie hochmütig weg".[70]

Die gepeinigten, mißhandelten Sklaven nahmen Kontakt zueinander auf, begünstigt durch die auf Sizilien herrschenden Zustände, nutzten alle sich bietenden Gelegenheiten zu Zusammenkünften, auf denen sie Pläne schmiedeten und die Frage eines Aufstandes erörterten. Kopf der Verschwörung war der Sklave Eunus, ein Syrer aus der Stadt Apameia. Ihm wurden Wunderkräfte nachgesagt, denn er hatte sich durch Prophezeiungen und die Kunst des Feuerspeiens einen Namen gemacht.

Diodor stellt Eunus, eben dieser Gaukeleien wegen, als Scharlatan dar, übersieht dabei aber den ernsten Hintergrund. Eunus' Weissagungen waren ein Mittel der ideologischen Vorbereitung des Aufstandes und dienten der psychologischen Beeinflussung der Sklaven. Es galt, ihre Angst vor dem immerhin nicht ungefährlichen, risikoreichen Unternehmen, das ein Aufstand nun einmal war, zu überwinden, in ihnen Zuversicht und Selbstvertrauen zu wecken. In den Augen seiner Klassengenossen war Eunus kein Betrüger, sondern Priester der Dea Syria, der Syrischen Göttin, der Atargatis, die sich in hellenistisch-römischer Zeit großer Beliebtheit erfreute und deren Kult weite Verbreitung fand. Die Göttin Atargatis wurde der griechischen Aphrodite gleichgesetzt und trug Züge der westsemitischen Astarte, der Göttin des Rechts, der Jagd und des Kampfes. Ihre heiligen Tiere waren Fisch, Taube und Schlange. Eunus vermochte, sich als Auserwählten der Göttin darzustellen, die ihm, wie er sagte, erschienen sei und verkündet habe, er werde König werden. An Eunus wandten sich dann auch die Sklaven des Damophilos, als sie nicht länger mehr gewillt waren, die Ausschreitungen und Grausamkeiten ihres Herrn und ihrer Herrin zu erdulden. Sie hatten beschlossen, Damophilos und dessen Frau zu ermorden, und fragten bei Eunus an, ob die Götter dem Vorhaben wohlgesinnt seien. Eunus opferte und teilte daraufhin den Verschwörern mit, daß die Zeichen günstig ständen, die Götter ihnen zustimmten und sie ohne Zögern zur Tat schreiten sollten. Er selbst übernahm die Führung der etwa 400 Sklaven, die, nur notdürftig bewaffnet, des Nachts in Enna eindrangen, dort Rache an ihren Peinigern übten und dabei in wilder Wut auch manche Greueltat begingen.

„Es hatte sich ihnen", heißt es in Diodors Schilderung, „ein großer Haufen von den Sklaven der Stadt angeschlossen, die, nachdem sie zuvor an ihren Herren den schlimmsten Frevel begangen hatten, sich jetzt der Ermordung der anderen zuwandten. Als die Leute des Eunus erfuhren, daß sich Damophilos mit seiner Frau in seinem Garten unweit der Stadt aufhalte, gingen einige von ihnen dorthin und holten die beiden her. Damophilos und seiner Frau wurden die Hände auf den Rücken gebunden, und sie hatten schon auf dem Wege viele Quälereien auszuhalten. Nur ihrer Tochter, so konnte man beobachten, taten die Sklaven nichts zuleide, wegen ihres menschlichen Charakters und weil sie mit den Sklaven Mitgefühl gehabt und ihnen nach Kräften geholfen hatte. Das zeigte, daß es sich bei dem, was mit den

anderen geschah, nicht um einen Ausbruch des rohen Wesens der
Sklaven handelte, sondern um Vergeltung für das ihnen früher zu-
gefügte Unrecht. Damophilos und Megallis wurden, wie gesagt, von
den Ausgeschickten in die Stadt geschleppt und in das Theater geführt,
wo sich die Masse der Empörer versammelt hatte. Als Damophilos
sich durch eine List retten wollte, und viele von dem Haufen durch
Worte für sich zu gewinnen versuchte, nannten ihn Hermaios und
Zeuxis, die ihn tödlich haßten, einen Gauner und, ohne das gewissen-
hafte Urteil des Volkes abzuwarten, stieß ihm der eine das Schwert in
die Seite und schlug ihm der andere das Beil in den Nacken."[71]
    Ebenfalls getötet wurden Megallis, Antigenes und Python, beides
die Herren des Eunus, und fast alle gefangenen Ennäer. Am Leben
blieben lediglich diejenigen, die sich auf die Herstellung von Waffen
verstanden. Eunus wurde zum König gewählt, setzte sich das Diadem
auf und begann, wie ein souveräner Herrscher aufzutreten. Die Frau,
mit der er zusammenlebte, wie er aus dem syrischen Apameia stam-
mend, machte er zur Königin. Aus der Verschwörung, die sehr wahrscheinlich im Jahre 136 v. u. Z. stattfand, war ein Aufstand mit dem
Zentrum in Enna geworden.
    Cicero gibt in einer seiner Reden die folgende Beschreibung der
Stadt Enna und ihrer unmittelbaren Umgebung: „Enna ... liegt hoch
erhoben auf einem gewaltig aufragenden Berge, dessen Gipfel zu ebe-
nem Terrain abgeflacht und von nie versiegenden Bächen durchrieselt
ist; rings fällt der Berg nach allen Seiten steil und unzugänglich ab,
doch umgeben ihn Seen mit mannigfachem Gebüsch und lieblichen
Blumen, die zu jeder Jahreszeit blühen."[72] Der Boden in der Gegend
von Enna war gut und gleichermaßen für Ackerbau und Viehzucht
geeignet. Hier befanden sich die ländlichen Villen der Großgrundbesitzer, die darüber hinaus auch in der Stadt Häuser besaßen. Auf
dem höchsten Punkt von Enna stand die alles beherrschende Burg
(997 m über dem Meeresspiegel), ein fester Platz, der mit den Mauern
der Stadt zusammen ein beinah uneinnehmbares System von Verteidigungsanlagen bildete.
    Enna war in der Hand der Sklaven. Sie besaßen dort die Macht.
Deshalb nun gleich von einer Diktatur der Sklaven sprechen zu wollen, wäre sicherlich eine gewagte Modernisierung der antiken Verhältnisse. Tatsächlich aber begann der Sklavenkönig Eunus unverzüglich mit dem Aufbau einer effektiven Führungsstruktur, wobei er sich
an hellenistischen Vorbildern orientierte. In diesem Sinne ist bemerkenswert, daß Eunus den syrischen Königsnamen Antiochos annahm,

seine Anhänger als Syrer bezeichnete und seinem Reich den Namen „Neusyrisches Königreich" gab.

Ziel der Organisation der aufständischen Sklaven und der öffentlichen Ordnung war die Behauptung der neuen Machtverhältnisse und damit der wiedergewonnenen Freiheit der Sklaven am Ort des Geschehens selbst und der erfolgreiche Widerstand gegen den zu erwartenden Angriff der römischen Zentralgewalt sowie die Aufrechterhaltung normaler Lebensbedingungen, wozu nicht zuletzt der gesamte Bereich der landwirtschaftlichen und handwerklichen Produktion gehörte.

Sofort nach dem Sieg der Sklaven wurde eine Volksversammlung einberufen. Eunus umgab sich mit einem königlichen Rat, dem Männer angehörten, die für sehr klug galten. Er nahm eine Zweiteilung der Macht vor, indem er die zivilen Belange, die in der Hauptsache ihm vorbehalten blieben, von den rein militärischen trennte. Die militärischen Angelegenheiten wurden dem Griechen Achaios anvertraut. Achaios kam aus der an der Nordküste des Peloponnes gelegenen Landschaft Achaia. Er war ein verständiger und tapferer Mensch. In drei Tagen stellte er eine gut bewaffnete und kampfstarke Kerntruppe von mehr als 3 000 Mann auf. Sie wurde von Mannschaften unterstützt, die vorerst nur mit Äxten, Beilen, Schleudern, Sicheln und am Feuer gehärteten Stöcken oder Bratspießen ausgerüstet waren. Mit dieser Streitmacht, die ständig neuen Zuzug erhielt, in Zahl und Qualität wuchs, durchzog Achaios den zentralen Teil Siziliens. Aus den unvermeidlichen Kämpfen mit den Römern ging er recht häufig als Sieger hervor.

Die Anordnungen, die im zivilen Sektor getroffen wurden, sind schwer rekonstruierbar, da Diodor sich darüber fast gänzlich ausschweigt. Es kann aber keine Zweifel geben, daß Eunus-Antiochos und sein Kronrat bestimmte Maßnahmen anordneten, um einerseits ungerechtfertigte Übergriffe der Sklaven zu verhindern, was nicht immer möglich war, andererseits um ein Mindestmaß an Ordnung und öffentlicher Sicherheit zu gewährleisten, keine allgemeine Verwüstung des Landes oder gar blindwütige Tempelstürmerei zuzulassen. Wie Cicero in einer seiner Reden gegen Verres, den späteren Statthalter Roms auf Sizilien, hervorhebt, wurde zum Beispiel das wichtige Heiligtum der Demeter und Nike in Enna von den Aufständischen nicht angetastet.

Die sizilischen Sklaven vermochten sich drei bis vier Jahre lang gegen die Römer zu halten, eine Leistung, die nicht möglich gewesen wäre, hätten sie der Anarchie Vorschub geleistet. Über die Mittel und Wege ihres Vorgehens kam es mitunter zu Meinungsverschiedenheiten. Zumindest scheint Achaios nicht in jeder Frage seinem König und dessen Ratgebern widerspruchslos zugestimmt zu haben. Er verfocht offenbar eine gemäßigtere Linie und war, folgt man den knappen Angaben Diodors, ein Gegner von allen unnötigen, die Sklaven nur belastenden Exzessen. Daß er für Disziplin im Sklavenheere zu sorgen wußte, beweisen allein schon die Erfolge gegen die militärischen Formationen der Römer. Diodor bescheinigt den Sklaven, daß sie in vielen Gefechten gegen die Römer ehrenhaft kämpften und nur geringe Verluste hatten. Daraus läßt sich schlußfolgern, daß die Aufständischen bestimmte Prinzipien der militärischen Organisation und Führung einhielten, taktisch überlegt und nach den Regeln der Kriegskunst zu handeln verstanden.

Eine der ersten Maßnahmen des Eunus-Antiochos war, die Waffenproduktion sicherzustellen. Er befahl, alle Ennäer, die über entsprechende handwerkliche Fähigkeiten verfügten und deshalb ihr Leben behalten hatten, zu fesseln, in die Werkstätten zu bringen und dort bei der Arbeit anzutreiben. Im Verhalten gegenüber der freien Bevölkerung waren Ausschreitungen der Sklaven zwar nicht zu vermeiden, doch zeigte sich der für die Unterdrückten und Ausgebeuteten typische Gerechtigkeitssinn in der rücksichtsvollen Behandlung der Tochter des Damophilos. In Begleitung zuverlässiger Sklaven wurde sie zu ihren Verwandten nach Katana gebracht. Eunus selbst ließ denjenigen Freunden seines Herrn Großherzigkeit angedeihen, die sich ihm als Sklaven gegenüber menschlich benommen hatten.

Mit Erstaunen vermerkt Diodor, daß die Sklaven in vernünftiger Sorge um die Zukunft sinnlose Zerstörungen zu vermeiden suchten, weder die kleinen ländlichen Villen anzündeten, noch ihr Inventar und die dort angehäuften Vorräte vernichteten. Sie schonten überhaupt alle, die fortfuhren, landwirtschaftlicher Beschäftigung nachzugehen. Auch Handwerk und Handel kamen nicht zum Erliegen. Man produzierte, kaufte und verkaufte dabei und benutzte neben anderen Geldstücken bronzene Münzen, die auf Geheiß des Eunus-Antiochos geprägt worden waren, sein Bild und seinen Namen trugen. Dahinter stand der einfache Sachzwang, daß auch ein Sklavenstaat, bei all seiner Fragwürdigkeit, eine sich reproduzierende ökonomische Grundlage brauchte.

Wie sich das Verhältnis der aufständischen Sklaven zur freien Bevölkerung gestaltete, entzieht sich unserer genauen Kenntnis. Anzunehmen ist, daß die Sklaven bemüht waren, in irgendeiner Form Verständnis für ihr Tun zu wecken. Das bezweckten wohl auch die Lustspiele, die Eunus-Antiochos in einer sizilischen Stadt, und sicherlich auch in anderen Städten, vor den dortigen Einwohnern aufführen ließ. In diesen Theaterstücken legten die Sklaven die Ursachen ihrer Erhebung bloß, stellten sie den maßlosen Übermut, die Grausamkeiten und Verbrechen ihrer Herren tadelnd vor.

Der Sklavenaufstand hatte eine negative Begleiterscheinung. Das sizilische antike Lumpenproletariat war aktiv geworden, schwamm im Fahrwasser der Sklaven, ohne mit ihnen zu einer gleichgerichteten sozialen Bewegung zu verschmelzen, und marodierte auf eigene Faust. „Der Mob", schreibt Diodor, „der sich für Sklaven ausgebend, in die Dörfer strömte, raubte nicht nur die Landgüter aus, sondern zündete sie auch an".[73]

Inzwischen hatte sich im Südwesten der Insel bei Agrigentum ein zweiter Aufstandsherd herausgebildet. Führer der dortigen Sklaven war der Pferdehirt Kleon, ein Sklave aus dem kleinasiatischen Kilikien. Die sizilischen Reichen und die Römer hofften nun, daß es zu Rivalitäten zwischen diesen Aufständischen und den in Enna kommen werde, daß sie sich gegenseitig bekämpfen und schwächen würden. Dann wäre es für die Römer zweifellos ein Leichtes gewesen, die Flamme des Aufstandes auf Sizilien zu löschen. Es kam anders als erwartet. Beide Sklavenheere vereinigten sich. Kleon erkannte das Königtum des Eunus-Antiochos an und unterstellte sich ihm freiwillig. Das geschah, wie zu vermuten ist, weil Kleon und Eunus-Antiochos klar erkannt haben dürften, daß ihrer beider Stärke im gemeinsamen Vorgehen gegen den gemeinsamen Feind, die Römer, lag. Damit war eine neue Qualität der sizilischen Sklavenerhebung erreicht, denn der Aufstand wuchs sich jetzt zu einem Sklavenkrieg aus, der die ganze Insel erfaßte, nicht mehr mit örtlichen Kräften allein zu bekämpfen war, Rom entschieden herausforderte und den Einsatz konzentrierter militärischer Gewalt notwendig machte. Tatsächlich war das vereinte, 70 000 bis 200 000 Mann starke Sklavenheer vorerst unschlagbar. Festungen wurden zerstört und zahlreiche Städte eingenommen, darunter Tauromenium, Morgantium, Katana, Messana und Agrigentum. Mehrere Prätoren unterlagen nacheinander mit ihren auf Sizilien ausgehobenen militärischen Aufgeboten in kleineren Gefechten und in größeren offenen Feldschlachten den Sklaven. Auch die beiden Konsuln, Gaius Fulvius Flaccus und Calpurnius Piso Frugi, mußten unverrichteter Dinge nach Rom zurückkehren. Zwar hatte L. Calpurnius

Piso die Stadt Morgantium erobert, dabei 8 000 Sklaven niedergemacht und die Gefangenen ans Kreuz genagelt, an der Gesamtlage aber änderte sich nichts. Der Umschwung trat ein, nachdem die Römer ihren Krieg in Spanien beendet hatten, und der Konsul Publius Rupilius auf der Insel erschien. Nun stand den Sklaven ein erfahrener Heerführer mit schlagkräftigen Truppen gegenüber.

Von dieser letzten Phase des 1. Sizilischen Sklavenkrieges gibt Diodor die folgende Schilderung: „Der römische Konsul Rupilius eroberte Tauromenium für die Römer zurück, nachdem er die Stadt hartnäckig belagert und durch die Einschließung über die Empörer unsagbare Not und Hunger gebracht hatte ... Er nahm auch Komanos, Kleons Bruder, gefangen, der aus der belagerten Stadt fliehen wollte. Als schließlich der Syrer Serapion die Burg verräterisch auslieferte, wurde der Konsul über alle in der Stadt befindlichen Sklaven Herr. Er ließ sie foltern und einen Abhang hinabstürzen; von dort zog er nach Enna und belagerte auch diese Stadt."[73]

Enna, der gut befestigte Zentralort des Sklavenkönigs Eunus-Antiochos, war im Vorjahr ergebnislos von L. Calpurnius Piso Frugi berannt worden, wie ausgegrabene Schleuderbleie mit seinem Namen an der Nordseite der Stadt beweisen. Jetzt schloß sie das Heer des Rupilius neuerlich ein. Die Sklaven setzten sich trotz der immer komplizierter werdenden Situation in der Stadt heldenhaft zur Wehr. Während eines Ausfalls fiel nach heldenhaftem Kampf und von Wunden ganz bedeckt Kleon, der den Widerstand der Sklaven geleitet hatte. Seine Leiche geriet in die Hände der Römer, die sie öffentlich zur Schau stellten. Auch Enna, das seiner Verteidigungsanlagen wegen nicht mit Gewalt zu erobern war, wurde schließlich durch Verrat gewonnen. Eunus-Antiochos floh zusammen mit 1 000 Getreuen, die sich selbst den Tod gaben, als sie keine Möglichkeit des Entrinnens mehr sahen. Eunus-Antiochos aber wurde lebendigen Leibes ergriffen, in Gewahrsam genommen und starb bald darauf in Morgantium. Rupilius hatte nun leichtes Spiel, den Krieg gegen die sizilischen Sklaven im Herbst des Jahres 132 v. u. Z. zu beenden.

Zur gleichen Zeit etwa, als auf Sizilien Eunus-Antiochos herrschte, verschworen sich in Rom 150 Sklaven. Über 1 000 Sklaven empörten sich in den athenischen Silberbergwerken von Laurion. Auch auf der Insel Delos, wo sich einer der bedeutendsten Sklavenmärkte des Altertums befand, kam es zu Sklavenunruhen. Überhaupt sollen sich damals vielerorts die Sklaven gegen ihre Herren erhoben haben. Der christliche Schriftsteller Orosius (5. Jh. u. Z.) meinte rückblickend,

daß vom Brandherd Sizilien der Funke auf andere Gebiete der Mittelmeerwelt übersprang. Ob nun von Sizilien eine Fanalwirkung ausging
oder nicht, mag dahingestellt bleiben. Die Römer jedenfalls hatten
alle Hände voll zu tun, um mit den aufrührerischen Sklaven fertig zu
werden. In der latinischen Stadt Minturnae wurden 450 Sklaven gekreuzigt. In der an der latinisch-kampanischen Grenze gelegenen Ha-
fenstadt Sinuessa, die durch die in ihrer Nähe befindlichen Heilquel-
len berühmt war, mußte mit Entschiedenheit gegen 4 000 aufständische
Sklaven vorgegangen werden.

Nach dem 1. Sizilischen Sklavenkrieg und dem gegen Rom gerichteten Aufstand des Aristonikos in Kleinasien, in Pergamon, an dem
auch Sklaven teilnahmen und der von 132 bis 129 v. u. Z. dauerte,
wird für ein Vierteljahrhundert nichts mehr von Sklavenunruhen berichtet. Daß sie gänzlich aufgehört hätten, ist zu bezweifeln. Vielleicht waren sie zu unbedeutend und wurden deshalb übersehen oder
man „vergaß" sie bewußt, um sich später nicht mehr an sie erinnern
zu müssen.

Doch mit dem 2. Sizilischen Sklavenkrieg trat abermals ein Ereignis im Klassenkampf der Sklaven und Sklavenhalter ein, das von
seiner Bedeutsamkeit her nicht unbemerkt bleiben konnte. Der Blick
der antiken Historiker richtete sich nun wieder schärfer auf das Skla-
venproblem und nahm, offenbar rückschauend, Kenntnis davon, daß
der neuerlichen Sklavenbewegung auf Sizilien mehrere kleinere und
nur kurz während Sklavenunruhen in Italien vorausgegangen waren,
die, wie Diodor meint, „göttliche" Warnsignale dargestellt und den
Römern größeres Unheil angekündigt hätten. Eine kleine Verschwörung von 30 Sklaven wird aus Nuceria gemeldet, einem Ort im südlichen Kampanien. In der Nähe Capuas lehnten sich 200 Sklaven
gegen ihre Herren auf. Beide Erhebungen wurden ohne sonderliche
Mühe niedergeschlagen. Mehr Schwierigkeiten machte den Römern
ein größerer Sklavenaufstand, den der römische Ritter Titus Vettius
anzettelte und dessen Anlaß recht untypisch war.

Titus Vettius hatte sich in eine außergewöhnlich schöne, aber einem
anderen gehörende Sklavin verliebt. Sie wurde ihm, dem Sohn eines
reichen Vaters, gegen guten Glauben verkauft und ausgehändigt. Er
aber blieb die geforderte Geldsumme schuldig. Um nun seinen Gläubigern, die ihn bedrängten, zu entrinnen und seine Geliebte nicht
zu verlieren, entschloß Vettius sich zum Äußersten. Er bewaffnete
seine Sklaven, etwa 400 an der Zahl, bewog sie zum Aufstand, übernahm selbst die Führung und rief sich zum König aus. Als erstes

rechnete er mit seinen Gläubigern ab, die er zu köpfen befahl. Danach überfiel er die benachbarten Landgüter und scharte eine immer größer werdende Menge von Sklaven um sich.

In kurzer Zeit hatte Titus Vettius 700 Mann beisammen, die er in Hundertschaften gliederte. Gegen die Aufrührer wurde von Rom aus der Stadtprätor Lucius Lucullus mit 600 Soldaten in Marsch gesetzt. Da er unterwegs weitere Rekrutierungen vornahm, wuchs seine Truppe auf 4 000 Mann Fußvolk und 400 Reiter an. Titus Vettius, dem das Heranrücken des Lucullus mitgeteilt worden war, verschanzte sich mit jetzt mehr als 3 500 Sklaven auf einem gut zu verteidigenden Hügel. Das erste Gefecht entschieden die Sklaven zu ihrem Gunsten. Daraufhin bestach Lucullus einen der militärischen Führer der Sklavenabteilungen um Vettius, Apollonius, der zum Verräter an seinen Klassengenossen wurde. Vettius tötete sich selbst. Alle seine Anhänger fielen entweder im Kampf oder wurden hingerichtet.

Inzwischen gärte es erneut auf Sizilien. Die Ursachen waren zwar die gleichen geblieben, bedingt durch die latenten inneren Widersprüche der Sklavereigesellschaft, doch bestand diesmal ein enger Zusammenhang zwischen den Vorgängen auf der Insel, den sich dort zuspitzenden und schließlich entladenden sozialen Spannungen, der außenpolitischen Situation Roms und den sich daraus ableitenden zentralen Maßnahmen.

Im Jahre 105 v. u. Z. war der langwierige Krieg gegen Jugurtha, den König von Numidien, siegreich zu Ende gebracht worden. Die Römer durften einerseits aufatmen, aber im gleichen Jahr, wie der römische Historiker Sallust am Ende seines Werkes „Der Jugurthinische Krieg" schreibt, wurde von ihren Feldherren Quintus Caepio und Gnaeus Mallius „gegen die Gallier unglücklich gekämpft. Ganz Italien zitterte in Furcht; und von da an glauben die Römer bis auf den heutigen Tag, alles andere müsse sich ihrer Tapferkeit beugen, der Kampf mit den Galliern jedoch sei ein Ringen um der eigenen Selbsterhaltung willen, nicht um Ehre und Ruhm".[75]

Tatsächlich waren auf gallischem Boden am 6. Oktober 105 v. u. Z. bei Arausio (Orange im heutigen Südfrankreich) in einer großen Doppelschlacht zwei römische Armeen vernichtet worden und 80 000 Legionäre gefallen. Sie hatten gegen die von keltischen Stämmen unterstützten germanischen Kimbern gekämpft. Im nächsten Jahr wurde der erfolggekrönte Marius beauftragt, die drohende Gefahr eines Germaneneinfalls nach Norditalien zu bannen. Um gegen die Kimbern, Teutonen und Ambronen bestehen zu können, brauchte er Soldaten, viele römische Soldaten. Aber gerade daran fehlte es. Ein Teil der römischen Legionen war in Nordafrika geblieben und erfüllte dort Sicherungsaufgaben. Der andere, der an der Nordgrenze eingesetzte, war nach dem Aderlaß vom Vorjahr so gut wie vernichtet und mußte neu aufgefüllt werden.

In dieser Situation, in der das Bevölkerungspotential Italiens für die Aufstellung eines schlagkräftigen römischen Ersatzheeres offenbar nicht mehr ausreichte, erteilte der Senat Marius die Vollmacht, die überseeischen Verbündeten Roms aufzufordern, Hilfstruppen zu schicken. Auch an Nikomedes III., den König von Bithynien (im nördlichen Kleinasien), erging die Bitte um militärischen Beistand. Seine Antwort, die Diodor wiedergibt, war vielsagend: Weil die römischen Steuerpächter die Mehrzahl seiner Untertanen zu Sklaven gemacht und in die Provinzen verschleppt hätten, könne er dem Hilfeersuchen Roms nicht Folge leisten.

Daraufhin beschloß der römische Senat, daß der Einsatz von ungesetzlich versklavten Freigeborenen aus den Ländern der Verbündeten in den römischen Provinzen zu unterbleiben habe und alle bereits betroffenen Personen unverzüglich aus der Sklaverei zu entlassen seien. Die Prätoren erhielten den Befehl, entsprechende Untersuchungen anzustellen und die notwendig werdenden Freilassungen zu verfügen. Publius Licinius Nerva, römischer Prätor auf Sizilien, handelte in der geforderten Weise, so daß binnen weniger Tage 800 Sklaven, die zumeist aus Kleinasien stammten, die Freiheit erlangten. „Dadurch wurden", schreibt Diodor, „die Hoffnungen sämtlicher Sklaven der Insel auf die Freilassung gerichtet. Doch die sizilischen Vornehmen kamen zusammen und baten den Prätor, von diesem Plan Abstand zu nehmen. Nerva, entweder weil er mit Geld bestochen worden war oder dem Adel gefällig sein wollte, stellte alle gerichtlichen Untersuchungen ein; wer sich aber an ihn wandte, um die Freiheit zu erhalten, dem befahl er mit Schimpfworten, zu seinem Herrn zurückzukehren."[76] Die derart abgewiesenen Sklaven schlossen sich zusammen, verließen Syrakus und begaben sich zum Heiligtum der Paliken, das als Zufluchtstätte für Sklaven galt. Hier vereinbarten sie den Plan eines Aufstandes, von dem die Kunde rasch in viele andere Orte Siziliens gelangte. Den ersten Versuch, sich zu befreien, unternahm eine Gruppe von etwa 200 Sklaven in der Nähe der westsizilischen Stadt Halicyae; ihre Aktion scheiterte.

Im Glauben, den Sklaven die Lust zu weiteren Erhebungen bereits genommen zu haben, hatte Licinius Nerva seine Truppen entlassen.

Da erreichte ihn die Nachricht, daß nahe der Stadt Herakleia Publius Clonius, ein römischer Ritter, von seinen Sklaven, 80 an der Zahl, ermordet worden sei. Der Prätor zögerte mit Gegenmaßnahmen, denn im Moment war er militärisch noch zu schwach, um die Sklaven mit durchschlagendem Erfolg angreifen zu können, und begnügte sich mit der Besetzung von Herakleia.

Seine Unentschlossenheit bedeutete für die Sklaven wertvollen Zeitgewinn, den sie nutzten, um sich auf einem nahegelegenen Berg gut zu verschanzen. Mehr noch, sie erhielten moralischen Auftrieb, wurden zuversichtlicher, denn die vorläufige Zurückhaltung des Licinius Nerva ließ ihn kraftlos und kleinmütig erscheinen. Bald waren 2 000 bewaffnete Sklaven versammelt. Als Nerva endlich die 600 Mann starke Garnison von Enna unter ihrem Anführer Marcus Titinius gegen die Aufrührer sandte, war es zu spät für derartige Halbheiten. Die Römer wurden geschlagen, ergriffen die Flucht und ließen eine Menge Kriegsmaterial zurück. Die erbeuteten Waffen, vor allem aber der Sieg, beflügelten die Kühnheit der Aufständischen und förderten das sprunghafte Anschwellen der Bewegung, von der wenig später 6 000 Sklaven erfaßt waren. Was mit der Ermordung des Herrn begann, hatte sich zum Aufstand entwickelt, der jetzt in die Phase seiner vollen Entfaltung trat.

Inzwischen war es notwendig geworden, der sich ausweitenden Sklavenbewegung eine innere Organisation zu geben und sie zu konsolidieren. Wie bei Eunus-Antiochos wurde eine Volksversammlung einberufen und der Sklave Salvius zum König gewählt. Salvius galt als erfahrener Wahrsager und besaß die Fähigkeit, sich durch sein Flötenspiel die Herzen und Hirne seiner Zuhörer zugänglicher zu machen. Er legte sich den syrischen Königsnamen Tryphon zu und wollte damit sehr wahrscheinlich an die einem Großteil der aufständischen Sklaven offenbar vertraute seleukidische Staatstradition anknüpfen. Der syrische Tryphon, ursprünglich unter dem Namen Diodotos ein erfolgreicher Heerführer des Seleukidenkönigs Alexander I. Balas, usurpierte 137 v. u. Z. den Thron, unterlag aber seinem Widersacher Antiochos VII. Sidetes, den die Römer begünstigten.

Aus den tüchtigsten Männern seiner Umgebung bildete Salvius-Tryphon einen Kronrat. Obwohl selbst kein sonderliches Feldherrntalent, schenkte er von Anfang an der militärischen Seite der Sklavenerhebung seine fürsorgliche Aufmerksamkeit. Die aufständischen Sklaven wurden in drei Abteilungen gegliedert, die getrennt auf ein festgelegtes Ziel zumarschierten, um sich dort zu vereinigen. Dieser

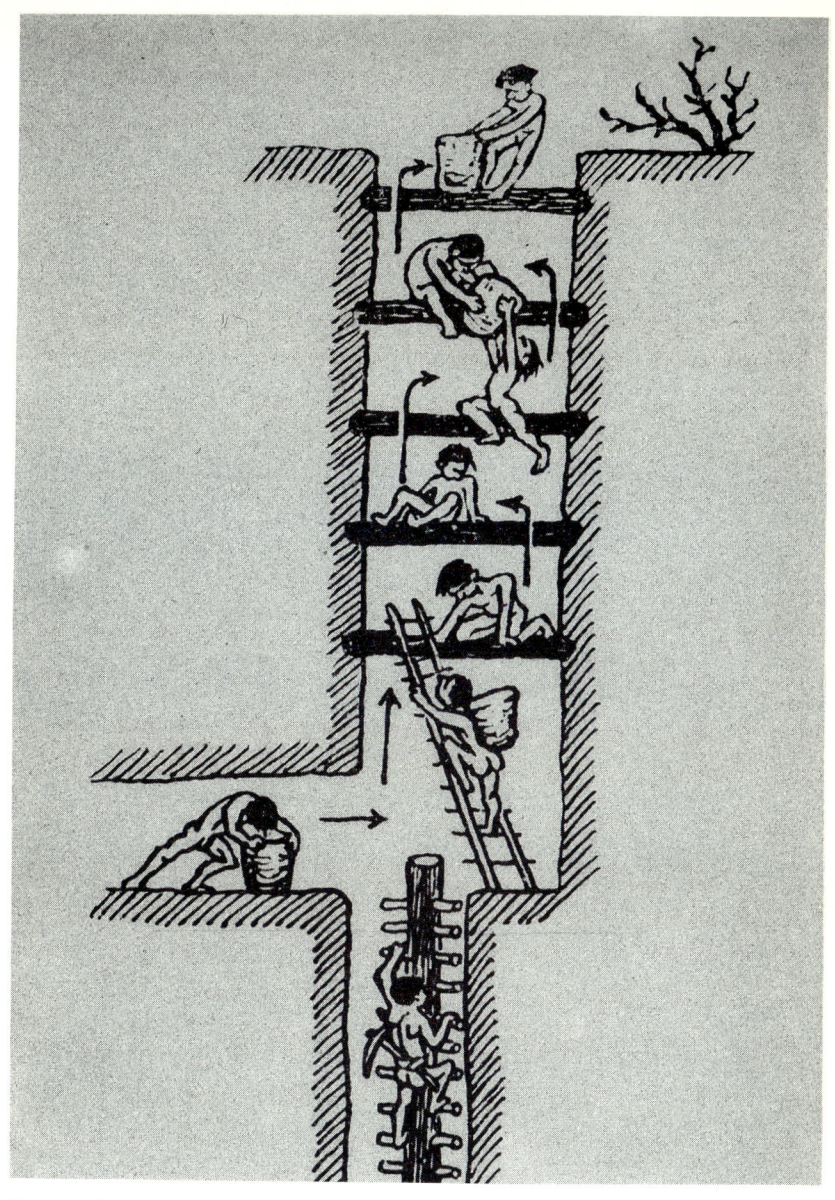

Sklavenarbeit in den Bergwerken von Laureion. Rekonstruktion nach Befunden in Laureion, um 350 v. u. Z.

Brotbacken. Terrakottagruppe (Paris, Louvre)

Sklave im Tretrad des Hebekrans in der Werkstatt eines Säulenfabrikanten in Capua. Grabrelief des Lucceius Peculiaris, um 150 u. Z. (Capua, Theater)

Junger Sklave. Sog. Treuer Diener. Sandsteinfigur aus Tarent (Berlin,
Staatliche Museen, Antikensammlung)

Sklavenunterkunft im Hause des Menander in Pompeji

gleichzeitige Marsch der drei Abteilungen förderte die weitere Ausbreitung des Aufstandes und erleichterte die Versorgung des Sklavenheeres mit Nahrungsmittel, Vieh und Pferden. Im Ergebnis war es möglich, einen Verband von 2 000 Reitern zu bilden. Die Fußtruppe hatte sich auf insgesamt 20 000 Mann erhöht. Mit der Unterscheidung zweier Waffengattungen, der Reiterei und des Fußvolkes, wurde eine übersichtlichere Heeresstruktur geschaffen und die operativ-taktische Beweglichkeit der Sklavenarmee verbessert. Ständige militärische Übungen trugen zur Hebung der Disziplin unter den Aufständischen bei und steigerten ihre Kampfkraft.

Vergleicht man den bisherigen Ablauf mit der Anfangsphase des 1. Sizilischen Sklavenkrieges, so fällt zweierlei auf: erstens bemächtigte sich Eunus-Antiochos, die Gunst der Stunde nutzend, sofort der gut befestigten Stadt Enna, die zu seinem Hauptort wurde. Salvius-Tryphon dagegen überließ Herakleia, die ihm am nächsten gelegene Stadt, dem Prätor Licinius Nerva, der seinerseits nicht säumte, den Ort schnellstens zu besetzen; zweitens war Eunus-Antiochos bestrebt, recht viele Städte in seine Gewalt zu bringen, um sie als Stützpunkte zu haben. Salvius-Tryphon wiederum mied die Städte, die er für Stätten der Trägheit und Verweichlichung hielt. Doch auch er brauchte jetzt, nachdem die erste größere militärische Operation, der koordinierte Marsch der drei Kolonnen, mit Erfolg zu Ende geführt worden war und sich ein großes Sklavenheer versammelt hatte, einen festen Platz als Zentrum seines Reiches und Ausgangsbasis für weitere Unternehmungen.

Salvius-Tryphon zog deshalb vor die Stadt Morgantium und begann, sie kraftvoll zu bestürmen. Inzwischen rückte der sizilische Statthalter, der auch die Nacht hindurch marschieren ließ, der Stadt mit etwa 10 000 Mann zu Hilfe, griff das nur nachlässig gesicherte Feldlager der Sklaven an, nahm und plünderte es. Daraufhin kam es vor Morgantium zu einem Treffen zwischen den Sklaven und den Truppen des Licinius Nerva, dessen Reiterei bald ins Wanken geriet und sich zur Flucht wandte. Der Widerstand seiner Soldaten erlahmte vollends, nachdem ein Herold der Sklaven verkündet hatte, daß jeder am Leben bleibt, der die Waffen wegwirft. Licinius Nerva beklagte 600 Tote. Gegen 4 000 Mann wurden von den Sklaven gefangengenommen. „So verschaffte sich Salvius durch eine Kriegslist Vorteile über seine Feinde", vermerkt Diodor, „eroberte sein Lager wieder, brachte viele Waffen in seine Gewalt und trug einen Sieg davon, der seinen Ruhm weithin verbreitete."[77] Scharen von Sklaven strömten ihm zu, so daß sich die Heeresmacht der Aufständischen verdoppelte. Salvius-Tryphon beherrschte nun weite Landstriche Siziliens, aber es fehlte ihm nach wie vor eine nach allen Regeln der damaligen Fortifikationskunst befestigte Hauptstadt. Die Belagerung von Morgantium wurde fortgesetzt. An die Sklaven in der Stadt erging der Appell, sich den Aufständischen anzuschließen.

Doch die erhofften Solidaritätsaktionen blieben aus, denn die städtischen Sklaven in Morgantium verhielten sich anders als erwartet. Ihre Herren hatten ihnen gleichfalls die Freiheit versprochen. Sie sollte der Preis für eine eifrige Beteiligung an der Verteidigung der Stadt sein. Da ihnen die von ihren Herren gemachte Zusage offenbar mehr wert war als das Angebot ihrer Klassenbrüder, stellten sich die Sklaven in Morgantium auf die Seite der Verteidiger und halfen, die Angreifer abzuwehren, bis diese sich von der Stadt zurückzogen.

Aus diesem Verhalten nun vielleicht einen scharfen Gegensatz zwischen den ländlichen und den städtischen Sklaven Siziliens ableiten zu wollen, scheint wenig gerechtfertigt. Die Freiheit zu erhalten, war das Höchste, das der Sklave erstrebte. Für sie setzte er sogar sein Leben ein: jenseits der Mauern von Morgantium mit einer zweifelhaften Aussicht auf Erfolg, aber in freier Entscheidung und ganz für die eigene Sache kämpfend, diesseits im Dienste seiner Herren, auf Kosten seiner Klassengenossen, in der Erwartung der konfliktlosen, legalen Freilassung und der nachfolgenden offiziell anerkannten Eingliederung in die Gesellschaft. Vor die Wahl gestellt, zogen die Sklaven in Morgantium den legalen Weg in die Freiheit vor, den zu beschreiten jedoch nur möglich war, wenn ihre Herren Wort hielten. Sie gaben sich trügerischen Hoffnungen hin, und sie wurden betrogen. Der Prätor Licinius Nerva erklärte das Freiheitsversprechen, weil es aus einer Zwangslage heraus gegeben worden war, für null und nichtig. Jetzt freilich lief die Mehrzahl der leichtgläubigen Sklaven von Morgantium zu Salvius-Tryphon über.

Unterdessen war auch der Westen Siziliens von einem Sklavenaufstand erfaßt worden. Sein Zentrum lag im Gebiet der Städte Lilybaeum, Halicyae und Segesta. Die Führung des Aufstandes hatte der Kilikier Athenion inne, ein Mann, der ebenfalls im Ruf stand, aus den Sternen die Zukunft voraussagen zu können. Athenion war ein Vertreter der Sklavenadministration. Er verwaltete die Besitzungen zweier reicher Brüder, brachte aber seine Herren um, scharte die ihm unterstellten Sklaven um sich, erhielt Zuzug von den benachbarten Gütern und verfügte nach etwa fünf Tagen über mehr als 1 000 Mann.

Auch Athenion nahm den Königstitel an. Nachdem er genügend Kräfte gesammelt und ein Heer von gut 10 000 Sklaven zusammengebracht hatte, versuchte er die Belagerung der Stadt Lilybaeum. Sie mißglückte ihm aber. Unter dem Hinweis auf die Götter, die ihm von der Fortsetzung der Belagerung abgeraten hätten, zog sich Athenion von Lilybaeum zurück. Dabei geriet er in einen nächtlichen Hinterhalt römischer Hilfstruppen, die aus Afrika zur Unterstützung der Stadt mit Schiffen herbeigeholt worden waren. Athenion verlor in diesem Gefecht viele seiner Leute. Zur gleichen Zeit hatte Salvius-Tryphon seinen Machtbereich im Osten der Insel bis zur Ebene von Leontini ausgedehnt. Von hier aus marschierte er mit einem Heer, das mehr als 30 000 gut ausgebildete Soldaten zählte, nach dem Westen, erschien vor der Felsenfestung Triokala und traf dort mit den Abteilungen des zu Hilfe gerufenen Athenion zusammen. Wenn die sizilischen Sklavenhalter und die freien Bewohner der sizilischen Städte bis dahin noch gehofft hatten, daß sich die beiden Sklavenarmeen gegeneinander wenden könnten, so erfüllten sich diese Erwartungen vor Triokala nicht. Im Gegenteil, die Sklaven vereinten ihre Kräfte und Athenion unterwarf sich dem Oberbefehl des Salvius-Tryphon.

Nach Diodors Ansicht, dem der wahre Beweggrund dieses Handelns, die gemeinsamen Klasseninteressen der Sklaven, verborgen blieb, „stellte das Schicksal die Eintracht unter jenen Anführern her und vermehrte dadurch gleichsam absichtlich die Kriegsmacht der entlaufenen Sklaven". Später muß es zu Spannungen zwischen den beiden Anführern gekommen sein. Salvius-Tryphon setzte Athenion jedoch rechtzeitig fest, verhindert den Ausbruch offener Rivalitäten und bewahrt so die Geschlossenheit der Aufständischen. Die Vereinigung der beiden Sklavenarmeen leitete den Höhepunkt dieser zweiten großen Sklavenbewegung auf Sizilien ein und vom Aufstand hinüber zum Sklavenkrieg.

Wie sah das Leben auf der zum zweiten Male von einer breiten Sklavenbewegung erfaßten Insel aus? Diodor spricht von allgemeiner Verwirrung und großer Not, führt das aber nicht einzig auf die Sklaven zurück, die sich manchen Gewaltakt zuschulden kommen ließen, sondern auch auf die Mittellosen unter den Freien und das freie Lumpenproletariat, die in einer für sie günstigen Situation zahllose Räubereien und Gesetzlosigkeiten verübten, immer bedacht, die Aufständischen dafür verantwortlich zu machen. Diese Leute töteten deswegen auch rücksichtslos alle Freien und Sklaven, auf die sie bei ihren Missetaten stießen, um keine Zeugen zu hinterlassen. Aus den Städten heraus, wo der deklassierte Pöbel ebenfalls mobil wurde, begannen die Bürger das umliegende Land nach dem Faustrecht zu behandeln und zu plündern.

Demgegenüber bemühte sich vor allem der organisatorisch erfahrene Athenion um Disziplin in den Reihen der Sklaven und versuchte in Kenntnis der Dinge, das wirtschaftliche Leben in einem bestimmten Umfange aufrechtzuerhalten. „Er nahm nämlich nicht alle aufständischen Sklaven in sein Heer auf", heißt es bei Diodor, „sondern machte nur die Tüchtigsten zu Soldaten. Die anderen nötigte er, bei ihren früheren Beschäftigungen zu bleiben, so daß jeder seine eigene Wirtschaft haben und dort für Ordnung sorgen sollte. Auf diese Weise brachte er reichlich Nahrung für seine Soldaten zusammen." Das durchzusetzen, scheint mit einiger Mühe verbunden gewesen zu sein. Doch Athenion, der die Religion als Mittel der ideologischen Beeinflussung zu nutzen verstand, verschaffte sich Gehorsam, indem er sich auf die Götter berief, die ihm verkündet hätten, daß er König werden würde und deshalb das Land, die Tiere und Früchte wie sein Eigentum schonen müsse. Athenion trat wie ein hellenistischer König auf, der letztendlich die alleinige Verfügungsgewalt über alles ihm untertane Land besaß.

Seine strikte Aufforderung zur Weiterführung der landwirtschaftlichen Produktion betraf wohl kaum die kleinen Bauernwirtschaften, denn dort dürfte alles beim Alten geblieben sein, sondern wird sich in der Hauptsache auf die herrenlos gewordenen Landgüter und Latifundien der sizilischen Sklavenhalter bezogen haben, deren Reichtum und ökonomische Möglichkeiten Athenion als ehemaliger Gutsverwalter und Leiter eines zweihundertköpfigen Sklavenkollektivs genau kannte und die der Aufstandsbewegung erhalten werden sollten. Wie das konkret geschah, entzieht sich unserer Kenntnis. Jedenfalls waren die sizilischen Sklavenkriege keine Vernichtungskriege schlechthin, und Cicero konnte deshalb rückblickend feststellen, daß in solchen Zeiten weder die ackerbauende Bevölkerung noch die Zahl der Grundherren abnahm und beispielsweise Manius Aquillius, der schließliche Sieger über die Sklaven, nicht irgendwelche Reste der Landbevölkerung in seiner Provinz aufzusammeln brauchte.[78]

Zur neuen Hauptstadt des Sklavenreiches wurde der Ort Triokala bestimmt. Andere, größere Städte wären dafür sicherlich besser geeignet gewesen, aber alle Versuche, beispielsweise Morgantium oder Lilybaeum einzunehmen, waren fehlgeschlagen. Daß man schließlich Triokala auswählte, war durch die äußeren Umstände bedingt und keine Sache des blinden Zufalles. Der Ort zeichnete sich durch einige Vorzüge aus, die zweifellos die Aufmerksamkeit der Sklavenführer auf sich gezogen hatten.

Triokala war erstens eine ausnehmend gut gelegene Bergfestung auf einem hohen, uneinnehmbaren Felsen, zweitens gab es hier eine Menge vorzüglichen Quellwassers, drittens war die Umgebung reich an Reben- und Ölbaumpflanzungen und zur landwirtschaftlichen Nutzung bestens geeignet. Salvius-Tryphon begnügte sich nicht mit dem, was er vorfand. Die Befestigungsanlagen wurden weiter verstärkt, eine Stadt angelegt, davor ein tiefer Graben gezogen und eine Mauer von 1,5 km Länge errichtet. Außerdem ließ er einen Königspalast erbauen. Hinzu kam ein großer Platz für Märkte und die Volksversammlung. Hier in Triokala liefen die Fäden des Sklavenkrieges zusammen, hier trafen Salvius-Tryphon und sein Rat ihre Entscheidungen, wurde Gericht gehalten und die Sklavenarmee geschult. Bei öffentlichen Anlässen legte Salvius-Tryphon ein Königsgewand an, daß eine Mischung aus hellenistischen und römischen Elementen darstellte: den weiten hellenistischen Königsmantel ergänzte die römische Toga. Nach römischem Vorbild umgab er sich mit Liktoren, die Rutenbündel mit Beilen trugen.

Das Königtum des Salvius-Tryphon, die Existenz einer Hauptstadt, von Armee, Volksversammlung, Thronrat und Gericht sind deutliche Anzeichen einer sich im Ansatz vollziehenden Staatsbildung. Sie können aber nicht über das Fehlen einer wirklich staatlichen Herrschaft der Sklaven auf Sizilien hinwegtäuschen. Was in Anlehnung an das vorgefundene Staatsmodell und in seiner teilweisen Nachbildung von den aufständischen Sklaven an staatlichen Einrichtungen geschaffen worden war, ersetzte nicht die ausgeformte Staatsstruktur der Sklavereigesellschaft. Einem Sklavenstaat fehlten sowohl das sozialökonomische Fundament als auch die historische Perspektive. Dennoch ist als positiv festzustellen, daß der mehr oder weniger energische Versuch unternommen wurde, die schließlich nur vorübergehende und teilweise Herrschaft der aufständischen Sklaven staatlich zu organisieren. Das dabei wirkende Ordnungsprinzip läßt sich nicht verkennen, obwohl es eigentlich nur für Sklaven Gültigkeit besaß.

Sicher werden vor ihren Gerichten ab und zu auch Rechtsstreitigkeiten zwischen Sklaven und Freien geschlichtet worden sein. Doch die Masse der freien Bevölkerung auf der Insel blieb von den Ordnungsmaßnahmen der Sklavenführer unberührt, stand sie doch außerhalb der Sklavenbewegung und ihr feindlich gegenüber. Erschwerend trat hinzu, daß die Sklaven zwar die ländlichen Territorien zum großen Teil beherrschten, ihre Macht aber an den Mauern der sizilischen Städte zu Ende war. Eine wesentliche, nicht zu unterschätzende Rolle spielte auf Seiten der Sklaven des weiteren das Verhältnis von anarchischem Zerstörertum und den schöpferischen Kräften, verkörpert beispielsweise in Athenion, die durchaus bemüht waren, bestimmte, im ökonomischen und politischen Bereich existierende Strukturen zu erhalten und darauf aufzubauen.

Entscheidende Faktoren für das Verhalten der freien Bevölkerung waren die Klassenzugehörigkeit, die soziale und persönlich-rechtliche Lage und der Umstand, daß durch den Sklavenkrieg das gesellschaftliche Gefüge ins Wanken geriet, die römische Staatsgewalt nicht mehr einwandfrei funktionierte und somit nicht mehr fähig war, die politische Macht im Interesse der herrschenden Klasse konsequent auszuüben. Das führte zu unterschiedlichen Reaktionen unter der freien Bevölkerung. Während die Einen durch die Flucht ihrer Sklaven, durch Dieberein und Raub ihren Wohlstand und ihr Ansehen verloren und deshalb die schnellstmögliche Wiederherstellung von Recht und Gesetz wünschten, nutzten andere das durch den Zusammenbruch der öffentlichen Gewalt entstandene und von den Sklaven nicht ausgefüllte machtpolitische Loch zu jeder Art von gesetzlosen Machenschaften aus.

Amtspersonen mißbrauchten ihre Stellung, da jede Kontrolle fehlte. Besonders arg trieben es jedoch die sozial Benachteiligten unter der freien Bevölkerung, die das Vieh stahlen, die Speicher mit den Feldfrüchten leerten und sich am Vermögen der Reichen schadlos hielten. Weit stärker als unter den Aufständischen hatten anarchische Zustände in der Gesellschaft der Freien um sich gegriffen. Sie waren zwar durch den Befreiungskampf der Sklaven ausgelöst worden, potenzierten und vertieften sich aber infolge der unter den Freien wirkenden Klassengegensätze. Die Verwirrung und Unordnung in den sizilischen Städten hatte demnach zwei Ursachen: erstens im Krieg der Sklaven, der die äußeren Bedingungen schuf, und zweitens im sozialen Kampf zwischen Arm und Reich.

Im Jahre 103 v. u. Z. wurde Lucius Licinius Lucullus, der den von Titus Vettius inszenierten und geführten Sklavenaufstand niedergeschlagen hatte, als neuer römischer Statthalter nach Sizilien entsandt, um der dort angeschlagenen römischen Staatsordnung neue Kraft zu geben und das Feuer des Sklavenkrieges endlich auszulöschen. Ein Heer von 17 000 Mann zog mit ihm, davon 14 000 Römer und Italiker,

800 Bithynier, Thessalier und Akarnanier. 600 Soldaten aus Lukanien standen unter dem Befehl des Cleptius, eines in der militärischen Führung erfahrenen Mannes und seiner Tapferkeit wegen berühmt. Angesichts dieser ernsten Gefahr wurde Athenion aus der Haft entlassen. Sein Rat, sein Organisationstalent wurden gebraucht. Ohne Murren stellte er sich wieder in den Dienst der gemeinsamen Sache.

Über das militärische Vorgehen der Sklaven gab es vorerst unterschiedliche Auffassungen. Salvius-Tryphon beabsichtigte, sich nach Triokala zurückzuziehen und hier den Kampf aufzunehmen. Athenion dagegen bestand auf einer aktiveren Kriegsführung bis hin zur offenen Feldschlacht und konnte sich mit seiner Meinung durchsetzen. Bei dem Ort Skirthaia traf die römische Armee auf das Sklavenheer, das, schenkt man Diodor Glauben, ungefähr 40 000 Mann zählte. Beide Seiten hatten ihre Lager bezogen, beobachteten sich und plänkelten in häufigen Scharmützeln miteinander.

„Dann aber", schreibt Diodor, „nahmen die Gegner in Schlachtordnung Aufstellung. Hin und her schwankte der Kampf und hüben wie drüben wurden viele getötet. Athenion, der sich an der Spitze der Truppe von 200 ausgesuchten Reitern schlug, hatte alles um sich herum mit Toten bedeckt; doch als er, an beiden Knien verwundet, noch einen dritten Hieb empfing, wurde er kampfuntüchtig. Die Sklaven verloren daraufhin den Mut und wandten sich zur Flucht. Athenion, der sich tot stellte und unter den Leichen verbarg, blieb unbemerkt und konnte sich in der Nacht retten."[79] Das Heer der Sklaven war geschlagen, etwa die Hälfte von ihnen gefallen und der Rest, darunter auch Salvius-Tryphon und Athenion, nach Triokala geflohen.

Hatte der im Vorjahr bei Herakleia errungene erste Sieg der Sklaven ihren Mut beflügelt, so trat nun, nach der ersten großen Niederlage, das Gegenteil ein. Verzweiflung und Hoffnungslosigkeit breiteten sich aus, beides Zeichen mangelnden Selbstvertrauens der Sklaven in die eigene Kraft und fehlenden Glaubens an die Überwindbarkeit des Gegners. Schon dachten einige an die freiwillige, reuevolle Rückkehr zu ihren Herren, um dem zu erwartenden Strafgericht der Römer zu entgehen. Aber Lucullus zögerte aus irgendeinem Grunde mit der Verfolgung der flüchtigen Sklaven. Sehr wahrscheinlich hatte ihn der Sieg Mühe und empfindliche Opfer gekostet, so daß er seine Truppen neu ordnen und ihnen etwas Zeit zur Erholung gönnen mußte.

Nach neun Tagen erst erschien Lucullus vor Triokala und begann die Belagerung. Mittlerweile hatten die Sklaven ihren moralischen Tiefpunkt überwunden. Dort, wo es vor kurzem noch Panikstimmung gab, herrschte jetzt die Entschlossenheit vor, sich nicht selbst dem Feinde preiszugeben, sondern bis zum Tode ehrenvoll zu kämpfen. Verzagtheit und Pessimismus waren tatsächlich fehl am Platze, denn Lucullus, dessen Kräfte nicht ausreichten, die Felsenfestung einzunehmen, rückte bald von Triokala ab. So verging auch dieses Jahr, ohne einen grundsätzlichen Wandel der Verhältnisse auf Sizilien zu bringen.

Nachfolger des Lucullus wurde im Jahre 102 v.u.Z. Gaius Servilius. Lucullus, der auf Grund seiner Schlaffheit mit einem Prozeß in Rom zu rechnen hatte, tat nichts, um dem neuen Statthalter die Ausgangsposition im schweren Kampf mit den Sklaven zu erleichtern, sondern verschlimmerte die Lage noch. Er entließ sämtliche Soldaten, steckte schon fertige Belagerungsbauten in Brand und vernichtete zahlreiches Schanzgerät, alles in dem Bestreben, seinem Nachfolger von vornherein die Aussicht auf einen schnellen Erfolg zu nehmen. Gaius Servilius, der eine ganze Reihe von Gefechten verlor und sogar eines seiner Lager einbüßte, vermochte in der Endkonsequenz ebenfalls nichts gegen die Sklaven auszurichten. Vielleicht sollte es ihm als Verdienst angerechnet werden, daß er durch geschicktes Taktieren vermochte, eine totale Niederlage der römischen Streitkräfte zu vermeiden. In Rom interessierte das aber herzlich wenig, denn dort verlangte man nach Schuldigen für das nun beinahe permanente Versagen der römischen Kriegsmacht auf Sizilien. Wie schon Lucullus wurde Gaius Servilius nach seiner Rückkehr in Rom verurteilt und aus der Stadt verbannt.

Eigentlicher Herr Siziliens war Athenion. Er hatte nach dem Tode des Salvius-Tryphon im Jahre 102 v. u. Z. den Oberbefehl über die aufständischen Sklaven übernommen, durchstreifte ungehindert die Insel, war aber nicht imstande, wie Cicero ausdrücklich hervorhebt, eine einzige Stadt zu erobern. Auch Messana, das er überfiel, als seine Bewohner gerade ein Fest feierten, widerstand ihm. Der Fakt, daß während des 2. Sizilischen Sklavenkrieges keine Stadt in die Hände der Aufständischen fiel, muß erstaunen und erregte sicherlich schon die Verwunderung der Römer. Den Grund allein in einer allgemeinen Unfähigkeit der Sklaven zu suchen, wäre zu einfach, denn im 1. Sizilischen Sklavenkrieg hatten die Aufständischen mehrere große Städte besetzt und erfolgreich verteidigt. Erst Verrat öffnete den Römern die Tore. Andererseits waren Fälle nicht selten, wo selbst reguläre Truppen vergeblich gegen feste Plätze anrannten und schließlich die Belagerung abbrachen.

Auch die Haltung der städtischen Sklaven kann die Machtlosigkeit der Aufständischen vor den städtischen Befestigungsanlagen auf die Dauer nicht erklären. Sicher, Morgantium wurde von Salvius-Tryphon nicht genommen, weil die Sklaven die Partei ihrer Herren ergriffen hatten. Aber das war am Beginn des 2. Sizilischen Sklavenkrieges. Außerdem dürfte der betrügerische Winkelzug der Bürger von Morgantium, ihren Sklaven die Freiheit zu versprechen und dann doch vorzuenthalten, nicht unbekannt geblieben sein. Mit jedem Jahr mehr versetzten die Vorgänge draußen auf dem Lande die städtischen Sklaven, wie Diodor richtig bemerkte, in einen Zustand krankhafter Erregung und größerer Bereitschaft zum Aufstand. Drei Momente mögen den aufständischen Sklaven die Einnahme befestigter Städte erschwert und unausführbar gemacht haben: erstens die Wachsamkeit und der geschlossene Widerstand der Städtebürger, zweitens die weitgehende Unkenntnis der Belagerungstaktik, der Mangel an technischen Erfahrungen und an Belagerungsgerät; drittens verhinderte die innere Dynamik des Sklavenkrieges, die nach Bewegung verlangte und eine gewisse periodische Wiederkehr von auch kleinen Erfolgen voraussetzte, das längere Verbleiben des Sklavenheeres vor einer festen Stadt und seinen Einsatz bei einer zielgerichteten, mitunter recht problematischen Belagerung.

Rom hatte bisher an zwei Fronten kämpfen müssen. Im Süden, auf Sizilien behaupteten sich nun schon das dritte Jahr die Sklaven gegen die militärischen Aufgebote der römischen Statthalter. Im Norden galt es, die andringenden gallo-germanischen Stämme aufzuhalten und ihre Heerscharen zu zerschlagen. Endlich fiel hier die in Rom seit langem erwartete Entscheidung. Marius besiegte den getrennt marschierenden Feind in zwei bedeutsamen Schlachten: zuerst im Spätsommer 102 v. u. Z. die Teutonen bei Aquae Sextiae (Aix-en-Provence), die ihr Lager mit Frauen, Kindern und der gesamten Habe verloren, dann im Juli 101 v. u. Z. bei Vercellae (zwischen Mailand und Turin) die Kimbern, deren König fiel und deren Frauen, wie Plutarch überliefert, „in schwarzen Kleidern auf den Wagen standen und die Flüchtenden töteten, ohne Rücksicht, ob sie ihre Männer, ihre Väter oder ihre Brüder waren; mit eigenen Händen erdrosselten sie die kleinen Kinder, warfen sie unter die Räder der Wagen und die Füße der Lasttiere und brachten sich selbst um".[80] Sie zogen den Tod der unvermeidlichen Sklaverei vor.

Nun konnte Rom vorzüglich geschulte und kampferfahrene Truppen nach Sizilien entsenden. Sie wurden kommandiert von Manius

Aquillius, dem Amtsgenossen des Marius. Manius Aquillius ging energisch gegen die Sklaven vor, überwand sie in einer großen Schlacht und scheute als tapferer Mann nicht den Zweikampf mit dem ebenso kühnen Athenion. Athenion fiel, während sein Gegner eine schwere Kopfwunde davontrug, aber bald wieder zu Kräften kam.

Eine weitere Feldschlacht folgte, die für die Sklaven abermals verloren ging. Ihre Festungen Triokala und Macella (südöstlich von Segesta) wurden, trotz erbittertster Gegenwehr, von den Römern erobert. Dennoch dauerte es ein reichliches Jahr, ehe Manius Aquillius den Sklavenkrieg auf Sizilien beendet hatte (100 v. u. Z.). Die letzte große Gruppe von Sklaven, die ihm unnachgiebigen Widerstand leistete und durch Waffengewalt nicht zu bezwingen war, stand unter der Führung eines gewissen Satyrus. Er und seine Leute gaben den Kampf erst auf, nachdem ihnen Manius Aquillius die Erhaltung des Lebens versprochen hatte. Dieses Versprechen brach der römische Feldherr auf gemeine Weise, indem er die lebend nach Rom gebrachten Sklaven dort zum Kampf gegen wilde Tiere bestimmte. Sie aber wuchsen in der Arena über sich und ihr Sklavenlos hinaus. Wie die Legende erzählt, töteten sie sich gegenseitig an den errichteten Altären. Satyrus starb als letzter, einem König gleich, und noch im Tode Sieger über den Willen seiner Feinde.

3
Der Sklavenkrieg unter Spartacus

3.1. Die Gladiatoren

Seit langem schon gab es in Rom die von den Etruskern übernommenen Gladiatorenspiele. In der späten Republik, besonders im 1. Jh. v. u. Z., und dann unter den Kaisern waren sie zu einer beliebten, ja mit Ungeduld erwarteten Volksbelustigung geworden. Die schaufreudige, jedem Nervenkitzel zugetane Menge, die sich aus Menschen aller Schichten der römischen Gesellschaft zusammensetzte, fand, wie Cicero bemerkte, ihr „süßestes Vergnügen" an den auf Leben und Tod geführten Kämpfen der Gladiatoren. Die öffentlich dargebotene Blutorgie, ihre Unbarmherzigkeit, die Ausweglosigkeit für den Unterlegenen, das Gefühl der Masse, für kurze Zeit durch Tücherschwenken und Geschrei, mit aufgerichtetem oder gesenktem Daumen selbst Gnade gewähren oder mehr noch den Mord befehlen zu können, schufen eine Atmosphäre aufpeitschender Spannung, stachelten Sensationsgier und das lüsterne Verlangen nach immer neuen Opfern an, ließen die politische und soziale Wirklichkeit vergessen.

Gladiatorenspiele, als sie in Blüte standen, waren und wurden immer stärker zu einem Mittel der Manipulation, sollten von Zeitproblemen ablenken und die unteren Volksschichten, die Plebs, über den Verlust ihrer politischen Freiheit hinwegtäuschen. Die einflußreichen Männer Roms, indem sie derartige Schaustellungen glanzvoll in Szene setzten, buhlten damit um die Gunst der Massen. Caesar ließ im Jahre 65 v. u. Z., als er Aedil war, 320 Gladiatorenpaare auftreten. 123 Tage dauerte eine von Kaiser Traian (53–117 u. Z.) veranstaltete Festlichkeit, während der 10 000 Gladiatoren gegeneinander kämpfen mußten.

Gladiatorenspiele waren Bestandteil der als „Brot und Spiele" *(panem et circenses)* bezeichneten Politik, mit der vor allem in der späten Republik und im frühen Kaiserreich die herrschenden Kreise Roms versuchten, die politische Aktivität ihrer Mitbürger einzuschläfern, vornehmlich aber die deklassierte hauptstädtische Plebs an sich zu binden. Eben darin bestand die gesellschaftliche Funktion dieser Schaukämpfe, die eine absolut negative war. Auch ihr Klassencharakter offenbarte sich hier. Ihnen fehlte darüber hinaus jeglicher sportliche Geist, ging es doch in den Kämpfen der Gladiatoren nicht um Wettkampf schlechthin, nicht um das Streben nach sportlichem Erfolg, sondern um einen Sieg und ein gemordetes Menschenopfer, einen Toten, der zum Schluß – dem Vieh gleich – an eisernen Haken aus der Arena in die Totenkammer geschleift wurde.

Die zuschauende, vom Blute berauschte Menge machte sich keine Gedanken um den Verlierer und dachte wohl kaum über den Wert und die Würde menschlichen Lebens, über das Unsittliche des gräßlichen Geschehens nach, denn wer da umgebracht wurde, gehörte eigentlich nicht zu ihnen. Der Gladiator stand außerhalb der römisch-bürgerlichen Ordnung. Er befand sich an dem gesellschaftlichen Pol, wo persönliche Freiheit und Recht aufgehört hatten zu existieren. Man hielt ihn für einen Gebrauchsgegenstand.

Es waren in der Hauptsache Sklaven, Kriegsgefangene und wegen krimineller Delikte Verurteilte, die zu Gladiatoren abgerichtet wurden. Obwohl dem Gladiatorenstand der Makel des Verachtungswürdigen, des Abscheulichen anhaftete, fanden sich hin und wieder auch freie Männer, die entweder der Not gehorchend oder aus Ruhmsucht und Lust am öffentlich sanktionierten Mord ihren Körper verkauften und als berufsmäßige Gladiatoren ein fragwürdiges Dasein fristeten. Aber sie blieben eine Ausnahme.

Nach Ausrüstung und Kampfesweise untergliederten sich die Gladiatoren in spezielle Waffenklassen. Die Samniter waren wie die gleichnamigen italischen Volksstämme in den mittleren und südlichen Apenninen bewaffnet. Sie trugen ein kurzes Schwert, dazu einen länglich-rechteckigen Schild, außerdem ein den rechten Oberarm schützendes Schulterstück, eine Halsplatte und einen Visierhelm mit Federbusch. Die *secutores*, die Nachsetzer, waren ähnlich ausgerüstet und verdrängten allmählich die Samniter. Gern sah man die Thraker im Kampf, die den kleinen thrakischen Schild und ein kurzes, krummes Schwert benutzten. Mit einem großen Netz versuchten die Retiarier, die Netzfechter, ihre Gegner einzufangen und an sich zu ziehen, um sie dann mit dem Dreizack oder den Dolch zu durchbohren. Die Gallier und *myrmillones*, deren Name sich von der Figur eines den Helmkamm zierenden Fisches ableitet, führten gallische Waffen. Paarweise standen sich die *dimachae* gegenüber, die mit zwei Schwertern ausgestattet waren. Außerdem gab es noch Gladiatoren, die zu Pferde oder in Nachahmung gallischer Wagenkämpfer von leichten zweirädrigen Kampfwagen herab fochten. Die *bestiarii* hatten gegen wilde Tiere zu kämpfen.

Die Gladiatoren, in der Regel Sklaven und im 1. Jh. v. u. Z. zumeist Gallier, Thraker und Germanen, erhielten, bevor sie in die Arena geschickt wurden, eine sorgfältige Ausbildung. Körper und Geist wurden trainiert, Ausdauer und Reaktionsschnelligkeit systematisch entwickelt, die Muskelkräfte durch eine zielgerichtete Gymnastik gestärkt, auch durch Üben mit Waffen, die schwerer waren als die später im Kampf verwendeten. Die Unterweisung der Gladiatoren, ihre Vorbereitung auf Sieg und Niederlage, eine Niederlage, die eigentlich immer den Tod brachte und die, so wurde es verlangt, mit Fassung und Gleichmut hinzunehmen war, erfolgte in speziellen Fechterschulen, den *ludi gladiatorii*. Gladiatorenschulen befanden sich in Rom und in anderen italischen Städten. Es waren kasernenähnliche Gefängnisbauten, die einen langgestreckten viereckigen, rings mit Säulenhallen begrenzten Platz umschlossen. In Pompeji ist ein solches Gebäude weitgehend erhalten geblieben. Die Zimmer der Gladiatoren, in denen offenbar zwei Mann wohnten, waren ungefähr 11 qm groß, ohne Fenster, hatten keine Verbindung untereinander und gingen alle mit der Tür auf den großen Hof hinaus. Erdgeschoß und zweiter Stock hatten wohl insgesamt 66 solcher Zellen, so daß hier mit 132 untergebrachten Gladiatoren zu rechnen ist. Zu einer Gladiatorenkaserne gehörten noch zahlreiche Nebenbauten, Wirtschaftsräume, Waffenkammern und Stuben für das ausbildende Personal.

Der Verschleiß an Gladiatoren muß ungeheuer gewesen sein, weshalb auch ein beständiger Bedarf an diesen Leuten herrschte und die eigens für sie eingerichteten Schulen immer gut gefüllt waren. Die Gladiatoren, versklavte, angekaufte Männer unterschiedlicher ethnischer Herkunft, unterschiedlicher Hautfarbe und unterschiedlichen Alters, die einen bereits mit Erfahrung, vielleicht schon ausgezeichnet und berühmt, die anderen erst dabei, in die Fechtkünste und Arten des Tötens eingeführt zu werden, sie alle wurden in diesen Schulen in strenger Zucht und Ordnung gehalten und natürlich scharf bewacht. Die kräftigsten und gefährlichsten von ihnen legte man in Eisen. Die Gladiatoren hatten keinen Zutritt zu den Waffen, die gesondert verwahrt wurden, denn die Furcht vor den kampfgewohnten Männern war groß. Ihre Fechtübungen führten sie mit hölzernen Waffen durch. In der Arena dann gab es zuerst einen Vorkampf mit stumpfen Waffen, die auf ein Trompetensignal hin abgelegt wurden, um zu den scharfen Waffen zu greifen. Diese unterschieden sich nicht wesentlich von den bei den Römern und ihren Nachbarvölkern üblichen Angriffs- und Verteidigungswaffen. Sie waren lediglich reicher verziert und dem theatralischen Effekt zuliebe prunkvoller gestaltet.

Die Kost der Gladiatoren war gut und gehaltvoll. Besonders zusammengesetzt und eigens auf die Bedürfnisse der Gladiatoren berechnet, sollte sie vornehmlich den Wuchs der Muskeln und die allgemeine Kräftigung des Organismus fördern. Gern wurde das leicht beschaffbare und billige Hammelfleisch zur Speisenzubereitung verwendet. Nicht zu kurz kam auch die tägliche Körperpflege, denn sie trug ganz entschieden zur Gesunderhaltung der Gladiatoren bei. Straffe Ausbildung, gesundes Essen und ein bestimmtes Maß an Hygiene dienten nur dem einen Zweck, starke, kampftüchtige, waffengewandte Männer heranzuziehen, die in der Arena zum Ergötzen der unersättlichen Zuschauer mit Todesverachtung und ohne Feigheit in höchster Vollendung gegeneinander kämpfen werden.

Gladiatorenspiele waren populär. Anschläge und, wenn der Kaiser selbst einlud, Herolde gaben Tag und Ort der Veranstaltung bekannt. Programmzettel nannten die Namen der auftretenden Gladiatoren und informierten über sonst noch zu erwartende Extras, zum Beispiel über feinen, künstlich erzeugten Staubregen, vielleicht sogar mit wohlriechender Krokusessenz angereichert, der die Zuschauer in der Hitze erfrischen sollte. Folgende, von privater Hand an eine Mauer geschriebene Ankündigung legten Ausgräber in Pompeji frei: „Des Decimus Lucretius Satrius Valens, ständigen Priesters des Nero, des Kaisersohnes, 20 Gladiatorenpaare und des Decimus Valens junior 10 Gladiatorenpaare werden kämpfen in Pompeji am 8., 9., 10., 11. und 12. April. Ordentliche Tierhetze! Sonnensegel! Das hat geschrieben Aemilius Celer, allein, beim Mondenschein." Auf einer anderen Hauswand wurde kurz und bündig verzeichnet: „Der Freigelassene Oceanus, 13 Siege, hat gesiegt. Der Freigelassene Aracinthus, 4 Siege, fiel. Der Freigelassene Severus, 13 Siege, fiel. Albanus, der Freigelassene des Scaurus, 19 Siege, hat gesiegt." Licht und Schatten im Leben der Gladiatoren!

Bevor sich den Gladiatoren die Eingänge der Arena öffneten, mußte viel Schweiß vergossen und manche Erniedrigung hingenommen werden. War es endlich soweit, marschierten sie in glanzvollem Aufzug ein, nahmen vor dem Spielgeber Aufstellung und riefen ihm, wenn es der Kaiser war, zu: „Heil Dir, Imperator, die dem Tod Geweihten grüßen Dich." Nachdem dann die Tore der Arena mit eisernen Gittern verschlossen waren und die Kämpfer sich im entscheidenden Gefecht gegenüberstanden, solange, bis einer von ihnen kampfunfähig zu Boden sank, verlor alles Menschliche seinen Wert. Der Gladiator war zum Tier herabgewürdigt. Mitleid, Großmut, Ritterlichkeit wurden überflüssig. Der andere nur war der alleinige Feind. Schlage ihn, verwunde ihn, lasse ihm keine Chance, denn jedes Zögern kann den eigenen Untergang bringen. Der Tod war allgegenwärtig. Er lauerte im gleichermaßen schonungslosen Gegner und saß tausendgesichtig auf den Rängen, wo eine leidenschaftliche, blutrünstige Menge, hohe Amtsträger und später der Kaiser, die nur selten Gnade kannten, das abschließende Urteil über den Besiegten fällten. Wie viele Gladiatoren verloren so, des bloßen Vergnügens, der Launen anderer wegen, ihr Leben, wurden auf der Bahre zur Todespforte der Arena hinausgetragen oder an Haken hinausgeschleppt? Mancher, der unter die Gladiatoren gezwungen worden waren, versuchte, sich seiner schändlichen Lage durch die Flucht zu entziehen oder zog es vor, sich selbst zu töten, um nicht zur Belustigung sensationshungriger, moralisch herabgesunkener Zuschauer zu sterben, wie Satyrus und seine Kampfgefährten.

3.2. Die erste Phase

3.2.1. Die Verschwörung der Gladiatoren

Berühmte Gladiatorenschulen gab es, neben Rom, in Ravenna, Praeneste und Capua. In Capua, wo später auch Caesar eine Gladiatorenschule unterhielt, war in den siebziger Jahren des 1. Jh. v. u. Z. ein gewisser Lentulus Batiatus Eigentümer einer solchen Ausbildungsstätte.

Er hielt seine Gladiatoren, zumeist Thraker und Gallier, Männer, die von ihm selbst gekauft worden waren, wie Verbrecher eingesperrt, obwohl sie sich, wie von Plutarch ausdrücklich erwähnt wird, keine schweren Vergehen hatten zuschulden kommen lassen. Diese willkürliche, ungerechte und auf die Dauer kaum zu ertragende Behandlung führte schließlich zu einer Verschwörung. Etwa zweihundert der Gladiatoren des Lentulus Batiatus beschlossen nicht ohne das Zureden des Thrakers Spartacus, „ihr Leben lieber für die Freiheit zu wagen als für ein Schauspiel im Theater".[81]

Der Plan wurde wie so oft schon verraten. Nur dem Teil der Verschwörer, der vom Verrat rechtzeitig Kenntnis erhielt, glückte die Flucht. Die antiken Autoren nennen unterschiedliche Zahlen. Der Historiker Sallust (86–35 v. u. Z.), der den Ereignissen zeitnächste Berichterstatter, spricht in seinem die Jahre 78–67 v. u. Z. erfassenden, aber leider nur in Fragmenten erhaltenen Geschichtswerk von 74 Gladiatoren. Die gleiche Zahl geben der Historiker Titus Livius (59 v. u. Z.–17 u. Z.) und der Anfang des 5. Jh. u. Z. wirkende christliche Schriftsteller Orosius an. Nach Appian sind es etwa 70, nach Plutarch 78 Verschwörer und nach Augustinus (354–430 u. Z.), der in seinem Werk „Über den Gottesstaat" den Sklavenkrieg des Spartacus kurz erwähnt, weniger als 70, denen der Ausbruch gelang. Velleius Paterculus, ein römischer Ritter und später Senator, der um 29/30 u. Z. einen kurzen Abriß der römischen Geschichte in zwei Büchern verfaßte, erzählt von 64, Cicero in einem Brief an seinen Freund Atticus Pomponius von weniger als 50 und der stark tendenziöse römische Geschichtsschreiber Florus von bloß 30 flüchtigen Gladiatoren. Abwägend läßt sich aus all diesen Angaben mit großer Wahrscheinlichkeit schlußfolgern, daß annähernd 70 bis 75 Mann aus der Fechterschule des Lentulus Batiatus zu entkommen vermochten.

Man wird nicht fehlgehen in der Annahme, daß das Vorhaben der Gladiatoren gut vorbereitet worden war, nicht nur hinsichtlich des Ausbruchs, sondern auch der ersten Maßnahmen und Schritte, die danach kamen und helfen sollten, die errungene Freiheit zu sichern und zu behaupten. Dafür sprechen allein schon die Persönlichkeit des Spartacus und der Umstand der Gladiatorenverschwörung. Verrat hatte die Planmäßigkeit des Ablaufs durchkreuzt, aber noch war Raum für spontanes Handeln geblieben. Diese sich aus der plötzlichen Veränderung der Situation heraus ergebende Spontanität des Augenblicks, der, solange er noch eine Chance ließ, vom informierten Teil der Verschwörer um ihrer selbst willen genutzt werden mußte und konnte, erhöhte natürlich das Risiko und die Fragwürdigkeit aller weiteren Unternehmungen. Durch den Verrat und die sich daraus ableitenden objektiven Gegebenheiten nahm der Ausbruch der Gladiatoren vorerst einen spontanen Verlauf. Die Notwendigkeit der schnellen Improvisation entzog jeder methodischen Planung einstweilen den Boden.

Die Gladiatoren des Lentulus Batiatus hatten ihre Verschwörung mit dem Ziel begonnen, ihrem harten, unmenschlichen und in der Regel doch alternativlosem Schicksal zu entfliehen und die Freiheit zu gewinnen. Das war, trotz einer beinahe aussichtslosen Lage, erreicht worden. Jetzt galt es, sich in einer feindlichen Umwelt zu behaupten und für die bevorstehenden Auseinandersetzungen mit ihr zu rüsten: erstens mußten Waffen beschafft, zweitens ein sicheres, gut zu verteidigendes Versteck bzw. eine Operationsbasis gefunden werden und drittens eine mehr oder weniger kontinuierliche Versorgung mit Nahrungsmitteln gewährleistet sein.

Als die Gladiatoren ihre Wachen überwältigten und den gewaltsamen Ausbruch erzwangen, waren sie beinahe wehrlos. Sie besaßen lediglich ein paar Messer und Bratspieße, die sie in der Eile der Flucht in einer Küche der Schule an sich gebracht hatten. Die meisten von ihnen machten sich deshalb für den Kampf taugliche Stöcke zurecht. Außerdem wurden jeder Person, auf die die Gladiatoren trafen, die Waffen, zumeist Dolche, abgenommen. Ein außerordentlich glücklicher Zufall war es, daß ihnen kurze Zeit später einige Wagen begegneten, die Fechterwaffen von Capua nach einer anderen Stadt transportierten. So konnten sie sich einigermaßen ausrüsten. Schutz fanden Spartacus und seine Leute zunächst auf dem Vesuv. Die Frage, ob die Besetzung des Vulkankegels einem vorgefaßten Plan entsprach oder nicht, erübrigt sich. Der Ort, dessen Vorzüge die Gladiatoren beizeiten erkannt haben dürften, war gut gewählt. Nur ein Zugang führte hinauf. An einigen Stellen, wo er fast senkrecht abfiel, war der Berg unzugänglich. Der Platz ließ sich also leicht verteidigen und bei entsprechenden Vorkehrungen ohne sonderliche Mühe gegen Überrumpelungsversuche des Gegners sichern.

Die Lage des Vesuvs erlaubte schnelle Streif- und Beutezüge in die nähere Umgebung, um Lebensmittel, Bekleidung, Waffen und Gerätschaften des täglichen Bedarfs heranzuholen. Zu seinen Füßen erstreckte sich die kampanische Ebene, ein überaus fruchtbarer Landstrich. Der leicht zu bearbeitende vulkanische Boden war für den Ackerbau, für Getreide-, Gemüse- und Obstkulturen in jeder Weise geeignet. Ein vorzüglicher Wein gedieh auf den hiesigen Feldern und den Abhängen der Berge, die darüber hinaus dem Ölbaum günstige Vegetationsbedingungen boten. Auch der Vesuv war mit Wein bewachsen. Gerühmt wurde neben der Hirse der kampanische Weizen, aus dessen Mehl man ein sehr feines Brot buk. In Kampanien blühten verschiedene Handwerke, darunter besonders die Töpferei und die Metallverarbeitung.

Ein dichtes Straßen- und Wegenetz durchzog die reiche Landschaft mit ihren Städten, Dörfern und den vielen ländlichen Villen. Unweit des Vesuvs verliefen einige bedeutende Straßen: etwa 3 bis 5 km südwestlich die Verbindungsstraße zwischen Neapolis, Herculaneum, Pompeji und Nuceria, 8 bis 10 km ostwärts die Straße, die bei Calatia von der Via Appia abzweigte und über Nola nach Nuceria führte, und in der ungefähr gleichen Entfernung in nordwestlicher Richtung eine von Capua über Suessula und Acerrae nach Neapolis gehende Straße. Durch die Nähe dieser vermutlich belebten Straßen ergab sich reichlich Gelegenheit für Überfälle auf Reisende und Transporte. Andererseits bargen solch nahegelegene Kommunikationslinien die Gefahr rascher Truppenbewegungen in sich, ermöglichten aber auch den Verschwörern eine effektive Vorfeldüberwachung und die frühzeitige Aufklärung sich annähernder gegnerischer Einheiten.

Auf dem Vesuv angelangt, wo sie sich verschanzten, wählten die Verschwörer drei Anführer: den Thraker Spartacus und die beiden Kelten Oinomaos und Krixos. Obwohl Spartacus den Oberbefehl zugesprochen erhielt, scheinen Oinomaos und Krixos dennoch eine ziemlich gleichberechtigte Rolle gespielt zu haben. Verglichen mit anderen Sklavenunruhen, vor allem den Sklavenkriegen auf Sizilien, verwundert diese Dreiteilung der Führerschaft ein wenig. Dort wurde, wie das Verhältnis von Salvius-Tryphon, dem König, und Athenion zeigt, das Prinzip der Einzelleitung strikt und rigoros eingehalten. Bei den Gladiatoren aus Capua ist es von Anfang an durchbrochen worden.

Die Dreiteilung in der Führung läßt sich wohl kaum auf irgendwelche spektakuläre Rivalitäten unter den ausgebrochenen Gladiatoren oder zwischen den in ihrer Schar vertretenen ethnischen Gruppen zurückführen. Sie dürfte ihre Ursache vielmehr in einem diesen Leuten eigenen ursprünglichen Gefühl für Demokratie haben. Immerhin stammten Spartacus und die Männer um ihn aus einem ganz anderen Kulturkreis als die Masse der sizilischen Sklaven in der zweiten Hälfte des 2. Jh. v. u. Z. Sie kamen aus einem gesellschaftlichen Milieu, dem die ausgeprägte Staatlichkeit der hellenistischen Königreiche und der römischen Republik noch fremd war.

Die Dreizahl in der Führung entsprach möglicherweise den Relationen in der Zusammensetzung der Verschwörergruppe, die in der Hauptsache Gallo-Germanen und Thraker vereinte, und hatte sehr wahrscheinlich auch eine pragmatisch-zweckdienliche Bedeutung. Sie gewährleistete zum einen Kontinuität in der Führung, ein keineswegs zu unterschätzender Tatbestand, wenn man bedenkt, wie rasch führerlos gewordene Sklaven ihren bewaffneten Widerstand aufgaben, zum anderen eine größere Mobilität selbständig operierender Gruppen.

Die anzunehmende Gliederung der Verschwörer in drei Gruppen bedeutete keinesfalls eine leichtfertige Aufsplitterung der Kräfte, sondern war vielmehr bedingt durch die problematische Situation, in der sich die Gladiatoren unmittelbar nach der gelungenen, aber überstürzten Flucht befanden. Ihr gesamtes Sinnen und Trachten hatte sich auf die für sie vordringlichste Aufgabe zu konzentrieren: die erfolgreiche Behauptung der wiedererrungenen persönlichen Freiheit. Das schloß natürlich die Frage ein, wie es denn eigentlich weiterzugehen habe? Drei Möglichkeiten boten sich an: erstens ein Räuberdasein zu fristen, das früher oder später Gefangenschaft und Tod brachte, eine Variante, die kaum der Geisteshaltung des Spartacus entsprochen haben dürfte, zweitens, sich aus Italien heraus in Randgebiete der römisch-antiken Welt durchzuschlagen, vielleicht sogar in die Heimatländer der Geflohenen, wo es günstige Bedingungen für ein Leben in Freiheit gab, und drittens einen Sklavenaufstand auszulösen, dessen Ausmaß, Verlauf und Ergebnis sich im voraus nicht abschätzen ließen. Aber auch hier wäre nach erfolgter Selbstbefreiung der Sklaven die Frage nach dem schließlichen wohin, der schließlichen Existenzgestaltung der ehemaligen Sklaven akut geworden.

Daß Spartacus und die Verschwörer bewußt eine Sklavenerhebung auslösen wollten, scheint sehr zweifelhaft zu sein. Aber ganz gleich, ob eine solche Absicht bestanden hat oder nicht, ob man als Räuberbande weiterleben oder, was wahrscheinlicher ist, den Weg hinaus aus dem römischen Machtbereich suchen wollte, die außerordentlichen Umstände der Flucht machten eine Phase der Stabilisierung für die Verschwörer unumgänglich. Eine Fortsetzung der Flucht ohne die dafür notwendigen Zurüstungen hätte zu einer Hetzjagd geführt, bei der die verfolgten Gladiatoren immer im Nachteil, immer in der Defensive gewesen wären. Der Vesuv war der geeignete Platz, wo die Verschwörer sich einstweilen festsetzen, ihre Bewaffnung und Ausstattung mit Gerät komplettieren konnten, wo es ihnen möglich war, wie in einer „gut zu verteidigenden Fliehburg" dem bald zu erwartenden ersten Angriff der Verfolger die Stirn zu bieten.

Die Verschwörung der Gladiatoren war verraten worden, ihr Ausbruch nicht unbemerkt geblieben. Auch die Richtung, in die sie flohen, war bekannt. Geheimnisse um das Capua sicherlich in Aufregung versetzende Ereignisse gab es nicht. Alles lag klar auf der Hand. Die Verschwörer werden ebenfalls eine richtige Einschätzung ihrer Lage vorgenommen haben. Den Vesuv galt es als Operationsbasis zu halten, zu verteidigen und deshalb mit einer ständigen und ausreichenden

Besatzung zu versehen. Die für die Gladiatoren am meisten gefährdetste Richtung, die Straße aus Capua, mußte kontrolliert werden. Streif- und Raubzüge ins kampanische Land wurden notwendig. Eine Aufgliederung der Verschwörer in einzelne Gruppen, in eine Wachmannschaft auf dem Vesuv und mehrere operative Abteilungen, die der schlechten Bewaffnung wegen nicht zu klein sein durften, war die logische Konsequenz.

Andererseits ließ sich der Vesuv nicht für einen längerdauernden Aufenthalt nutzen. Seine Vorzüge einer natürlichen Festung, die den geflohenen Gladiatoren für den Anfang gerade recht waren, hätten bei einer Einkreisung durch starke Truppen schnell in ihr Gegenteil umschlagen und den Ort in eine Mausefalle verwandeln können. Daß diese Gefahr real bestand, zeigten die nachfolgenden Ereignisse. Sicher, die Verschwörer waren durchaus bereit, gestützt auf den Berg, anhaltenden Widerstand zu leisten, aber jede abgewiesene Attacke würde Verstärkungen auf Seiten der Römer nach sich gezogen und die Situation der Eingeschlossenen allmählich bis zur Ausweglosigkeit verschärft haben. Die Gesamtheit der Quellen, trotz der meist sehr fragwürdigen Aussagen, vermittelt den Eindruck, daß die Verschwörer tatsächlich einige Zeit auf dem Vesuv zubrachten, etliche Wochen vielleicht, aber höchstens zwei bis drei Monate, kaum mehr.

Bedeutsam für den Verlauf der ersten Phase waren drei Momente. Zunächst gelang es den Gladiatoren, ein gegen sie ausgesandtes militärisches Aufgebot aus Capua in die Flucht zu schlagen. Sie errangen ihren ersten Sieg und erbeuteten außerdem zahlreiche wirkliche Kriegswaffen. Allein die Tatsache, daß sich jetzt die Ausrüstung der Verschwörer entschieden verbesserte, war wichtig, doch der klare Erfolg der Gladiatoren über ihren Gegner hatte Auswirkungen von weit größerer Tragweite. Sieg oder Niederlage der Sklaven im ersten Gefecht mit dem Feinde gaben in der Regel den Ausschlag, ob die Erhebung entweder sofort zusammenbrach oder eskalierte. Niederlagen der Sklaven, auch wenn sie später eintraten, sich während eines Aufstandes oder Sklavenkrieges ereigneten, stellten gewöhnlich alles bis dahin Erreichte grundsätzlich in Frage. Die sizilischen Sklaven beispielsweise, die sich wieder und wieder gegen die Römer behauptet hatten, wollten nachdem sie von Lucius Licinius Lucullus empfindlich geschlagen worden waren, den Kampf schon aufgeben, obgleich sie, wie sich dann zeigte, Kraft genug besaßen, um den Römern noch zwei Jahre lang ernsthaften Widerstand zu leisten. Die Sklaven brauchten den tagtäglichen Erfolg für die Aufrechterhaltung ihrer Kampfmoral.

Blieb er aus, und kamen gar noch Niederlagen hinzu, litt ihr Eigenwertgefühl, verzagten sie, wurden sie mutlos, ja apathisch. Der Sieg der Gladiatoren über die Truppe aus Capua hob ihr Selbstvertrauen, gab ihnen Zuversicht, ließ die Schar der Flüchtigen moralisch erstarken und durch den gemeinsam erkämpften Erfolg näher zusammenrücken. Die Feuerprobe war bestanden. Erinnert sei in diesem Zusammenhang an die ebenfalls erste Schlacht des 2. Sizilischen Sklavenkrieges 104 v. u. Z. bei Herakleia, die siegreich für die Sklaven ausging, ihnen eine große Menge an Waffen einbrachte, ihren Kampfgeist entfachte und für Zulauf sorgte.

Neben dem Sieg über das militärische Aufgebot aus Capua trug ein zweites Moment wesentlich zur inneren Festigung der Schar auf dem Vesuv bei und bewog viele Sklaven, auch einige Freigeborene vom Lande, sich ihr anzuschließen. Vom demokratischen Prinzip in der Führung war schon die Rede. Es wurde ergänzt durch die gleichmäßige und gerechte Verteilung der anfallenden Beute. Das demokratische Prinzip im Zusammenleben der Gladiatoren, Sklaven und wenigen Freien, die sich im Kampf gegen die Unmenschlichkeit, Brutalität der Sklavenhaltung und damit im Aufruhr gegen Rom und seine Ordnung verbunden hatten, scheint eine große Anziehungskraft ausgeübt zu haben.

Diese Tendenz zur Demokratie war aber nicht einfach die Erinnerung an die Vergangenheit, keine Wiederbelebung urgesellschaftlicher Beziehungen zwischen den Menschen, sondern die normale Reaktion auf eine soziale und politische Umwelt, deren Formen gesellschaftlicher Organisation von den Verschwörern und ihren Anhängern weitgehend abgelehnt wurden. Sie war das natürliche Gegenstück zu Willkür, Ungerechtigkeit, bedingungslosem Unterworfensein, zu menschlicher Erniedrigung und Römerstolz, sie entsprach den Vorstellungen der zur Verteidigung ihrer persönlichen Freiheit entschlossenen Männer um Spartacus, Krixos, Oinomaos und entsprang darüber hinaus dem Zwang der Verhältnisse, da nur eine mehr oder weniger demokratisch geführte und geeinte Gemeinschaft von Gleichgesinnten imstande war, den Kampf um die Befreiung vom drückenden Joch der Sklaverei zu führen.

Schließlich trat als drittes, als wohl entscheidendstes Moment der Sieg über die Truppe des Proprätors Gaius Claudius Glaber hinzu. Rom, das sich inzwischen interessiert an den Vorgängen um Capua und den Vesuv zeigte und durch die Erfolge der Gladiatoren beunruhigt war, sandte endlich eine größere, von Claudius Glaber geführte

Militärabteilung an den Unruheherd. 3 000 Mann belagerten die zahlenmäßig immer noch schwächeren und schlechter bewaffneten Sklaven und versperrten den einzigen Zugang zum Vesuv. Schon glaubte man, den Gegner in der Falle zu haben, ihn nur noch aushungern zu müssen. Doch eine kühn ausgedachte und ebenso wagemutig in die Tat umgesetzte Kriegslist rettete die Eingeschlossenen.

Die von den Römern für unzugänglich gehaltenen steilen Felsabstürze des Berges waren unbewacht. Das machten sich die Sklaven zunutze. Aus Ranken wilden Weines flochten sie haltbare Strickleitern, „so lang", wie Plutarch erzählt, „daß sie, oben an der Spitze des Felsen befestigt, bis zum Boden herabreichten. Auf diesen Leitern stiegen sie sicher hinab bis auf einen. Dieser blieb der Waffen wegen oben, ließ sie, als alle hinuntergestiegen waren, ebenfalls hinab und brachte sich schließlich auch selbst in Sicherheit. Die Römer bemerkten nichts davon. Daher umgingen die Sklaven sie und erschreckten sie durch ihren plötzlichen Angriff, schlugen sie in die Flucht und eroberten ihr Lager."[82] Ein zweiter wichtiger Sieg war errungen worden. Abermals fielen zahlreiche Waffen in die Hände der Sklaven. Dieser neuerliche Erfolg scheint wie ein Signal gewirkt zu haben, denn von jetzt an strömten den Gladiatoren und ihren Genossen die kampanischen Sklaven massenweise zu, voran die Landsklaven und darunter viele Rinder- und Schafhirten. Es war der Zeitpunkt gekommen, daß die Leute um Spartacus, Krixos und Oinomaos den Vesuv und seine nähere Umgebung als Operations- und Rückzugsgebiet verlassen konnten, ja mußten. Der gewaltige Zulauf hatte ihre Zahl stark anwachsen lassen. Allein alle diese Menschen zu versorgen, wurde immer schwieriger, zumal man bei der Lebensmittelbeschaffung vorwiegend auf Raub angewiesen war. Außerdem drohten die Römer, die in ihrem zunehmenden Bemühen, die Sklaven am Vesuv zu schlagen, nicht nachlassen würden, und ein zweites Mal hätte die gegen Claudius angewandte List wohl kaum glücken dürfen. Aber es waren auch die Kraft der Sklaven gewachsen, ihre Ausrüstung besser geworden, ihr Mut zur offenen Feldschlacht gestiegen. Beispielwirkung war von den flüchtigen Gladiatoren und ihren Kampfgefährten ausgegangen, und schon hatte die Flamme des Aufruhrs Kampanien ergriffen. Der feste Standort am Vesuv wurde aufgegeben. Der Marsch, die Bewegung, immer wieder von Kämpfen und Ruhepausen unterbrochen, begann zu dominieren.

Der Aufbruch vom Vesuv geschah sehr wahrscheinlich im Spätsommer, denn zu dieser Zeit war es möglich, aus Weinranken feste Stricke und Leitern zu flechten. Dieser Zeitpunkt liegt auch deshalb nahe, weil die sich kurz darauf ereignenden Kämpfe mit den Römern stattfanden, als, wie Sallust mitteilt, herbstliches Schlechtwetter herrschte und auf den Feldern das herbstlich reife Korn stand.

3.2.2. Der Beginn der Erhebung. Die innen- und außenpolitische Situation Roms

Hinsichtlich des Beginns der Ereignisse, aus denen dann ein Krieg der Sklaven gegen Rom wurde, gibt es in der Forschung unterschiedliche Meinungen. Der Zeitpunkt, an dem die Gladiatoren aus ihrer Kaserne in Capua ausbrachen, ist auf Grund der keineswegs befriedigenden Quellenlage und der sich teilweise widersprechenden Angaben der antiken Autoren nicht eindeutig genug festzustellen. Schwierigkeiten in der Interpretation bietet Appian, wo es im Zusammenhang mit der Übernahme des Oberbefehls über die römischen Truppen durch Marcus Licinius Crassus heißt, daß „nun schon der schreckliche Krieg ins dritte Jahr ginge"[83] und man nicht sicher sagen kann, ab wann dieses dritte Jahr zu zählen ist. Eutropius läßt in seinem kurzen Abriß der römischen Geschichte die Sklavenbewegung unter Spartacus im Jahre 678 *ab urbe condita* („von der Gründung der Standt an") beginnen. Wird davon ausgegangen, daß Eutropius, darin dem Dionysios aus Halikarnassos und den Capitolinischen Fasten (Jahreslisten) folgend, die Gründung Roms 752 v. u. Z. ansetzt, dann entspricht das Jahr 678 *ab urbe condita* dem Jahr 74 v. u. Z.

Das Gründungsjahr Roms aber wird unterschiedlich angegeben. Das wohl bekannteste und populärste Gründungsdatum 753 v. u. Z. führt sich auf Varros Berechnungen zurück. Titus Livius dagegen zählt von 750 v. u. Z., Diodor von 751 v. u. Z. an. Eine weitere direkte Zeitangabe bringt der christliche Schriftsteller Orosius im 5. Buche seiner siebenbändigen „Geschichte gegen die Heiden".

Er teilt mit, daß „im Jahre 679 *ab urbe condita*, während des Konsulats des Lucullus (= Marcus Terentius Varro Lucullus) und des Cassius (= Gaius Cassius Longinus Varus) 34 Gladiatoren aus der Schule des Gnaeus Lentulus in Capua entflohen".[84] Orosius zählt ebenfalls von 752 v. u. Z. an, so daß das Jahr 679 *ab urbe condita* dem Jahre 73 v. u. Z. gleichkommt. In der Tat waren laut Consularfasten und Capitolinischen Fasten beide – M. Terentius Lucullus und C. Cassius Varus – die römischen Konsuln des Jahres 73 v. u. Z. Bei Orosius stimmen also die Jahreszählung *ab urbe condita* und die Angaben der Fasten überein. Eine weitere Beschäftigung mit den sehr ins Detail gehenden Argumenten, die zugunsten oder zuungunsten der einen oder anderen Datierungsvariante ins Feld geführt werden, lohnt nicht. Hier sollte lediglich auf das chronologische Problem aufmerksam gemacht werden.

Die moderne Forschung hält für den Beginn der Erhebung zwei Daten für möglich: das Jahr 74 oder 73 v. u. Z., doch scheint insgesamt dem Jahr 73 v. u. Z. der Vorzug gegeben zu werden. Der Ablauf der Ereignisse, ihre innere Logik, auch der kritische Vergleich der Quellen legen die Schlußfolgerung nahe, daß die Gladiatoren im Frühjahr des Jahres 73 v. u. Z., noch vor dem Juli, möglicherweise in den Monaten April oder Mai, die Fechterschule des Lentulus Batiatus verließen und sich dann bis in den späten Sommer hinein auf dem Vesuv verschanzten, von Claudius, trotz ihres Sieges, zur Aufgabe ihres Standplatzes gezwungen wurden und im Herbst, aber als Kern eines nun schon größeren Sklavenheeres, die ersten schweren Kämpfe gegen die römischen Truppen bestanden.

Wie war die politische Lage in Italien, die außenpolitische Situation Roms, wie war der Zustand der römischen Gesellschaft am Vorabend und in den Jahren der von Spartacus geführten Sklavenbewegung? Antwort auf diese Fragen zu geben, bedeutet, sich Klarheit über die äußeren Bedingungen der Sklavenerhebung zu schaffen, über jene politischen Faktoren, die von spürbarer Wirkung auf die Dynamik des Kampfes zwischen Rom und Spartacus waren, Roms Entscheidungsfreiheit einschränkten und die eine Ausweitung der Gladiatorenverschwörung zum Aufstand und schließlichen Sklavenkrieg begünstigten.

Im Jahre 78 v. u. Z. war der erst sechzigjährige Sulla auf seinem Landgute bei Puteoli an der kampanischen Küste gestorben. 88 v. u. Z. hatte er seine Soldaten gegen Rom geführt, die Stadt kämpfend genommen und seine politischen Gegner, die Popularen, besiegt. Zum ersten Male in der Geschichte der Stadt lagerten die Legionen auf dem römischen Forum. Im Dezember 82 v. u. Z. erfolgte die Ernennung Sullas zum Diktator, und zwar auf unbestimmte Zeit.

Die Diktatur, ein außerordentliches Amt, das in besonderen Notzeiten für eigentlich nur sechs Monate mit einer vom römischen Senate gewählten Person besetzt wurde, gab ihm die unumschränkte Vollmacht zum Erlaß von Gesetzen und zur Neuordnung des römisch-republikanischen Staatswesens. Der Diktator besaß die gesamte Gewalt (*summum imperium*). Selbst das Veto der Volkstribunen verlor seine Wirksamkeit. Sullas Eingriffe in den Staatsaufbau Roms richteten sich gegen die republikanische Demokratie und geschahen im Interesse der Senatsoligarchie. Wichtigste staatspolitische Faktoren waren jetzt der Senat und die Beamtenschaft. Das Volk und die Volksversammlungen rückten in den Hintergrund. Die Zahl der Senatoren erhöhte sich auf 600, ihre gerichtlichen Befugnisse wuchsen. Der Einfluß der Ritterschaft und der Volkstribunen wurde zurückgedrängt, das Amt des Zensors faktisch aufgehoben. Besonders hart für die römische Plebs war, daß Sulla die Getreideverteilungen abschaffte. Er beseitigte somit viele Errungenschaften, die seit den Gracchen durch die Bewegung der Popularen erkämpft worden waren.

Den Popularen wurde durch den konservativ-restaurativen Charakter der Diktatur Sullas schwerer Schaden zugefügt, denn Sulla ging mit äußerster Schärfe gegen seine politischen Gegner vor, von denen eine große Zahl entweder ermordet wurde oder Italien verlassen mußte und in die Provinzen floh.

Kaum war Sullas Leichnam verbrannt und seine Asche neben den Gräbern der römischen Könige prunkvoll beigesetzt worden, brachen neue Kämpfe zwischen seinen Anhängern und Feinden, zwischen Optimaten und Popularen aus, Kämpfe um die politische Macht in Rom, Kämpfe, die den römischen Staat in überaus starkem Maße belasteten und negative Auswirkungen auf das staatsbürgerliche Bewußtsein der Römer hatten. Unzufrieden war vor allem die stadtrömische Plebs. Sie verlangte, daß die Volkstribunen ihre alten Machtbefugnisse zurückerhielten und forderten die Wiedereinführung der Abgabe von Billiggetreide an die römischen Armen. Die Ritter hofften auf eine neuerliche Stärkung ihrer Positionen im Gerichtswesen, und diejenigen Familien, die unter den Proskriptionen gelitten und ihr Vermögen eingebüßt hatten, drängten nach Rückgabe ihrer Güter und des römischen Bürgerrechts. M. Aemilius Lepidus, einst Anhänger Sullas und dann dessen Widersacher, leitete als Konsul des Jahres 78 v. u. Z. den Prozeß der allmählichen Durchlöcherung der sullanischen Verfassung ein. Er setzte durch, wenngleich mit einigen Einschränkungen, daß dem römischen Volk wieder verbilligtes Brotgetreide verkauft wurde. Im Jahre 77 v. u. Z. führte Lepidus eine von ihm angeworbene Armee nach Rom, wurde aber dicht vor der Stadt, auf dem Marsfeld, von den Anhängern der sullanischen Verfassung vernichtend geschlagen.

In Spanien hatte indessen Sertorius eine eigene, von Rom faktisch unabhängige Herrschaft aufgerichtet. Von den Gegnern Sullas war dem umbrischen Ritter 83 v. u. Z. die Prätorenstelle für die Provinz des diesseitigen Spanien anvertraut worden. Von den Truppen Sullas verdrängt, floh er nach Afrika, kehrte aber 80 v. u. Z. von dort zurück und begann an der Spitze einer römischen Kerntruppe nebst 700 mauretanischen Reitern, den sullanischen Statthaltern Stück um Stück des spanischen Bodens zu entreißen.

Im Jahre 78 v. u. Z. kontrollierte Sertorius den größten Teil der iberischen Halbinsel und begann hier, unterstützt von der einheimischen Bevölkerung, insbesondere dem iberischen Adel, ein spanisch-römisches Reich aufzubauen, daß sich immer mehr auch außenpolitisch verselbständigte. Die Entwicklung der spanischen Provinzen unter Sertorius offenbarte, wie es deutlicher kaum geht, die Machtlosigkeit und den Verfall der stadtrömisch-oligarchischen Regierung unmittelbar nach Sullas Tode. Sertorius schuf eine Art Gegensenat, der 300 Mitglieder zählte, ernannte eigene Beamte, Quästoren und Prätoren und förderte die Romanisierung des iberischen Adels. Für seine Unternehmungen nutzte er die Hilfe von Seeräubern.

Da die Gefahr bestand, Sertorius könne auch die italischen Verhältnisse aktiv beeinflussen, denn seine Sendboten durchstreiften bereits Gallien, wurde der junge Cn. Pompeius Magnus mit einem Heer nach Spanien abgeschickt, um dem Treiben des Sertorius ein Ende zu setzen. Pompeius, der 40 000 Mann zur Verfügung hatte, überschritt um die Jahreswende 77/6 v. u. Z. die Pyrenäen, zog sehr schnell einige iberische Stämme auf seine Seite, die mit Sertorius nur locker verbunden waren, kam aber nicht zügig genug vorwärts. Er verlor eine größere Schlacht und mußte sich in unwirtliche Gebiete am Mittellauf des Flusses Durius zurückziehen, wo er im Winter 76/5 v. u. Z. Quartier nahm und seine Soldaten sehr unter dem Mangel an Lebensmitteln litten.

Von hier sandte er ein Schreiben nach Rom. Pompeius machte darin dem Senat den Ernst seiner Lage klar, forderte Nachschub und vor allem Geld, denn sein eigenes sei durch den bisherigen, größtenteils von ihm finanzierten Krieg, aufgebraucht. Sollte Rom sich weigern, dann werde er, so drohte Pompeius, sein Heer nach Italien zurückführen und sich das Geld selbst holen.

Rom stand vor einem schwierigen Problem. Die finanziellen Mittel waren knapp, auch gab es keine Truppenreserven. Roms Soldaten wurden überall in großer Zahl benötigt: in Kleinasien, gegen die Seeräuber, auf dem Balkan gegen die Thraker. Doch die Furcht der Römer, wie Plutarch schreibt, daß Sertorius noch vor Pompeius in

Italien sein könnte, ließen das scheinbar unmögliche möglich werden. Pompeius erhielt zwei Legionen zur Verstärkung, konnte nun wieder offensiv werden und allmählich die Lage wenden.

Auch Sertorius war nicht untätig geblieben. Das ihm 75 v. u. Z. von Mithridates VI. Eupator, dem König von Pontos (südöstliche Schwarzmeerküste) und gefährlichsten Gegner Roms in Vorderasien, übermittelte Bündnisangebot hatte er angenommen. Mithridates wurde auf Beschluß des spanisch-römischen Gegensenates die Rückgabe von Kappadokien und Bithynien in Aussicht gestellt. Sertorius verpflichtete sich darüber hinaus, dem Mithridates Soldaten und einen Feldherrn zu schicken, der auch tatsächlich in Kleinasien eintraf und sich dem pontischen König bei der Einnahme einiger Städte behilflich zeigte. Mithridates seinerseits erklärte sich bereit, an Sertorius 3 000 Talente zu zahlen und ihm 40 Schiffe zu überlassen.

Der Bund zwischen Sertorius und Mithridates VI. erhöhte Roms Besorgnis, denn der pontische König forcierte zusehends seine gegen Rom gerichteten Anstrengungen, die auf die Eroberung Kleinasiens und die Vertreibung der Römer aus den dortigen Gebieten hinzielten. Mithridates fand dabei in seinem Schwiegersohn Tigranes, dem König von Armenien, einen aktiven Helfer. Außerdem durfte er nicht grundlos hoffen, daß die antirömische Stimmung in der Provinz Asia, die durch das rücksichtslose Vorgehen der Steuerpächter und die Gewalttaten der römischen Soldaten ständige Nahrung erhielt, sich zu seinen Gunsten auswirken würde.

Den Anlaß zu einem neuen Krieg zwischen Mithridates VI. und Rom, zum Dritten Mithridatischen Krieg, der bis 64 v. u. Z. dauerte, lieferte der Umstand, daß der im Jahre 74 v. u. Z. gestorbene Nikomedes III. Philophator, der König des im nordwestlichen Teil der südlichen Schwarzmeerküste gelegenen Reiches von Bithynien, sein Land den Römern testamentarisch vermacht hatte. Mithridates focht dieses Testament im angeblichen Interesse des Sohnes des Nikomedes an und erklärte den Römern den Krieg. Daraufhin setzte Rom die beiden Konsuln des Jahres 74 v. u. Z., L. Licinius Lucullus und M. Aurelius Cotta, mit zwei Armeen nach Kleinasien in Marsch.

Das war die Situation Roms am Vorabend der Gladiatorenverschwörung in Capua. Im Westen galt es, den mächtig gewordenen Sertorius zu bekämpfen. Im Osten mußte der in seinem Großreichdenken nicht nachlassende Mithridates VI. in die Schranken gewiesen werden. Das gewaltig angewachsene Seeräuberunwesen erforderte ebenfalls energische Gegenmaßnahmen der Römer. Im Innern trat

erschwerend hinzu, daß eine gewisse Lockerung der römischen Staats-
disziplin, ein Verfall von Sitte und Moral eingetreten waren. Einerseits war die Unlust, öffentliche Verantwortung zu übernehmen, sich
gesellschaftlich zu engagieren, unverkennbar, andererseits aber wurde
das öffentliche Amt gern zur schrankenlosen persönlichen Bereicherung
mißbraucht. Den treffendsten Beweis dafür liefert zweifellos das Beispiel des Verres, der als Proprätor von 73 bis 71 v. u. Z. die Provinz
Sizilien verwaltete und dessen gewissenlose Praktiken, dessen scham-
lose Bereicherungssucht, Grausamkeit und Willkür, die letztendlich
das römische Staatsansehen gefährdeten, in Ciceros Anklagereden
scharf gebrandmarkt werden.

Politische Fraktionskämpfe traten in den Vordergrund. Es dominierten der Eigennutz, der persönliche Vorteil, die den persönlichen
Ruhm höher stellten, als das Staatsinteresse. Wie sehr sich der politische Kampf in Rom zuspitzen konnte, macht das Auftreten des
Volkstribunen C. Licinius Macer im Jahre 73 v. u. Z. deutlich. Unmißverständlich ergriff er in einer bei Sallust sich findenden Rede
Partei für die Wiederherstellung der tribunizischen Rechte, rief zur
Beseitigung der sullanischen Verfassung auf und schreckte nicht zurück, seine Mitbürger in einer außerordentlich angespannten Situation
an ein altes demokratisches Kampfmittel zu erinnern: die Verwei-
gerung des Kriegsdienstes.

Weder die Nobilität mit ihrem übersteigerten sozialen Egoismus
noch die Popularen waren fähig, den römischen Staat, der sich zum
Großreich und einer die gesamte Mittelmeerregion beherrschenden
Großmacht entwickelt hatte, in den bisherigen Traditionen zu lenken
und zu leiten. Soziale Widersprüche, zugespitzt durch die breite Entfaltung der Sklavereiverhältnisse, zerstörten die Einheit der römischen
Bürgergemeinde, die durch die Bürgerrechtsverleihungen an die Italiker immer größer und verzweigter geworden war. Eine Hunger-
revolte in Rom im Jahre 75 v. u. Z. konnte nur mit Mühe unterdrückt
werden. Die römische republikanische Ordnung befand sich im Sta-
dium der Auflösung. Das Römische Reich brauchte jetzt effektivere
Verwaltungsformen, einen zentralisierteren Staats- und Machtapparat.
Die Zeit für die sogenannten großen Männer war gekommen, die Rom
von der Republik hin zum Principat des Augustus, zum Kaiserreich
führen sollten.

Spartacus und seine Kameraden brachen aus der Fechterschule des
Lentulus Batiatus zu einem Zeitpunkt aus, da Roms Legionen in
Spanien, Kleinasien und auf dem Balkan gebunden waren. In Italien

standen den Römern keine kampffähigen Truppen unmittelbar zur Verfügung. Während die Verschwörung der Gladiatoren über den Aufstand zum Sklavenkrieg hin kulminierte und man in Rom Schwierigkeiten hatte, eine rigorose Linie gegen die aufständischen Sklaven zu finden und durchzusetzen, war Pompeius in Spanien erfolgreich und bewährte sich Lucullus im Osten. Sertorius wurde in die Defensive gedrängt, verlor das Vertrauen vieler seiner Anhänger und fiel 72 v. u. Z. einem Mord zum Opfer. Perperna, sein Unterfeldherr und Mörder, übernahm die Führung im Kampf gegen Pompeius und Rom. Er unterlag bald darauf in offener Feldschlacht, wurde gefangengenommen und hingerichtet.

Nachdem Pompeius die spanischen Verhältnisse neu geordnet, einige Städte gegründet und das Land wieder fest in die Hand Roms gegeben hatte, kehrte er mit seinen Soldaten nach Italien zurück, das er im Sommer 71 v. u. Z. erreichte. Mithridates VI., der zu Beginn des Krieges mit Rom dem einen der beiden Konsuln, M. Aurelius Cotta, eine vernichtende Niederlage zu Wasser und zur See beibringen konnte, mußte sich wenig später dem Lucullus beugen und unter Verlusten den Rückzug antreten. Mithridates verlor so, ungeachtet seines immer neu aufflackernden Widerstandes, eine Position nach der anderen: Bithynien, Galatien, Kappadokien und Pontos. Zum Schluß blieb ihm nur noch die Flucht zu seinem Schwiegersohn Tigranes, der ihn vorerst in einer armenischen Felsenburg einsperrte. Das geschah in den Jahren 72 und 71 v. u. Z. Trotz seines großen Erfolges kehrte Lucullus nicht nach Rom zurück, sondern blieb in Kleinasien, wo die römische Herrschaft einer gründlichen Befestigung bedurfte.

3.3. Die zweite Phase

3.3.1. Der Aufstand der Sklaven in Süditalien

Nach dem Sieg des Spartacus und seiner Getreuen über Claudius gab es kein zurück mehr auf den Vesuv. Ein neuerliches Einigeln am alten Platz hätte über kurz oder lang den Untergang der Gladiatoren und ihrer Anhänger, die Auflösung der Bewegung bedeutet. Es blieb nur der Schritt nach vorn. Dazu zwangen die Lebensmittellage und der nicht nachlassende Zustrom immer neuer Sklaven.

Durch die Vorgänge um den Vesuv waren die kampanischen Sklaven in Unruhe versetzt worden, die genährt wurde durch die steigende

Hoffnung auf schnelle Befreiung. Sie waren zu jeder Stunde bereit, sich Spartacus anzuschließen und mit ihren Unterdrückern abzurechnen. So bedurfte es nur noch der Sprengung der römischen Vesuvblockade, des Sieges über Claudius Glaber und der Funke des Aufstandes steckte ganz Süditalien, vor allem jedoch Kampanien, Lukanien und Apulien, in Brand. Das, was als Verschwörung, als Flucht der Gladiatoren in Capua begonnen hatte, sich dann auf den Vesuv und dessen unmittelbares Vorfeld eingrenzte, wuchs jetzt in eine neue Qualität hinüber, wurde zum Sklavenaufstand, der ein größeres Gebiet erfaßte und mobilen Charakter annahm.

Bald schon, noch auf dem Boden Kampaniens, rückte den Sklaven ein neues römisches Heer entgegen, das der Prätor Publius Varinius anführte. Ohne die Sklaven unverzüglich und mit seiner ganzen Streitmacht anzugreifen, ließ sich Varinius, in offensichtlicher Verkennung der militärischen Lage, zur Aufsplitterung seiner Kräfte hinreißen. Möglicherweise geschah das deshalb, weil, wie zu vermuten ist, die Sklaven die unmittelbar nach ihrem Sieg über Claudius entstandene karge Atempause nutzten, um sich, in Gruppen über das ganze Land verstreut, mit Nahrung, Kleidung und weiteren Ausrüstungsgegenständen zu versorgen, gleichzeitig aber ihre Leidensgefährten zu befreien und zum Aufstand zu bewegen.

Varinius muß geglaubt haben, mit kleineren, beweglicheren Einheiten schneller der Aufständischen Herr zu werden. Das erwies sich als folgenschwerer Irrtum. Spartacus, wahrscheinlich immer rechtzeitig genug über die Bewegungen seines Gegners informiert, verstand es, im entscheidenden Moment die umherstreifenden Sklaven zu sammeln, ein Übergewicht zu schaffen und die einzelnen Schlachten oder kleineren Gefechte für sich zu entscheiden.

Als erstes wurde die 2 000 Mann starke Truppe des Furius, eines der Legaten des Varinius, von den Sklaven überwältigt und zur Flucht gezwungen. Dann warfen sich die Sklaven bei dem Ort Salinae in der Nähe von Herculaneum und Pompeji überraschend auf die Abteilung des anderen Legaten, des Cossinius, der gerade ein Bad nahm, als der Angriff erfolgte. Er konnte sich unter Verlust seines Gepäckes gerade noch vor der Gefangennahme retten, wurde jedoch zügig verfolgt, wenig später eingeholt und in ein neuerliches blutiges Gefecht verwickelt. Cossinius selbst fand den Tod. Sein Lager geriet in die Hände der Sklaven. Auch Varinius mußte mehrere Niederlagen hinnehmen. Hinzu kam, daß im römischen Heer eine außerordentlich schlechte Stimmung herrschte und die Unlust, gegen die Sklaven kämpfen zu müssen, ständig zunahm. Von Siegeszuversicht, Optimismus, einer guten Kampfmoral der Römer konnte nicht die Rede sein. Außerdem war ein Teil der Soldaten des Varinius auf Grund der herbstlichen Wetterunbilden erkrankt, ein anderer nach der letzten Niederlage einfach dessertiert.

Varinius sah sich veranlaßt, den Quästor Gaius Thoranius als Boten nach Rom zu schicken, der dort über die Zustände in Kampanien und das wirkliche Ausmaß des Sklavenaufstandes informieren und für Verstärkung sorgen sollte. Dem römischen Feldherrn Varinius gelang es aber, trotz der Schwierigkeiten, die er hatte, mit dem etwa 4 000 Mann zählenden Rest seiner Armee die Bewegungsrichtung der Sklaven zu sperren, offenbar in der Absicht, den Gegner solange zu binden, bis die angeforderte Unterstützung eingetroffen war. Gegenüber dem Lager der Sklaven ließ er ein durch Graben, Wall und sonstige Bauten befestigtes ordentliches Feldlager errichten.

Die Sklaven scheinen nicht weniger unter der Witterung und den ständigen, kräftezehrenden Kämpfen gelitten zu haben als die Römer. Es muß ihnen schwerer gefallen sein, die notwendigen Lebensmittel herbeizuschaffen, da durch die beinahe ununterbrochenen Märsche, Verfolgungen und Gefechte kaum noch Zeit dafür blieb. Die Situation spitzte sich zu, als die Römer ihr Lager nicht weit entfernt von den Sklaven aufschlugen und sie bei ihren Beutezügen in die nähere Umgebung ernsthaft behinderten. Die Folge davon waren Nahrungsmangel und Hunger auf Seiten der Sklaven.

Andererseits wollte Spartacus defensiv bleiben, die Römer nicht in ihrem gut geschützten Lager attackieren. Es blieb nur die eine Möglichkeit: sich unbemerkt vom Gegner zu lösen. Wieder wurde mit List zu Werke gegangen. Wie Frontinus berichtet, ließ Spartacus vor dem Tor des Sklavenlagers „in kurzen Abständen Pfähle einschlagen und an ihnen angekleidete und bewaffnete Leichname aufrecht festbinden, damit es von weitem aussähe, als ob Wache gehalten würde. Zudem ließ er überall im Lager Feuer machen. Während der Feind durch dieses Trugbild getäuscht wurde, führte er in der Stille der Nacht seine Truppen hinaus."[85]

Als Varinius am darauffolgenden Morgen das Fehlen der Sklaven bemerkte, denn die üblichen mit viel Lärm und Geschrei verbundenen Plänkeleien blieben aus, sandte er eine Schar Reiter auf den nächstgelegenen Hügel, um auszukundschaften, wohin sich die Aufständischen entfernt hätten. In der Annahme, daß die Flüchtigen schon ziemlich entfernt seien, befahl er den Abbruch des Lagers und rückte ihnen, immer einen Hinterhalt fürchtend, in Gefechtsordnung nach. Spartacus wurde kurze Zeit später wieder eingeholt und erneut zum Halten gezwungen. Inzwischen waren die von Varinius erwarteten Verstärkungen eingetroffen und damit bei den römischen Soldaten ein wenig von dem alten Selbstvertrauen zurückgekehrt.

Varinius, der diesen Stimmungswechsel bemerkte und offenbar ausnutzen wollte, entschloß sich nun zu einem Unternehmen, das Sallust als unvorsichtig und unbedacht tadelt. Er stellte sich nämlich an die Spitze der Neurekrutierten, denen es in jeglicher Hinsicht an Kampferfahrung fehlte, und führte sie zum Sturm auf das Lager der Sklaven, die ihrerseits aus der Verteidigung heraus zum Gegenangriff übergingen und den Römern eine empfindliche Niederlage beibrachten. Wohl auf diese Schlacht beziehen sich die Stellen bei Appian und Plutarch, wo berichtet wird, daß der römische Feldherr im Kampf mit Spartacus nur mit knapper Not der Gefangenschaft entging, dafür aber sein Pferd und seine Liktoren verlor. Von diesem Moment an, scheint es, sah Varinius sich außerstande, den Sklaven noch irgendwelchen ernsthaften Widerstand entgegensetzen oder sie in ihren Bewegungen nachhaltig behindern zu können. Sie waren am Ende des Jahres 73 v. u. Z. ganz eindeutig die dominierende militärische Kraft in Süditalien.

Spartacus, dem ungeachtet seiner Erfolge an weiteren Zusammenstößen mit den Römern nicht gelegen war, bewog, obwohl es auch andere Meinungen gab, seine Kampfgefährten, ohne langes Zögern in die fruchtbaren und an Vieh reicheren Gegenden am Silarus und Calor zu ziehen, noch bevor Varinius sein zerschlagenes Heer reorganisieren konnte. Er beabsichtigte damit, den Abstand zum römischen Verfolger entscheidend zu vergrößern, die Versorgung mit Nahrungsmitteln zu verbessern und zu erleichtern sowie die eigenen Reihen durch den sich aus der territorialen Ausdehnung des Aufstandes folgerichtig ergebenden Zulauf neuer Kräfte zahlenmäßig zu verstärken. Das waren die nächstliegenden Ziele, die sich aber einordneten in das große Hauptanliegen des Spartacus, die Sklaven schnell und unbeschadet aus Roms Machtbereich herauszuführen.

Mit Hilfe eines ortskundigen Gefangenen gelangten die Sklaven, nachdem sie zuvor die kampanischen Städte Nola und Nuceria (Nocera) erobert und geplündert hatten, sicher und in kurzer Frist über das Picentiner- und das Eburinergebirge (im südöstlichen Kampanien) nach Lukanien, wo sie zuerst das an einem Bergpaß gelegene Nares Lucaniae passierten und im Morgengrauen Forum Anni erreichten.

Kopf eines keltischen Häuptlings.
Bronze
(Bern, Bernisches Historisches Museum)

Knieender Germane.
Bronzefigur
(Paris, Bibliothèque Nationale)

In die Knie gesunkener Keltenkrieger mit Halsring, Hörner-
helm und Schwertgürtel. Bronzestatuette

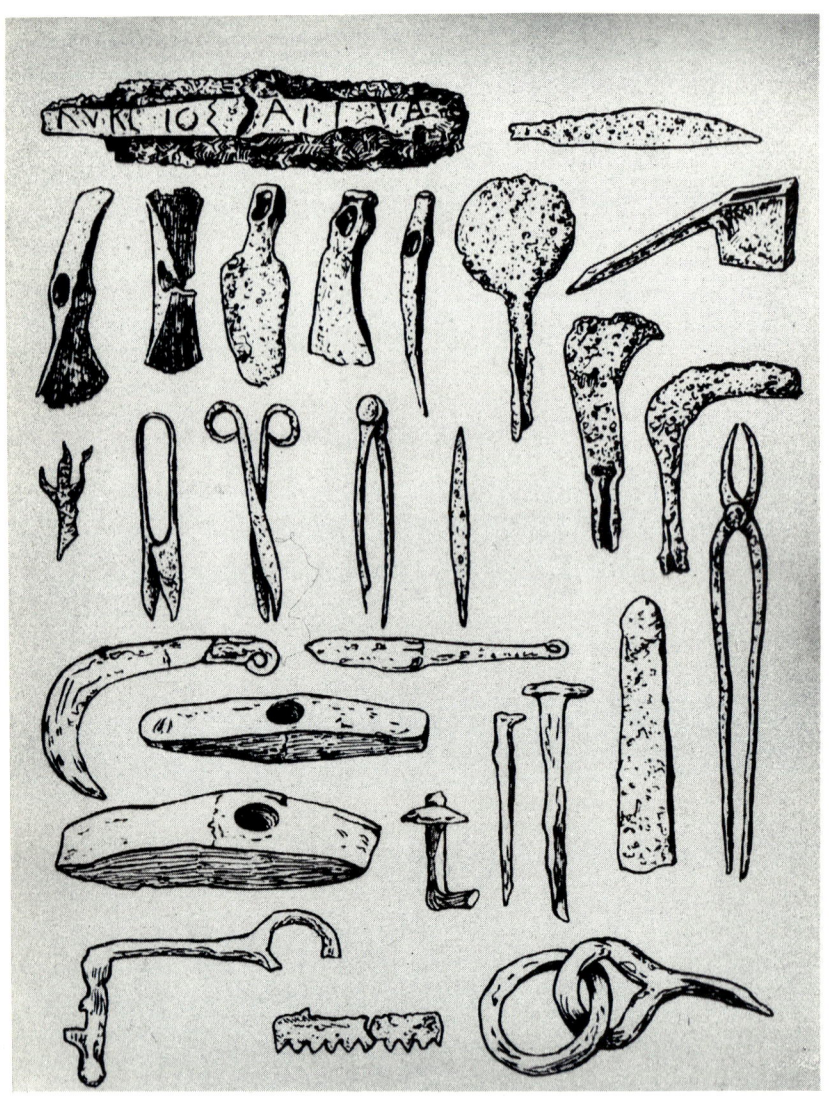

Eisernes Werkzeug des 5. bis 1. Jh. v. u. Z. aus verschiedenen Orten Griechenlands

Kämpfende Gladiatoren. Graffito aus Pompeji

Ende des Gladiatorenkampfes. Wandgemälde aus einem Hause in Pompeji

Amphitheater in Pompeji. Im Hintergrund der Vesuv

Forum in Pompeji. Im Hintergrund der Vesuv

Hier nun brachen sich, da man den Feind endlich weit genug hinter sich wußte, der zähe Haß der Sklaven, die durch die Entbehrungen des Kriegslebens angestauten Gefühle, vielleicht auch die Freude über die errungene und bisher behauptete Freiheit in einem unbändigen, durch nichts mehr zu bremsenden Sieges- und Gewaltrausch Bahn. Spartacus hatte zur Mäßigung aufgerufen, hatte befohlen, jegliche Ausschreitung zu unterlassen, forderte wiederholt Disziplin von seinen Männern, bat um Zurückhaltung. Aber wer hörte in diesem Moment entfesselter Leidenschaften noch auf ihn? Die Rachsucht, die Raub- und Blutgier der Sklaven kannte keine Grenzen mehr. Häuser gingen in Flammen auf. Die Frauen und Mädchen wurden vergewaltigt. Viele der ortsansässigen Sklaven beteiligten sich mit Freude an dem grausamen Geschehen, zerrten ihre Herren aus den Verstecken und plünderten deren heimlich verborgene Schätze. „Es gab nichts", schreibt Sallust, „was für die Barbaren in ihrer Wut und bei ihrer Sklavennatur heilig und unantastbar gewesen wäre."[86]

Spartacus, der hier machtlos war, weitere Greueltaten jedoch zu verhindern trachtete, drängte zum Weitermarsch, verließ nach einem Tag und einer Nacht mit seinem jetzt doppelt so starken Heer den verwüsteten Ort und schlug draußen im freien Feld sein Lager auf.

Die Vorgänge, die sich in Forum Anni abspielten, werden sich, vielleicht nicht in dieser krassen Form, anderswo wiederholt haben. Sie waren unter den Bedingungen eines Sklavenaufstandes, eines Sklavenkrieges auch kaum zu vermeiden. Die Sklaven fochten einen Kampf aus, in dem es für sie um Sein oder Nichtsein ging und der von ihrem Gegner ohne Gnade geführt wurde. Übergriffe, die sie sich dabei der friedlichen Bevölkerung gegenüber zuschulden kommen ließen, mögen zwar zu bedauern sein, erklären sich aber aus der oftmals geradezu unmenschlichen Behandlung der Sklaven und der Verachtung, der sie allgemein ausgesetzt waren. Sie sollten keinesfalls zum Anlaß genommen werden, um die Sklaven in moralisierender Weise zu verurteilen, sie als Bande von Räubern und Gewalttätern darzustellen. Im System der Sklaverei liegen die Wurzeln der mitunter zu beobachtenden Zügellosigkeit der Sklaven, ihrer nur allzu verständlichen Erbitterung im Kampf für die Freiheit und gegen die Welt ihrer Herren.

Das Sklavenheer beherrschte, als der Winter 73/2 v. u. Z. kam, den größten Teil Süditaliens. Zentrum des Aufstandes wurde Lukanien, wo offenbar, wie aus einem Sallustfragment geschlußfolgert werden kann, eine Sklavenschar unter dem Kommando des ortskundigen

Publiporus wenigstens für eine gewisse Zeit zurückblieb, während Spartacus weiterzog.

Die Sklaven bemächtigten sich der Städte Consentia (Cosenza) in Bruttium, Thurii (San Mauro) und Metapontum (Torremare) in Lukanien. Auf welche Weise sie ihr Verhältnis zu der in Kampanien, Lukanien, Bruttium und Apulien lebenden vom Aufstand betroffenen Bevölkerung, auch den genannten Städten regelten, entzieht sich unserer Kenntnis. Es gibt keinerlei Anhaltspunkte dafür, daß seitens der Sklaven der Versuch gemacht worden wäre, wenigstens für die Zeit des Winters, den sie im Süden verbrachten, bestimmte machtpolitische Organisationsstrukturen zu schaffen.

Andererseits mußte sich das zahlenmäßig immer weiter wachsende Heer der Aufständischen mit Nahrungsmitteln und den sonst zum Leben notwendigen Gütern versorgen. Das geschah in der Hauptsache durch Raub und Plünderungen. Der Kauf auf den vielleicht noch funktionierenden Märkten dürften eher die Ausnahme gewesen sein. Die Sklaven scheinen sich überhaupt wenig um die landwirtschaftliche Reproduktion gesorgt und in diesem Sinne perspektivisch gedacht zu haben, sondern lebten von dem, was sie gerade vorfanden. Florus berichtet, daß die Aufständischen in den von ihnen beherrschten Gebieten Süditaliens zahlreiche Zerstörungen anrichteten, die dortigen Landgüter, dörflichen Siedlungen und eingenommenen Städte verheerten.

Der Winter brachte, wie in der Antike üblich, ein vorläufiges Ende der Kampfhandlungen. Zieht man Bilanz, so ist für Rom festzustellen, daß alle seine Bemühungen gescheitert waren, die Erhebung der Sklaven im Zuge von Strafexpeditionen zu bezwingen und noch in den Anfängen zu ersticken. Die Römer hatten jedes Gefecht, jedes Treffen mit den Sklaven verloren. Mehrere römische Feldlager und zahlreiches Kriegsgerät waren in die Hände der Aufständischen gefallen. Roms militärischer Glanz hatte stark gelitten. Das Selbstwertgefühl der Römer war tief verletzt.

Die Sklaven dagegen durften mit dem bisher Erreichten durchaus zufrieden sein. Zehntausende hatten das Joch der Knechtschaft abgeschüttelt und die persönliche Freiheit wiedererlangt, und es gab im Moment niemand, der sie ihnen hätte streitig machen können. Auch bot der eingetretene Stillstand der Kampfhandlungen eine willkommene Atempause, um sich der wiedergewonnenen Freiheit zu erfreuen und sich für die bevorstehenden neuen Kämpfe mit Rom zu rüsten, die eigene Militärorganisation zu verbessern und zu festigen.

Die Serie der rasch aufeinanderfolgenden Niederlagen ihrer gegen die Sklaven ausgesandten militärischen Aufgebote, das unaufhaltsame Hinüberwachsen der Gladiatorenverschwörung in einen Sklavenaufstand, der eine schwere Bedrohung für Rom zu werden begann, und der Massencharakter der Sklavenbewegung hatten eine für die Römer ernüchternde und desillusionierende Wirkung. Endlich erkannte der römische Senat die von den aufständischen Sklaven ausgehende Gefahr, sah er sich zu einer realeren Einschätzung der Lage genötigt. Sie erforderte den zielgerichteten Einsatz größerer militärischer Kontingente und so wurde beschlossen, im nächsten Jahr die beiden Konsuln Gnaeus Cornelius Lentulus Clodianus und L. Gellius Poplicola mit der Kriegsführung zu betrauen und sie mit vier Legionen gegen Spartacus ins Feld zu schicken. Aus der Gladiatorenverschwörung, aus dem Aufstand der Sklaven war für die Römer ein ernstzunehmender Krieg geworden, und sie verhielten sich dementsprechend.

3.3.2. Das Sklavenheer

Von einem Sklavenheer, einer Armee der Sklaven, kann nur dann gesprochen werden, wenn bestimmte quantitative und qualitative Voraussetzungen gegeben sind: sowohl eine entsprechende zahlenmäßige Stärke und Ausrüstung als auch eine wirklich militärische Organisationsstruktur und dazu ein entsprechend hoher Kampfwert. Die Gladiatoren aus der Schule des Lentulus Batiatus, denen der Ausbruch geglückt war, und die ihnen zugelaufenen kampanischen Sklaven stellten vorerst nichts anderes dar, als eine bloße Gruppe von Verschwörern, eine notdürftig bewaffnete Schar geflohener Sklaven, die sich auf den Vesuv verschanzt hatte und von dort aus die umliegende Gegend beunruhigte. Noch war nicht klar, wohin die Entwicklung gehen würde: ob ein Räuberdasein oder eine größere Auseinandersetzung mit dem Senat und dem Volk von Rom bevorstand.

In den Monaten, die Spartacus und seine Leute auf dem Vesuv verbrachten, schlossen sich ihnen viele Sklaven und sogar einige Freigeborene vom Lande an. Der Zustrom von Sklaven begann, kaum daß die Gladiatoren um Spartacus, Krixos und Oinomaos die Mauern Capuas hinter sich gelassen hatten, und dauerte fort bis die letzte Schlacht geschlagen war, vielleicht noch etwas länger. Die Erfolge der Verschwörer und Aufständischen wirkten wie ein Magnet. Sie ließen Hoffnungen keimen und Erwartungen wachsen. Andererseits trieb die Drangsal der Sklaverei immer neue Streiter auf den Vesuv.

Die wiederholte Flucht aus dem Zwangsverhältnis der Sklaverei war der antiken Gesellschaft systemimmanent und nahm jetzt in Italien, in den Jahren 73 bis 71 v. u. Z., unter für sie günstigen äußeren Bedingungen ein wahrhaft grandioses Ausmaß an. Insofern hatte die durch die Gladiatorenverschwörung ausgelöste, in der Folge fast ganz Italien erfassende Sklavenbewegung doppeltes Gewicht, da in ihr zwei Formen des Klassenkampfes der Sklaven aufs unmittelbarste miteinander verschmolzen: die niedere der Flucht und die höhere des aktiven Widerstandes und des offenen Krieges mit Rom. Die Sklavenbewegung unter Spartacus hätte nie diese Dimensionen annehmen, der Krieg gegen Roms bewaffnete Kräfte nie derart lange, erfolgreich und zäh geführt werden können, wenn nicht die massenweise Flucht der Sklaven gewesen wäre. Die Sklaven liefen ihren Herrn davon oder wurden befreit und kamen zu Spartacus, ein Prozeß, der in seiner Alltäglichkeit durch die fortgesetzten Erfolge der Aufständischen gefördert wurde. Mangel an Kämpfern, die von sich aus bereit waren, für ihre Freiheit einzustehen und sich mit den kriegsgewohnten Römern zu schlagen, kannte man auf Seiten der Sklaven also nicht.

Am Beginn standen die etwa 70 Gladiatoren, aber sehr bald hatte sich um sie herum, auf dem Vesuv, eine Truppe von vielleicht mehreren hundert Mann versammelt. Diese Truppe verließ das Vulkanmassiv, überrumpelte den Proprätor Claudius Glaber, begab sich in die kampanische Ebene und entfachte hier den Aufstand. Damit war die Richtung der künftigen Ereignisse klar. Sie führte weg vom versteckten, sozial weitgehend indifferenten Räuberleben und hin zum offenen Aufruhr, zur offenen Klassenauseinandersetzung mit den Sklavenhaltern, mit dem römischen Staat und dessen stärkstem Macht- und Repressivorgan, der römischen Armee.

Nach dem Sieg über Claudius wuchs die Zahl der aufständischen Sklaven rasch an. Wieviele es im Herbst 73 v. u. Z. genau waren, wieviele Sklaven unter Spartacus überhaupt gekämpft haben, ist, wie der polnische Historiker R. Kamienik feststellt, „bis heute eine nicht gelöste Frage" und wird es wohl auch bleiben.[87] Die Zahlenangaben der antiken Autoren sind dürftig, widersprüchlich, manchmal nur bloße Dekoration und deshalb wenig vertrauenswürdig. Möglicherweise waren es um die 10 000 Mann, die sich am Vorabend der Kämpfe mit den Kohorten des Prätors Publius Varinius um Spartacus, Krixos und Oinomaos scharten. Florus spricht von 10 000 Sklaven, die in den ersten Monaten nach dem Ausbruch der Gladiatoren in Kampanien gegen die Römer kämpften. Dem entsprechen auf der anderen Seite insgesamt ebenfalls etwa 10 000 römische Soldaten, die Varinius kommandierte. Sein Unterfeldherr Furius befehligte 3 000 Mann, während ihm selbst, wie Sallust berichtet, in einer kritischen Situation nur ein Rest von 4 000 Mann geblieben war. Unbekannt ist, über wieviel Soldaten Cossinius verfügte, der andere Unterfeldherr des Varinius, der nach Plutarchs Worten „mit einer bedeutenden Streitmacht" gegen Spartacus gesandt wurde. Wenn Varinius tatsächlich mit einer so starken militärischen Gruppierung gegen die aufständischen Sklaven ins Feld rückte, dann ist eigentlich anzunehmen, daß deren Zahl noch über 10 000 hinausging. Mögen sie den Römern auch qualitativ unterlegen gewesen sein, quantitativ waren sie es auf keinen Fall.

In der Zeit zwischen dem Sieg über C. Claudius Glaber und den Siegen über die Legaten des Varinius und schließlich den Prätor selbst hatte sich in Kampanien eine große Menge von aufständischen Sklaven zusammengefunden und unter die Befehlsgewalt des Krixos, Oinomaos und Spartacus gestellt. Ein Sklavenheer war entstanden, das im Winter 73/2 v. u. Z., folgt man den antiken Quellen, etwa 70 000 und, als es die Poebene erreichte, vielleicht 100 000 bis 120 000 Mann gezählt haben dürfte. Allein in der letzten Schlacht des Spartacuskrieges sollen 60 000 Sklaven umgekommen sein. Ungeachtet dessen, welchen Wert man den antiken Zahlen beimißt, feststeht, daß vom Herbst 73 v. u. Z. an den Römern ein zahlenmäßig starkes und immer noch stärker werdendes Sklavenheer gegenüberstand.

So wie die Verschwörung im Spätsommer des Jahres 73 v. u. Z. in den Aufstand hinüberwuchs und ein Sklavenheer existent wurde, trat bei den Sklaven ein Gesinnungsumschwung ein, der sich in einem neuen Selbstwertgefühl und der festen Absicht äußerte, gegen Rom kämpfen zu wollen, und den die folgenden Worte des Florus, auf die Gladiatoren gemünzt, treffend charakterisieren: „Nachdem sich ihnen über 10 000 Mann angeschlossen hatten, begnügten sie sich nicht mehr nur mit der gelungenen Flucht, sondern wollten sich jetzt auch noch rächen."[88]

Spartacus war von Beginn an bestrebt, die vorerst ungefügen Sklavenscharen militärisch zu organisieren und ihnen ein Minimum an militärischer Disziplin und Ordnung beizubringen, da ohne das qualitativ militärische Moment, ohne feste Führung und ohne die Fähigkeit der Truppe zum taktischen Manöver, zum schnellen Handeln und Zusammenwirken der militärischen Formationen im Angriff an Erfolge über die römische Armee nicht gedacht werden konnte. Die

Schaffung einer kampfstarken Sklavenarmee war ein langwieriger, durch die laufende Eingliederung neu hinzugestoßener Sklavenscharen eigentlich ein fortwährender Prozeß. Leiten ließ man sich dabei vom römischen Vorbild, auch was die strenge militärische Disziplin betraf.

Die vielen Rinder- und Schafhirten Kampaniens, alles handfeste und schnellfüßige Leute, die nach dem Sieg über Claudius Glaber den Verschwörern zuliefen, wurden teils mit schweren Waffen versehen, teils als leichte Truppen oder Vorposten verwendet, schreibt Plutarch. Daraus läßt sich schlußfolgern, daß die Führer der Aufständischen von vornherein bemüht waren, bei der Formierung des Sklavenheeres nach für ihre Zeit modernen militärischen Gesichtspunkten zu verfahren, die Aufständischen in schwer- und leicht bewaffnetes Fußvolk zu gliedern und eine Art Truppenaufklärung zu organisieren. Möglicherweise waren die Sklaven in der militärischen Aufklärung den Römern sogar überlegen, da der permanente Zustrom von geflohenen Sklaven auch einen ständigen Informationsfluß gewährleistete. Die wiederholten, großartigen Siege der Sklavenarmee während ihres zweimaligen Marsches längs durch Italien, ihre gelungenen Ausweichmanöver und überraschenden Angriffe sind ohne eine gut funktionierende Aufklärung eigentlich undenkbar. Außerdem wurde begonnen, berittene Mannschaften aufzustellen. Florus berichtet, daß die Sklaven, um sich durch nichts von einer wirklichen Armee zu unterscheiden, Pferdeherden, auf die sie trafen, einfingen, die Tiere bändigten und eine Reiterei bildeten. Durch die Reiterei erhöhte sich die Stoßkraft des Sklavenheeres und verbesserten sich seine taktischen Möglichkeiten. Bekannt ist, daß Spartacus, als er im Süden Italiens von Crassus eingeschlossen worden war, die Blockade erst sprengte, nachdem ihm genügend Reiter zur Verfügung standen.

Die militärische Führung der Sklaven tat alles, um das Aufständischenheer in gleicher Weise aufzubauen wie die Römer, übernahm die Erfahrungen der Römer, ihre taktischen Prinzipien, ihre Schlachtordnung und ihr Dienstsystem. Die Sklaven, wenn sie Halt machten, errichteten befestigte Lager wie die Römer. Sallust schreibt im Zusammenhang mit den Kämpfen der Sklaven gegen Varinius, daß sie es bereits gewohnt waren, der Vorschrift entsprechend Nachtwachen und Posten aufzustellen, auch die anderen militärischen Dienste ordnungsgemäß zu versehen. Auch Caesar bescheinigt später, daß während des Spartacuskrieges den Sklaven „die Übung im Waffenhandwerk und die Manneszucht", die sie sich von den Römern angeeignet hatten, „einigermaßen zustatten gekommen seien".[89]

Die Aufstellung zur Schlacht geschah offensichtlich nach römischem Muster. Sowohl Plutarch als auch Orosius berichten, daß vor der letzten, der entscheidenden Schlacht im Sklavenkriege, der Schlacht zwischen Crassus und Spartacus, das Sklavenheer sich ganz regulär und in der den Römern vertrauten Weise ordnete. Inwieweit der für die Kelto-Germanen typische Keil, der *cuneus*, im Angriff eine Rolle spielte, läßt sich schlecht sagen. Möglicherweise benutzten die gallo-germanischen Gruppierungen des Krixos und später dann des Gannicus und Castus diese Schlachtordnung, doch war sie, trotz der gewaltigen Wucht des Angriffes, viel zu schwerfällig im Vergleich mit der im Kampf beweglicheren Kohortentaktik der Römer.

Den Sklaven militärische Disziplin, militärisches Verhalten, gar Denken beizubringen, sie zur *disciplina Romana* zu erziehen, war sicherlich keine leichte Sache. Rückschläge blieben nicht aus, wie es die Plünderungen, der Rausch von Gewalttätigkeit in Forum Anni und wahrscheinlich noch anderswo beweisen. Auch in der Schlacht selbst fehlte es den Sklaven oft an der nötigen Beherrschung und Kaltblütigkeit, vor allem den Sklaven gallo-germanischer Herkunft, die sich im Sieg vergaßen, in wilder Leidenschaft dem flüchtigen Gegner nachsetzten und, wenn der diese Schwäche auszunutzen verstand und rechtzeitig einen Hinterhalt bildete, in die Falle rannten. Das Heer der Sklaven war in der Lage, schnelle Märsche durchzuführen, auch nachts, sich dem Feind oder einer Ortschaft unbemerkt zu nähern, überraschende Überfälle vorzunehmen, sich wiederholt vom Gegner zu lösen und sein operativ-taktisches Konzept durcheinander zu bringen.

Wie setzte sich das Sklavenheer zusammen? Bekannt ist darüber sehr wenig. Nur Appian teilt mit, daß schon zu Anfang die Gladiatoren „Verstärkung durch viele entlaufene Sklaven und auch einige Freigeborene vom Lande" erhielten. An anderer Stelle spricht er sehr abwertend von den Aufständischen, die „nur Sklaven, Überläufer und zusammengelaufenes Gesindel" seien, und erwähnt noch einmal „viele Überläufer", die sich dem Sklavenheer auf dessen Marsch nach Norden, den Alpen zu, anschließen wollten, von Spartacus aber abgewiesen wurden. Weiterhin erzählt der griechische, in Konstantinopel wirkende Redner Themistios (etwa 317–388 u. Z.) von „der Menge einfachen Volkes", die sich auf die Seite der Sklaven gestellt hätte. Doch bleibt diese sehr späte, rhetorisch überhöhte Aussage fragwürdig, denn sie wird durch keine der frühen Quellen gestützt.[90]

Die Sklavenarmee bestand zum überwiegenden Teil aus Sklaven,

Gladiatoren, Rinder- und Schafhirten, also vorwiegend Landsklaven aus Kampanien, Lukanien, Apulien, Sklaven, die hauptsächlich aus den Gegenden stammten, durch die das Heer der Aufständischen zog und die sich zu unterschiedlichen Zeiten dem Spartacus und seinen Leuten anschlossen. Hinzu stießen auch viele flüchtige Sklaven aus den nicht unmittelbar von der Sklavenbewegung erfaßten Gebieten Italiens. Sklaven aus dem städtischen Bereich, Handwerkssklaven und Dienstpersonal, werden, wenngleich in geringerer Zahl, ebenfalls zum Heer des Spartacus gehört haben. Sie dürften besonders aus den in der zweiten Phase und dann teilweise nochmals gegen Ende der Spartacusbewegung eroberten süditalischen Städten gekommen sein. Sklaven mit speziellen handwerklichen Fertigkeiten wurden im Heer für die zahlreich anfallenden technischen Aufgaben, die Eigenversorgung mit Waffen und sonstigem Gerät gebraucht. Ethnisch war die Spartacusarmee heterogen zusammengesetzt, doch hielt sich diese Heterogenität in Grenzen. Zweifellos vereinte sie Sklaven aus allen Ländern des Mittelmeerraumes und Einflußzonen Roms in ihren Reihen. Dominierten aber während des 1. und 2. Sizilischen Sklavenkrieges in den Heeren des Eunus-Antiochos und Salvius-Tryphon Sklaven aus den hellenistischen Ländern und waren ihre Anführer Griechen, Kilikier oder Syrer, so kamen jetzt die meisten der aufständischen Sklaven aus den peripheren Gebieten im Norden der antiken Welt, und Thraker, Kelten oder Germanen hatten das Kommando inne.

Innerhalb der Spartacusarmee gab es eine starke Gruppe von Sklaven gallo-germanischer Herkunft. Ein Teil von ihnen, offenbar weil das ethnisch bedingte Zusammengehörigkeitsgefühl als zusätzlicher Stimulus im Kampf genutzt werden sollte, bildete getrennte Verbände wie die Kelto-Germanen unter Krixos, Gannicus und Castus. Sie waren sicher keine ethnisch homogenen Truppenkörper. In ihren Reihen werden auch Sklaven anderer ethnischer Herkunft gekämpft haben, sie wurden aber von den Römern ganz klar als gallo-germanische Heeresgruppierungen aufgefaßt.

Daraus nun den Schluß ziehen zu wollen, daß die Armee des Spartacus grundsätzlich und konsequent nach der ethnischen Zugehörigkeit gegliedert worden sei, wäre voreilig. Eine solche Praxis läßt sich, mit Ausnahme der Abteilungen des Krixos, Gannicus und Castus, durch nichts belegen. Im Gegenteil, das von Spartacus selbst geführte Gros des Sklavenheeres vereinte Sklaven unterschiedlicher ethnischer Abstammung, darunter Thraker, Illyrer, Kelten, wahrscheinlich auch Griechen und Angehörige kleinasiatischer Völker. Der hohe Anteil von Kelten und Germanen unter den Aufständischen, der es ermöglichte, aus ihnen gesonderte Heeresverbände zu formieren, erklärt sich wohl daraus, daß im Ergebnis der gewaltigen römischen Siege über die gegen Italien andrängenden germanischen und keltischen Stämme in den Jahren 102 und 101 v. u. Z. eine sehr große Anzahl von Germanen und Kelten in die Sklaverei geriet und in der römisch-italischen Landwirtschaft zum Einsatz kam.

Sklaven keltischer Herkunft gelangten auch aus Gebieten östlich der Alpen, aus der pannonischen Tiefebene und den Gegenden an Save und Drau nach Italien. Vor allem die hier lebenden Skordisker waren seit dem Ende des 2. Jh. v. u. Z. wiederholt in Kämpfe mit den Römern verwickelt worden, so gegen Sulla. Im Jahre 76 v. u. Z. erlitten sie durch L. Cornelius Scipio Asiagenus ihre vernichtendste Niederlage. Es besteht deshalb aller Grund zu der Annahme, daß ein Teil der Kelten, die sich in der von Spartacus kommandierten Heeresabteilung befanden, von den Römern gefangengenommene und versklavte Skordisker waren.[91]

Zweifellos hatten sich den aufständischen Sklaven auch Freie angeschlossen, doch ihre Zahl wird klein geblieben und ihre Rolle im Heer, ihr Einfluß auf die gesamte Sklavenbewegung unbedeutend gewesen sein. Es gab keine massenhafte Beteiligung notleidender oder landarmer freier Bauern am Sklavenkrieg, kein Bündnis der Sklaven mit der freien Bauernschaft des römischen Italien, wie in der marxistischen Geschichtsschreibung der 30er und 40er Jahre manchmal behauptet wurde.[92] In den Quellen finden sich keinerlei Belege für eine solche Annahme, die von einer modernisierenden Beurteilung der antik-römischen Verhältnisse und des Sklavenkrieges unter Spartacus ausgeht. Merkmale und Probleme des proletarischen Klassenkampfes und der Bündnispolitik der Arbeiterklasse im 20. Jahrhundert wurden ungerechtfertigt auf römische Verhältnisse übertragen. Diese unhistorische Betrachtungsweise führte dazu, daß man in den Sklaven eine Art Klassenhegemon sah, der die italische Bauernschaft an sich zog und mit ihr gemeinsam versuchte, die bestehende Gesellschaftsordnung revolutionär zu verändern.

Doch die römische Sklavereigesellschaft war objektiv noch nicht reif für derartige qualitative Umwälzungen, denn sie befand sich im 1. Jh. v. u. Z. im Zustand ihrer vollen Entfaltung und Blüte. Zum anderen existierten prinzipielle Unterschiede in den Zielsetzungen der Sklaven und der Bauernschaft. Die Sklaven kämpften für ihre Freiheit und gerieten damit in einen eklatanten Gegensatz zur römischen Gesellschaft, für die, einschließlich der römisch-italischen Bauernschaft, die Sklavenhaltung etwas völlig Normales und Lebensnotwendiges war. Die römischen Bauern hingegen erstrebten lediglich Schulden-freiheit, eine Neu- und Umverteilung des Bodens, die Erweiterung ihrer politischen Rechte, also bessere Lebensbedingungen im Rahmen der bestehenden und von ihnen nicht in Frage gestellten gesellschaft-lichen Ordnung. Es besteht eher der Grund zu vermuten, daß die Mehrzahl der freien römisch-italischen Bauernschaft dem Sklaven-krieg gleichgültig, wenn nicht sogar feindselig gegenüberstand.

Ein Sklavenaufstand, ein Sklavenkrieg bedeutete Unruhe, konnte den Verlust an Hab und Gut mit sich bringen, die landwirtschaftlichen Arbeiten beeinträchtigen und war mit dem Makel der Auflehnung gegen das Traditionelle, gegen die Ordnung der Väter und, das lehrte die Erfahrung, der Fragwürdigkeit des zu erwartenden Ergebnisses behaftet. Sallust wenigstens teilt an einer Stelle mit, daß beim Heran-nahen der Sklavenscharen die ländliche Bevölkerung die Flucht er-griff, um sich mitsamt ihrem Besitz in den nahegelegenen Bergen zu verstecken.[93]

Außerdem war da die tiefe, unüberbrückbare Kluft zwischen frei und unfrei, zwischen dem politisch Mündigen und dem Rechtlosen, dem von der Gesellschaft verachteten Sklaven, eine Kluft, die in Zei-ten von Sklavenunruhen, wie die Ereignisse auf Sizilien zeigten, nicht kleiner, sondern noch relevanter, auffallender wurde. Den Sklaven gesellten sich Freie zu, die sich entweder in einer Zwangslage befan-den, hoffnungslos verschuldet waren und nichts mehr zu verlieren hatten oder die von Abenteuerlust, von der Aussicht auf schnelle Bereicherung, der Freude am Plündern und sonstigen Gewalttaten getrieben wurden. Gerade die Freien, die zur Gladiatorengruppe um Spartacus, Krixos und Oinomaos stießen, als noch nicht feststand, in welche Richtung sich die Ereignisse entwickeln würden, taten diesen Schritt anscheinend in der Erwartung, sich an der Formierung einer Räuberbande beteiligen zu können. Sie gehörten offenbar zu jener bunt zusammengesetzten Gruppe von freien Personen, den sozial ab-gesunkenen, deklassierten Elementen, für die kein Platz mehr in der Gesellschaft der Freien war und die Appian mit dem Sammelbegriff „Gesindel" bezeichnet.

Nicht genau bestimmen läßt sich, wer die Überläufer waren, die sich dem Spartacusheer in offenbar großer Zahl anschließen wollten, nachdem die beiden Konsuln Lucius Gellius Poplicola und Gnaeus Cornelius Lentulus mit ihren Heeren vernichtend geschlagen worden waren und Roms Abwehr des Sklavenkrieges eine schwere Krise durchmachte. Der römische Staat befand sich in einer außerordentlich komplizierten Situation: seine besten Heere und Feldherren standen in Spanien, Kleinasien und auf der Balkanhalbinsel, die aufständischen Sklaven reihten Erfolg an Erfolg, die gegen Spartacus ausgesandten Legionen der Konsuln waren aufgerieben worden, jederzeit konnten die Sklaven gegen Rom marschieren und die Stadt einschließen.

Es liegt deshalb die Schlußfolgerung nahe, daß möglicherweise einige Italiker, die immer noch die Hoffnung hegten, der italische Stier könne die römische Wölfin niedertreten, im bisher für Rom so negativ verlaufenden Sklavenkrieg die Chance witterten, gemeinsam mit den Aufständischen die römische Macht zu demütigen, sich für ihre Niederlage im Bundesgenossenkrieg (90–88 v. u. Z.) zu rächen und den Römern einige weitere Zugeständnisse abzutrotzen, die über die schon im Jahre 88 v. u. Z. erfüllten Mindestforderungen noch hinausgingen. Dazu hätte es des Marsches auf Rom bedurft, den Spartacus seinerseits mit aller Kraft zu vermeiden trachtete. Er erkannte offenbar die Gefahr, die seinem Plan, Italien möglichst schnell zu verlassen, von solch einer Verbindung mit den italischen Überläufern drohte, wenn diese in großer Zahl in das Sklavenheer eingegliedert und ihr Einfluß dort wachsen würde. Um einer derartigen Entwicklung vorzubeugen, verbot Spartacus nach seinen Siegen über die Konsuln die weitere Aufnahme von Überläufern.

Es könnte aber auch sein, daß die Sklavenführer grundsätzlich wenig Wert auf Freie, insbesondere deklassierte Freie legten, die sich nur des zeitweiligen Vorteils willen den Aufständischen anschlossen und die darüber hinaus die Disziplin im Sklavenheere gefährdeten. Vielleicht muß man, wie schon während des 2. Sizilischen Sklavenkrieges zwei parallel laufende Vorgänge auseinanderhalten, wobei zwar der eine durch den anderen bedingt ist, zwischen beiden jedoch kein innerer Zusammenhang besteht. Die Sklavenbewegung, die mit empfindlichen Störungen der öffentlichen Ordnung verbunden war und in deren äußerem Umfeld sich genügend Gelegenheiten für kriminelle Unternehmungen und die Herrschaft des Faustrechtes boten, rief sehr wahrscheinlich das italisch-römische Lumpenproletariat auf den Plan, das neben oder nach den Aufständischen selbständig handelnd auftrat und zahlreiche Missetaten verübte. Aber die Aktionen dieser deklassierten Elemente, des Bodensatzes der römisch-italischen Gesellschaft der Freien, waren nur im Gefolge des gerade ablaufenden Sklavenaufstandes und Sklavenkrieges möglich. Sie geschahen sozusagen unter seinem Schutzschirm, ungeachtet dessen, daß es zwischen den Aufständischen und den Lumpenproletariern keine Interessengleichheit oder Kampfgemeinschaft gab. Der durch das klassengebundene Vorurteil geprägte antike Autor dagegen sah hier eine Einheit.

Es spricht noch etwas anderes für die Annahme, daß sich deklassierte Freie vom Sklavenheer fernhielten oder ihnen der Zugang dorthin verwehrt wurde: das wenige nämlich, was über die Zustände im Inneren des Sklavenheeres bekannt ist. Aus der Anfangsphase der Sklavenbewegung, als die Verschwörer sich noch auf dem Vesuv befanden, wird von der gleichmäßigen Verteilung der Beute berichtet. Wahrscheinlich hielt man diese demokratische Art der Verteilung von Lebensmitteln, die eigentlich immer knapp waren, von Waffen, Bekleidung und Gerät bei, obwohl ihre strikte Durchsetzung im doch sehr großen Sklavenheer sicherlich auf Schwierigkeiten stieß, zumal die aufständischen Sklaven hin und wieder zur Disziplinlosigkeit neigten. Gold und Silber zu haben war den Sklaven verboten. Deswegen durften Händler, die dem Heer nachzogen, um Teile der gemachten Beute aufzukaufen, auch nicht mit Gold und Silber dafür bezahlen.

Die Disziplin der Sklaven war, trotz zeitweilig vorkommender Ausschreitungen, gut, wie selbst Caesar rückblickend anerkannte. Von ihrer hohen Kampfmoral zeugen die Dauer und das Ausmaß des Sklavenkrieges, die Größe der gesteckten Aufgaben, so der Marsch zu den Alpen und der Durchbruch durch die römische Abriegelung im Süden Italiens, die glänzenden Siege und die schweren, empfindlichen Niederlagen, die aber nie zur Mutlosigkeit, nie zur Erschlaffung ihres Kampfgeistes führten. Hervorzuheben ist in diesem Zusammenhang, daß es in den Reihen der Spartacusanhänger keinen einzigen Fall von Verrat gab, weder auf dem Vesuv, noch während des Aufstandes in Kampanien, Lukanien und Apulien oder in der schweren Zeit gegen Ende des Sklavenkrieges, ganz im Unterschied zu anderen Sklavenunruhen, wo so etwas häufig vorkam.

Wer kommandierte die aufständischen Sklaven? „Die Sklaven waren Soldaten, die Gladiatoren Befehlshaber", schreibt Florus voller Verbitterung. Es ist nur allzu verständlich, daß die im Umgang mit Waffen, oftmals auch im Kriegshandwerk erfahrenen Gladiatoren das militärische Kommando über die Aufständischen übernahmen. Fünf der Sklavenführer sind uns namentlich bekannt: Spartacus, Krixos, Oinomaos, Gannicus und Castus. Von Spartacus, Krixos und Oinomaos wissen wir sicher, daß sie Gladiatoren waren. Oinomaos fiel noch im Jahre 73 v. u. Z. in einem der ersten Kämpfe gegen die Truppen des Varinius. Krixos fand 72 v. u. Z. in der Schlacht am Berge Garganus den Tod. Übrig blieb Spartacus, der das Sklavenheer bis zuletzt führte.

Da das Sklavenheer 70 000 bis 100 000 Mann gezählt haben dürfte, werden die etwa 70 Sklaven aus Capua nicht ausgereicht haben, um alle militärischen Führungsaufgaben zu bewältigen. Schließlich galt es, die Sklaven taktisch und in der Handhabung der Waffen auszubilden, Organisationsprobleme zu lösen, Waffen zu beschaffen und das taktische Vorgehen zu überlegen und zu planen. Es werden deshalb neben den Gladiatoren militärisch tüchtige Männer als Unterführer eingesetzt und in die oberste Führungsgruppe aufgenommen worden sein. Dazu zwangen allein schon die Verluste an Führungskräften, die bei der Häufigkeit und Härte der Gefechte bestimmt nicht gering waren. Dennoch wird sich der militärische Führungskern bis zum Schluß des Sklavenkrieges in der Hauptsache aus Gladiatoren zusammengesetzt haben, denen man Achtung zollte und deren Befehlsgewalt sich die Aufständischen offenbar ohne Widerspruch unterordneten.

Der eigentlich führende Kopf war Spartacus, den M. Cornelius Fronto, ein im 2. Jh. u. Z. lebender römischer Redner und Anwalt, als Kenner des Kriegshandwerkes, als Fachmann in militärischen Dingen bezeichnet. Ob Spartacus daraus, ähnlich den Sklavenkönigen auf Sizilien, eine Spitzenstellung, eine Alleinherrschaft ableitete, erscheint fraglich und ist höchst unwahrscheinlich. Zwar berichtet Florus, daß Spartacus es nicht ablehnte, die von den Römern erbeuteten Feldzeichen und *fasces* als Attribute seiner eigenen hohen Stellung zu benutzen. Aber darin drückt sich weniger ein autokratisches Führungsprinzip des Spartacus aus, sondern ist vielmehr eine Demonstration seiner zweifellosen Autorität, seines militärischen Könnens zu erblicken, zugleich auch eine öffentliche Erinnerung an die Siege der Sklaven über die römischen Truppen und ein Mittel, allen sichtbar die Kraft der Aufständischen zu dokumentieren. Übrigens führten auch Gannicus und Castus in ihrer Heeresabteilung römische Legionsadler, Feldzeichen und *fasces* mit. Im Grunde genommen blieb die Führung der Sklaven demokratisch. Bei wichtigen Entscheidungen gab es gemeinsame Beratungen, wie wir von Sallust erfahren, beispielsweise im Herbst 73 v. u. Z., als nach den Siegen über Claudius Glaber und Varinius die Art und Weise des weiteren Vorgehens festgelegt wurde. Zwei entscheidende Probleme beschäftigten das Sklavenheer und ihre Führer ständig: erstens die Beschaffung von Waffen und zweitens die Versorgung mit Lebensmitteln. Spartacus hatte die Heere der beiden Konsuln 72 v. u. Z. geschlagen und zerstreut. Der Weg nach Rom war offen, und dennoch verzichtete er, die Stadt anzugreifen, weil, wie es bei Appian heißt, „er sich den Römern noch nicht gewachsen fühlte und längst nicht sein ganzes Heer regulär bewaffnet war".[94] Das zeigt in eindringlicher Deutlichkeit, wie schwer es den Sklaven fiel, sich kriegsmäßig auszurüsten. Auf drei Wegen konnten sie zu Waffen gelangen: sie dem Gegner oder der italischen Bevölkerung abnehmen, sie kaufen oder selbst herstellen.

Nach über einem Jahr Kampf waren die Sklaven immer noch mangelhaft bewaffnet, und das, obwohl bis dahin sechs oder sieben römische Militärlager von ihnen erobert worden waren. Außerdem hatte Spartacus befohlen, die Waffen der gefallenen Feinde aufzusammeln und ihre Pferde einzufangen. Aber all das war offenbar zu wenig, um das gewaltige Sklavenheer auszurüsten. Von Waffenkäufen berichten die Quellen nichts, nur daß die Sklaven, wie Appian verlauten läßt, „für viel Geld Eisen und Kupfer kauften und denen, die die Metalle heranbrachten, keinen Schaden zufügten".[95] Auf diese Weise schufen sich die Aufständischen einen reichlichen Metallvorrat und fertigten daraus selbst Waffen an. Es ist anzunehmen, daß zum Troß der Sklaven auch Schmiedeeinrichtungen gehörten. Daneben benutzte man bei längeren Aufenthalten an einem Ort die dort befindlichen Werkstätten, um Waffen zu produzieren oder zu reparieren. Daß die Sklaven „aus dem Eisen der Sklavenzwinger Schwerter und Lanzenspitzen schmiedeten", teilt Florus in rhetorischer Überhöhung der Sachlage mit. Sie waren darüber hinaus zu vielerlei Improvisationen gezwungen. So stellten sie aus runden Weidengeflechten, die mit frischen und daher festklebenden Tierhäuten überzogen wurden, Schilde her wie die Reiter sie führten.

Spartacus war sich im klaren, was eine gute Ausrüstung für die Sklaven im Kampf mit den Römern bedeutete, denn nach seinen, von Sallust wiedergegebenen Worten „wäre nur der Ort sicher für die Sklaven, wo sie gut bewaffnet stünden".[96]

Die gleichen Schwierigkeiten, die ihnen die Bewaffnung bereitete, hatten die Sklaven mit der Nahrungsmittelversorgung. Der Hunger, der Mangel an etwas Eßbarem machte ihnen ständig Sorgen. Sie mußten gegen die Römer kämpfen und zur selben Zeit die Verpflegung im Lager oder auf dem Marsch sichern. Als sie im Herbst 73 v. u. Z. dem Varinius gegenüberlagen, trieb sie der Mangel an Proviant aus ihrem

Lager. Bruttium, wohin sich die Sklaven im Winter 72/1 v. u. Z. zurückgezogen hatten und das von Crassus blockiert wurde, verließ Spartacus nur, weil ihm die Lebensmittel ausgegangen waren. So blieben das Leben und der Kampf des Spartacusheeres geprägt von Mangel, Strapazen und Mühsal einerseits, von Siegesfreuden und dem Gefühl, frei zu sein, andererseits.

3.4. Die dritte Phase – der Sklavenkrieg

3.4.1. Der Kampf gegen die Konsuln

Im Ergebnis seiner Siege über Claudius, Furius, Cossinius, Varinius und des nicht abreißenden Zulaufs immer neuer Sklaven war Spartacus, wie Plutarch schreibt, „groß und mächtig" geworden. Mit 40 000 Mann, davon 30 000 von ihm geführt und 10 000 unter dem Befehl des Krixos stehend, brach er im Frühjahr 72 v. u. Z. nach Norden, in Richtung der Alpen auf.

Spartacus ließ aus taktischen Gründen und aus Gründen der Versorgung das Sklavenheer in zwei getrennten Kolonnen entlang der Küste des Adriatischen Meeres marschieren und offenbar so, daß die zahlenmäßig schwächere Gruppierung des Krixos dem Meere näher war, denn von dieser Seite hatten die Sklaven keine größeren Angriffe zu befürchten. Die stärkere Gruppierung unter seinem Kommando nahm ihren Weg auf der durch die Römer am meisten gefährdeten Landseite.

Den Marsch auf dieser Strecke und in dieser Ordnung durchführen zu lassen, war eine einfache und zugleich geniale Idee des Spartacus. Gesichert werden mußte in der Hauptsache nur ins Landesinnere. Das sparte Kräfte. Die Reibungsfläche mit dem Gegner war klein gehalten, so daß sich dessen Operationsfeld einschränkte. Außerdem blieb den Sklaven im Falle der äußersten Gefahr die Möglichkeit, sich an die Küste zurückzuziehen und das Wagnis einer risikovollen und gewiß nicht einfach zu bewerkstelligenden Flucht über das Meer zu versuchen.

Die taktisch-operative Idee des Spartacus hatte aber nur dann Aussicht, schnell und erfolgreich verwirklicht zu werden, wenn es gelang, ein maximales Zusammenwirken und koordiniertes Vorgehen beider Gruppierungen zu gewährleisten. Sie mußte scheitern, sobald sich diese Gemeinsamkeit des Marsches beider Gruppierungen auflöste, und sie scheiterte tatsächlich, denn die kelto-germanische Krixos-Gruppe geriet durch ihre ausgedehnten Plünderungsaktionen in Verzug, von Spartacus offenbar nicht bemerkt, so daß sich der Abstand zwischen ihr und der Hauptgruppe mehr und mehr vergrößerte. Krixos und seine Leute vertrauten zu sehr auf die eigene Kraft und vergaßen dabei, daß die bisherigen Siege über die Römer die Frucht der vereinten Anstrengungen aller aufständischen Sklaven waren. In ihrem Stolz und Eigensinn, die genährt wurden durch die in den zurückliegenden Monaten erkämpften Erfolge und die momentane Schwäche des Gegners, glaubten sie, mit dem Feind bereits leichtes Spiel zu haben.

Sie überschätzten nicht nur sich selbst, sondern unterschätzten in sträflichster Weise auch die Römer, die nach wie vor zu schnellen und entschlossenen militärischen Handlungen fähig waren und eigentlich erst jetzt größere militärische Kräfte zum Kampf gegen die Sklaven ins Feld schickten. In der Auseinandersetzung zwischen Rom und den aufständischen Sklaven waren noch keine endgültigen Entscheidungen gefallen. Im Gegenteil, der große Zweikampf zwischen den Sklaven und ihren Herren, deren Macht sich im römischen Staate verkörperte, stand erst bevor. Die Kelto-Germanen ließen sich in dieser Situation, da ihre Sache gut vorankam und die scheinbare Hilflosigkeit der Römer sie beflügelte, kühner, aber auch sorgloser machte, zu Unbedachtheiten hinreißen, die sich in der Endkonsequenz und in erster Linie gegen sie selbst richteten.

Die Römer hatten mit Wiederaufnahme der Kampfhandlungen die beiden Konsuln Cn. Cornelius Lentulus Clodianus und L. Gellius Poplicola mit je zwei Legionen gegen die Sklaven gesandt. Sie wurden verstärkt durch die Truppen, die Quintus Arrius, der Prätor des Vorjahres anführte. Q. Arrius hätte im Jahre 72 v. u. Z. eigentlich als Proprätor nach Sizilien gehen sollen, um dort Verres abzulösen, erhielt aber dieses im Moment wichtigere Kommando im Krieg gegen Spartacus. Insgesamt zählte das römische Heer etwa 30 000 Soldaten.

Der römische Kriegsplan sah vor, die Sklaven in die Zange zu nehmen. Deshalb bewegte Lentulus sich mit seinen Legionen vor dem nach Norden ziehenden Sklavenheer, vorerst abwartend, aber jederzeit bereit, ihm den Weg zu versperren, während Gellius und Arrius sich dahinter setzten. Die Sklaven wurden, wie mit Sicherheit anzunehmen ist, von den Römern genau beobachtet, und so konnte den im Rücken der Sklaven marschierenden römischen Truppen nicht verborgen bleiben, daß die auf eigene Faust marodierende keltisch-germanische Gruppierung des Krixos die Verbindung zur Gruppierung des Spartacus abreißen ließ. Gellius und Arrius nutzten diesen für sie außerordentlich günstigen taktischen Vorteil umgehend aus, verstanden, durch die Vereinigung ihrer Truppen ein kräftemäßiges Übergewicht zu schaffen, und vermochten Krixos und seine Kelto-Germanen am Berge Garganus (Monte Gargano) zu stellen.

Eine erbitterte Schlacht entbrannte. Die Sklaven müssen sich, wie Orosius bemerkt, mit dem Mute der Verzweiflung verteidigt haben. Doch die Römer griffen nicht weniger hart und verbissen an und errangen, da sie in der Übermacht waren, einen eindeutigen und zugleich den ersten Sieg über die Aufständischen. Auf Seiten der Sklaven waren zwei Drittel gefallen, darunter Krixos, der wie ein Löwe gekämpft hatte. Auch die Verluste der Römer werden beträchtlich gewesen sein. Es heißt, daß Spartacus, der Kenntnis von den Vorgängen am Garganus erhalten hatte, der kelto-germanischen Gruppierung zu Hilfe eilte, dort aber erst anlangte, nachdem die Schlacht schon geschlagen war.

Das Schicksal des Krixos und seiner Gefährten scheint Spartacus in dem Bemühen bestärkt zu haben, die Sklaven so schnell wie möglich aus Italien herauszuführen und sie nicht unnötigen Kämpfen mit den Römern auszusetzen. Die Römer durchschauten diese Absicht und versuchten nun, Spartacus aufzuhalten. Ihnen lag nichts an einem freien Abzug der Sklaven in außeritalisches, außerrömisches Gebiet.

Die Sklaven hatten sich gegen ihre Herren, gegen Rom vergangen und mußten dafür bestraft werden. Das verlangten die Rechtsvorstellungen der Sklavereigesellschaft und das verletzte Ehrgefühl der Römer. Einer möglichen Vorbildwirkung, die vom erfolgreichen Verlauf der Sklavenbewegung unter Spartacus hätte ausgehen können, sollte von vornherein und auf drastische Weise jeder Boden entzogen werden. Es durfte nicht sein, daß Sklaven sich selbst befreien und ihre wiedererlangte Freiheit behaupteten, indem sie – egal wie – den römischen Machtbereich verließen.

Der Sieg über die Krixos-Gruppierung hatte den römischen Truppen zweifellos Auftrieb gegeben und sie zu weiteren unverzüglichen Offensivhandlungen gegen die Sklaven ermutigt. Der Konsul Lentulus gab seine abwartende Haltung auf und verlegte der Spartacus-Gruppierung den Weg. Nachdem es ihm gelungen war, die Sklaven mit bedeutenden Streitkräften einzukreisen, versuchte er, sie durch einen konzentrisch vorgetragenen Angriff einzuschnüren, zusammenzudrängen und auf engstem Raume zu überwältigen. Doch der zähe, entschlossene Widerstand der Sklaven ließ sich nicht brechen. Mehr noch, das Schlachtenglück neigte sich ihnen zu. Sie hatten offenbar vermocht, die Kampfordnung der Römer zu sprengen. Lentulus wurde, wie Sallust zu entnehmen ist, auf eine Anhöhe abgedrängt, wo er sich vorerst unter großen Opfern verteidigte. In der Zwischenzeit besiegten die Sklaven seine Unterfeldherren, eroberten das Lager der Römer und ihre gesamte Ausrüstung. Als dann die ersten Gegenstände und Kleidungsstücke, beispielsweise Militärmäntel, aus dem römischen Gepäck bei den angreifenden Sklaven auftauchten, begriffen die Soldaten um Lentulus die Ausweglosigkeit ihrer Lage, gerieten in Panik und flohen.

In dieser Situation, da der römischen Doppeltaktik, die Sklaven mit zwei Armeen in Schach zu halten, ein schwerer Schlag versetzt worden war, entschloß sich Spartacus zu blitzschnellem Handeln. Er kehrte mit seinem Heer um und warf sich aus der Bewegung heraus auf die ihn verfolgenden L. Gellius Poplicola und Q. Arrius. Dieser Angriff muß die beiden Feldherren völlig überrascht haben, denn die Legionen wurden, wie es scheint, ohne sonderliche Mühe von den Sklaven aufgerieben. Die römischen Truppen, in Verwirrung geraten, mußten sich zurückziehen und neu formieren. Damit fiel zum zweiten Mal, wenngleich nur für kurze Zeit, die römische Armee als machtpolitisches Gegengewicht zum Heer der aufständischen Sklaven aus. Der Plan der Römer, den Sklavenkrieg durch den konzentrierten Einsatz von mehreren Legionen zu beenden, das Sklavenheer zu vernichten und dessen Marsch nach dem Norden zu unterbinden, war, abgesehen von der Liquidierung der Krixos-Gruppierung, gescheitert.

Nach der fast totalen, deprimierend wirkenden Niederlage der Krixos-Gruppierung hob der soeben errungene Doppelerfolg über die beiden Konsuln wieder die Stimmung der Sklaven, denn zum erstenmal hatten sie gegen römische Truppen, die sich kriegsmäßig verhielten, im Gefecht gestanden und dennoch zwei Schlachten gewonnen. Aber der Sieg war unter großen Opfern errungen worden, und so blieb bei ihnen möglicherweise ein Gefühl der Unsicherheit zurück, das an die Stelle des ursprünglichen Überschwangs, des Glaubens trat, den Römern in allen Lagen gewachsen, ja überlegen zu sein, die Freiheit allein durch die Masse, die sie darstellten, und den Schrekken, der von ihr ausging, behaupten zu können.

Um den Gemeinschaftssinn der Aufständischen zu stärken, um sie nach den eben überstandenen schweren Prüfungen auch psychologisch zu stabilisieren, veranstaltete Spartacus zu Ehren des Krixos und der mit ihm gefallenen Sklaven eine großartige Totenfeier. 300 Römer mußten zur Genugtuung der Sklaven wie Gladiatoren gegeneinander kämpfen. In den Augen der antiken Autoren, die darüber berichten, war das etwas Unerhörtes, ein für die Gesellschaft der Freien überaus schandvolles Ereignis. Der Tod des Krixos und seiner Kampfgefährten war durch die Siege über Lentulus, Gellius, Arrius und die geopferten Römer gerächt.

Der Makel der Niederlage wurde getilgt, der Feind schwer gedemütigt und das Selbstbewußtsein der Sklaven gefestigt. Aber noch eine andere Absicht knüpfte sich an die Totenfeier, an das so vordergründig mit Menschenopfern verbundene Ehrengedächtnis für Krixos und seine Schicksalsgenossen, das mehr war als eine Demonstration der Macht des Siegers über den Besiegten. Die Aufständischen sollten das sichere Gefühl vermittelt bekommen, daß die zufriedengestellten Geister der Toten sie auch künftighin in ihren Kämpfen begleiten und unterstützen würden. Zugleich setzte diese Totenfeier den Sklaven ein Zeichen der Mahnung, denn das große Ziel, die endgültige Freiheit, ließ sich nur durch geschlossenes Handeln und in brüderlicher Eintracht erreichen.

Spartacus setzte, von niemanden mehr ernsthaft behindert und bei denkbar günstigen Bedingungen für die Lebensmittelbeschaffung, seinen Marsch nach Norden fort. Ein letztes Mal traten ihm die Römer bei Mutina (Modena) in den Weg. Der Prokonsul C. Cassius Longinus, der Statthalter der Provinz Gallia Cisalpina, und der Prätor Gnaeus Manlius waren mit ihrer 10 000 Mann zählenden Armee viel zu schwach, um eine Wende im Sklavenkrieg herbeiführen zu können. Es geschah was geschehen mußte. Die Römer wurden geschlagen, erlitten schwere Verluste und verloren ihr Lager. C. Cassius selbst rettete sich mit Mühe vor dem Verderben.

Nach diesem Sieg, den die Sklaven bereits auf außeritalischem Boden erfochten, stand ihnen der Weg in die Freiheit weit offen. Die Apenninen waren überschritten. Jetzt lagen nur noch die Alpen vor ihnen. Das Joch der Sklaverei war abgeschüttelt, die wiedergewonnene Freiheit bis hierher, allen Angriffen der Römer zum Trotz, behauptet worden. Zwischen dem Sklavenheer und dem Gebirge im Norden, über das die Wege nach Gallien, Germanien, die Donauebene und den Balkan führten, gab es keine größere römische Militärabteilung mehr. Wer hätte Spartacus und seinen Gefährten noch Halt gebieten können auf dem Marsch heraus aus dem römischen Machtbereich, heraus aus den Grenzen der Sklavereigesellschaft? Die Würfel schienen gefallen zu sein.

Aber das Sklavenheer wendete wider Erwarten, kehrte den lang-ersehnten Alpen und damit der schon nahe gewesenen Freiheit den Rücken, schwenkte nach Süden ein und begab sich, der alten Marsch-strecke folgend, dorthin, von wo es aufgebrochen war. Alles bisher Erreichte wurde hinfällig. Die großen Opfer der Schlachten waren umsonst gebracht. Die Strapazen der Märsche, das Ziel, dem man entgegenstrebte und in dessen Namen Spartacus immer wieder die Reihen der Sklaven einte, verloren ihren Sinn. An die Stelle einer faßbaren und verhältnismäßig klaren Perspektive trat die Ungewiß-heit des Zukünftigen, trat die Notwendigkeit gegen Rom kämpfen zu müssen.

Wenn Spartacus bis Mutina bemüht gewesen war, Gefechten mit den Römern aus dem Wege zu gehen, und im schnellen Tempo in nichtrömische Gebiete zu gelangen, so blieb ihm jetzt nichts anderes übrig, ob er wollte oder nicht, als an eine direkte, die vielleicht ent-scheidende Auseinandersetzung mit Rom zu denken. Diese Ausein-andersetzung über ein Jahr vermieden, nicht gesucht zu haben, spricht für die reale Beurteilung der Sachlage durch Spartacus. Auch fehlte, solange eine Alternativsituation, ein Ausweg blieb, auf Seiten der Sklaven der objektive Zwang, im Unterschied zu ihrem Gegner, der, vom Klasseninteresse getrieben, eine schnelle Entscheidung herbei-zuführen trachtete. Nach Mutina war die unmittelbare Konfrontation Roms und der Sklaven um Spartacus nicht mehr zu umgehen. Sie konnte nur noch eine Weile hinausgezögert werden.

Welch schwerwiegender Grund hatte die Sklaven veranlaßt, nach dem Süden, in das eigentliche Italien, zurückzukehren? In den Quellen findet sich keine stichhaltige Antwort auf diese Frage. Florus ist der einzige von den antiken Autoren, der berichtet, daß die Schlacht gegen Cassius bei Mutina stattfand, und der in diesem Zusammenhang eine Bemerkung über die weiteren Absichten des Spartacus macht.

„Beflügelt durch diese Siege", schreibt Florus, „erwog er in Gedan-ken, und das allein schon ist Schande genug für uns, über die Stadt Rom herzufallen."[97] Würde man dieser Feststellung des Römers fol-gen, dann gäbe es eigentlich nur die eine Schlußfolgerung: Spartacus, weil er die beiden Konsuln, den Prätor Q. Arrius und schließlich auch noch den Prokonsul C. Cassius Longinus geschlagen hatte, entschloß sich aus eigenem Willen heraus zu einem Generalangriff auf Rom, das, wie er glaubte, durch die vielen Niederlagen geschwächt und zu kei-nem ernsthaften Widerstand mehr fähig war.

Ein solch rascher und im rein subjektiven Bereich wurzelnder Sinneswandel des Spartacus ist aber unvereinbar mit der Person des Sklavenführers und widerspricht der inneren Logik der vor und nach Mutina liegenden Ereignisse.

Spartacus konnte die Schlacht gegen Cassius nicht voraussehen. Gleichzeitig muß gefragt werden, warum er, der nach Mutina so stark war, um gegen die Stadt Rom offensiv zu werden, an ihr vorbeizog, nachdem die vereinte Armee der beiden Konsuln eine neuerliche Schlappe erlitten und Roms militärische Misere ihren Höhepunkt erreicht hatte? Die plötzliche, scheinbar durch nichts motivierte Südschwenkung des Sklavenheeres auf eine subjektive Entscheidung des Spartacus zurückzuführen, verbietet sich von selbst. Sie kann auch nicht mit einem vorgefaßten Angriffsplan auf Rom, für dessen erfolgreiche Verwirklichung jetzt erst alle Voraussetzungen erfüllt waren, in Verbindung gebracht werden. Wo sind aber dann die Gründe für die Rückkehr nach Süditalien zu suchen?

In der modernen Geschichtsschreibung existieren hinsichtlich dieser Frage sehr unterschiedliche Auffassungen. Die einen Historiker machen ethnische Widersprüche, Widersprüche zwischen den einzelnen Volksgruppen im Sklavenheer für den Rückmarsch nach Süditalien verantwortlich. Andere verweisen auf Widersprüche sozialer Natur, d. h. auf Widersprüche zwischen den Sklaven und denjenigen freien bäuerlichen Produzenten, die sich dem Aufstand angeschlossen hatten. Es gibt auch Historiker, die dem Generationsproblem in der Spartacusarmee eine dominierende Rolle einräumen. Im Interessengegensatz zwischen den älteren Sklaven, die noch ein Heimatgefühl besaßen, und den jüngeren Sklaven, die eine solche Bindung bereits verloren hatten und deshalb in Italien bleiben wollten, sehen sie einen Faktor, der möglicherweise nicht ohne Einfluß auf die Entscheidungen des Spartacus war. Außerdem wird die Meinung vertreten, daß Spartacus nie beabsichtigt hätte, Italien ganz zu verlassen, sondern von Anfang an die Vernichtung Roms wollte. Einige Historiker wiederum mutmaßen, daß sich eine immer tiefer werdende Kluft zwischen Spartacus, der einsichtigen Führerpersönlichkeit, und der alle Maßstäbe verlierenden, zur Plünderung und Gewalt neigenden Sklavenmasse auftat. Sie sei es gewesen, die von Spartacus, gegen dessen Willen, verlangt habe, nach Rom geführt zu werden, und die dieses Verlangen dann auch durchsetzte.

N. A. Maschkin, der sowjetische Althistoriker, hält es für durchaus denkbar, daß Spartacus so unerwartet kehrt machte, weil er „im Potal und im Vorland der Alpen, wo sich der mittlere Grundbesitz noch zu

Vergils Zeiten erhalten hatte und wo es wenig Sklaven gab, auf keine Unterstützung von seiten der einheimischen Bevölkerung rechnen konnte".[98] Allen hier kurz vorgestellten Meinungen mag eine gewisse wissenschaftliche Berechtigung nicht abzusprechen sein, aber beweisen lassen sie sich nicht. Sie bleiben vorerst hypothetisch, es sei denn, neue Quellen, die eine begründete Entscheidung zugunsten des einen oder anderen Standpunktes zulassen, werden entdeckt. Vielleicht wird für immer unbekannt bleiben, was Spartacus und seine Kampfgefährten bewog, obwohl der Weg über die Alpen frei war, scheinbar frei war, umzudrehen und wieder südwärts zu marschieren.

Dennoch drängt sich die Frage auf, warum es hier bei Mutina in einer doch sehr klaren Alternativsituation, da sich den Sklaven zwei diametrale Existenzmöglichkeiten – eine davon war sehr aussichtsreich – zur Wahl anboten, zu keiner Aufspaltung des Sklavenheeres kam. Krixos hatte sich in Apulien von Spartacus getrennt. Gannicus und Castus werden das gleiche unter viel komplizierteren Bedingungen tun. Warum also trennten sich an diesem deutlichen Scheidepunkte nicht diejenigen, die ein Leben in Freiheit jenseits der römischen Machtgrenzen zu führen hofften, von denen, die in Italien zu bleiben beabsichtigten, weiter gegen Rom kämpfen wollten, ja mußten?

Gab es nicht doch einen Grund für die Umkehr, einen Grund aber, den nicht Widersprüche ethnischer oder sozialer Natur im Heer des Spartacus, nicht generationsbedingte Interessenunterschiede, nicht der Gegensatz zwischen Heerführer und Masse bildeten, sondern der von einer ganz anderen Qualität war? Die innere Dynamik, der zeitliche Ablauf des Sklavenaufstandes und Sklavenkrieges sind weitgehend unklar. Feststeht eigentlich nur, daß im Herbst 73 v. u. Z. die Kämpfe gegen Varinius stattfanden, die aufständischen Sklaven sich den Winter über in Süditalien aufhielten und im Frühjahr des nächsten Jahres nach Norden aufbrachen. Wann sie Mutina erreichten, ist unbekannt. Geschah das im Frühsommer oder im Spätherbst? Aus den Quellen geht klar hervor, daß Spartacus während des Marsches in Richtung Alpen zur Eile drängte, stets um ein möglichst rasches und von den Römern ungehindertes Vorwärtskommen bemüht war. So ließ er, wie Appian mitteilt, nach dem Sieg über die Konsuln und den Proprätor Q. Arrius und der Totenfeier für Krixos, um die Bewegung des Slaheeres durch nichts zu beeinträchtigen, „alles überflüssige Gepäck verbrennen, sämtliche Gefangenen ermorden und die Zugtiere schlachten ... Die vielen Überläufer, die sich ihm anschließen wollten, wies er ab".[99]

Weshalb diese Eile, waren doch die konsularischen Armeen vorläufig ausgeschaltet? Wollte Spartacus in der Poebene sein, bevor die Schneeschmelze in den Bergen das Wasser der Flüsse ansteigen und über die Ufer treten ließ, oder wollte er noch vor dem einsetzenden Winter die Alpen überschreiten? Der französische Historiker H. Wallon vertritt in seiner 1848 erschienenen „Geschichte der antiken Sklaverei" die Ansicht, daß das Hochwasser des Po, das weite Teile Norditaliens überschwemmte, den Marsch der Sklaven nach Norden, nach dem transalpinen Gallien und die Donauebene stoppte, so daß Spartacus durch die Unbilden der Witterung gezwungen war, in Italien zu bleiben und dort weiter gegen die Römer zu kämpfen. Ebenso möchte der polnische Wissenschaftler R. Kamienik in der Wirkung der für Norditalien charakteristischen geographisch-klimatischen Faktoren, insbesondere im Hochwasser des Po, die eigentliche Ursache für den Rückzug des Sklavenheeres erblicken.

Ob nun in der Tat jahreszeitlich bedingte Wetterverhältnisse die Sklaven bei Mutina zur Umkehr nötigten, auch auf diese Frage kann einstweilen keine eindeutige Antwort gegeben werden. Gewißheit wird erst dann möglich sein, wenn der chronologische Verlauf des Spartacuskrieges präzisiert und der Zeitpunkt der Schlacht gegen Cassius genauer bestimmt ist. Bis dahin muß der Hinweis auf den Klimafaktor gleichfalls eine bloße Vermutung bleiben, obwohl ein verspätetes Eintreffen im bereits überfluteten Pogebiet durchaus im Bereich des Wahrscheinlichen liegt.

Nicht auszuschließen ist auch, daß die Entscheidung, die Alpen nun doch nicht zu überschreiten, getroffen wurde, weil die Sklaven Nachricht von den zeitgleichen Ereignissen auf der Balkanhalbinsel erhalten hatten. Hier kämpften seit 75 v. u. Z. C. Scribonius Curio und Marcus Terentius Varro Lucullus erfolgreich gegen die Dardaner, Skordisker und Thraker, und als Spartacus die Poebene erreichte, stand M. Lucullus südlich der Donau und war gerade dabei, mit seinen Truppen die thrakischen Gebiete zu verwüsten. Aber jenseits der Alpen blieb noch Raum genug, der frei von Sklaverei und Römerherrschaft war, so daß es politisch eigentlich keinen Grund gab, den Marsch nach Gallien oder Germanien und in die obere Donauregion abzubrechen. Den Hinweis allein auf die zeitlichen Geschehnisse in den Balkanländern reicht offenbar nicht aus, um als überzeugende Erklärung für den plötzlichen und alle erfassenden Sinneswandel der Sklaven gelten zu können.

Spartacus marschierte mit seinem Heer südwärts gegen Rom. In

Picenum, einer mittelitalischen Landschaft an der Küste des Adriatischen Meeres, versuchten die beiden Konsuln, die inzwischen ihre Legionen gesammelt und neu geordnet hatten, ein letztes Mal, die Sklaven in offener Feldschlacht zu bezwingen. Wieder erlitten die Römer eine schwere Niederlage. Die Sklavenbewegung hatte damit zweifellos den Höhepunkt ihrer Entwicklung erreicht. Roms Schicksal schien besiegelt zu sein. Angst und Schrecken griffen um sich, denn schon sahen sich seine Bürger den mord- und beutegierigen Sklavenscharen hilflos ausgeliefert. „Aber", schreibt Appian, „Spartacus änderte seine Absicht, auf Rom zu marschieren, da er sich den Römern noch nicht gewachsen fühlte."[100] Zwar hatte Rom jetzt einen Sturm der Stadt, ihre Belagerung durch die Sklaven nicht mehr zu befürchten, dennoch war die Gefahr, daß es schließlich doch von den Sklaven erobert werden könnte, bei weitem nicht gebannt. Solange die Aufständischen in Italien herrschten, bedrohten sie auch Rom. Erst ihre endgültige Vernichtung würde wieder Ruhe bringen.

3.4.2. Rom im Kampf mit Spartacus

Im Nachhinein sprechen die Römer vom *bellum Spartacium* und *bellum fugitivorum*, vom „Spartacuskrieg" oder „Krieg der flüchtigen Sklaven". Lucius Ampelius, ein Autor aus dem 2. Jh. u. Z. und der Verfasser eines „Merkbüchleins", nennt in seiner Klassifikation der Kriege an zweiter Stelle die Kriege mit den Sklaven, und zwar Kriege „von der Art, wie die Römer einen gegen die flüchtigen Sklaven und ihre Anführer Spartacus, Krixos und Oinomaos geführt haben".[101] Daß der Kampf Roms gegen die Sklaven um Spartacus tatsächlich ein Krieg war, daran zweifelte später niemand und deswegen wird in den Quellen zum Spartacuskrieg der Begriff der *seditio*, des „Aufstandes", „Aufruhrs", der „Meuterei" auch nur selten gebraucht. Das Eingeständnis, daß man auf dem Boden Italiens zu einem regelrechten Krieg gegen die eigenen Sklaven gezwungen war, scheint den Römern nicht leicht gefallen zu sein. Florus empfindet einen solchen Krieg als Schande. Selbst Orosius, den fünf Jahrhunderte von dem Ereignis trennten, sieht sich veranlaßt zu bemerken, daß dieser Krieg nicht als unbedeutend, nichtig zu gelten hat, nur weil er die Bezeichnung Sklavenkrieg trägt, sondern ein Krieg war, der Roms Kräfte außerordentlich beanspruchte und große Opfer forderte, darunter nicht wenige Gefallene, die aus Roms vornehmsten Familien kamen.

Die Römer hatten erst sehr spät, zu spät das ganze Ausmaß der durch die Gladiatorenverschwörung ausgelösten Sklavenbewegung und die ungeheuere Bedrohung, die ihnen daraus erwuchs, erkannt. Was sich in Capua, am Vesuv abspielte, war nichts Absonderliches, sondern eher normal zu nennen, war nichts Alltägliches, aber auch nicht etwas unbedingt Außergewöhnliches. Sie würden damit fertig werden, sofort oder ein wenig später. Befangen in der sträflichen Selbstsicherheit der herrschenden Klasse und voller Verachtung für die Sklaven, für die, wie Florus es sagte, „zweite Sorte Mensch", und die Gladiatoren, „die niedrigste und schlimmste Art von Mensch", unterschätzten die Römer ihren Gegner.

Wie sollten sie auch voraussehen, daß aus der Flucht von rund 70 Gladiatoren ein Aufstand, ein wirklicher, drei Jahre dauernder Krieg werden würde? Rom versuchte, die Verschwörung, der man wenig Bedeutung beimaß, auf dem üblichen Wege zu bekämpfen. Zuerst nahm ein örtliches Aufgebot die Verfolgung auf, wollte die Ausbrecher einfangen, töten oder ihrem Herrn zurückbringen, wurde aber in die Flucht geschlagen. Daraufhin schickte Rom eine größere Abteilung von Soldaten unter Führung eines Proprätors gegen die Aufrührer. Nach ihrer Niederlage wurde der Stadtprätor mit einer noch bedeutenderen Streitmacht in Marsch gesetzt. Sie verlor, trotz erhaltener Verstärkungen, alle Gefechte und konnte die Aktionen der Sklaven, die im Winter 73 und Frühjahr 72 v. u. Z. zur dominierenden militärischen Macht in Süditalien aufstiegen, in keinerlei Weise gefährden.

Was waren das für römische Truppen, die in den Anfangsmonaten gegen die Gladiatoren und die ihnen zugelaufenen Sklaven zum Einsatz kamen? Claudius Glaber, der Proprätor, und Publius Varinius, der Prätor, verfügten laut Appian „nicht über ein Heer, das aus römischen Bürgern bestand, sondern nur über Leute, die sie in Eile und im Vorübergehen aufgelesen hatten, dennoch glaubten die Römer, daß es sich nicht um Krieg handele, sondern um einen Überfall und daß das ganze Unternehmen einem Raubzug ähnlich sehe, und wurden so beim Zusammentreffen mit den Sklaven geschlagen".[102] Die Art der hier beschriebenen Rekrutierung der römischen Aufgebote gegen Spartacus ist nichts Ungewöhnliches. Als im Jahre 198 v. u. Z. der Stadtprätor Lucius Cornelius Merula Nachricht von einer Sklavenverschwörung in der Stadt Setia erhielt, begab er sich mit fünf Legaten dorthin und ließ, so teilt Livius mit, „alle in den Dörfern ihm Begegnenden den Soldateneid schwören, die Waffen nehmen und ihm folgen. In dieser eilfertigen Werbung bewaffnete er an die 2 000 Mann". L. Cornelius Merula erstickte die Gefahr im Keime. Auch gegen den 105/04

v. u. Z. bei Capua von Titus Vettius organisierten Sklavenaufstand wurde der römische Stadtprätor Lucius Lucullus in Marsch gesetzt. In Rom hob er 600 Soldaten aus und brachte dann bis Capua eine Truppe von 4 000 Mann zu Fuß und 400 Reitern zusammen. Auch er war erfolgreich, wenngleich Verrat beim Gegner ihm den Sieg leichter machte. Die Maßnahmen der Römer zur Bekämpfung der Sklavenscharen auf und um den Vesuv, ihr Umfang und die Führungsebene entsprachen also durchaus einer wiederholt geübten Praxis. Nur traf man diesmal auf einen anderen, einen härteren Feind, breitete die Sklavenbewegung sich schneller als gedacht aus und waren die römischen Soldaten offenbar schlechter, was nicht verwundern kann, weil die besten Mannschaften in Spanien, Kleinasien und auf dem Balkan kämpften.[103]

Tatsächlich war von der *disciplina Romana* in den Aufgeboten, die gegen die Sklaven um Spartacus, Krixos und Oinomaos ausgeschickt wurden, wenig zu spüren. Es fehlte den römischen Soldaten an Kampfeswillen. Unlust, gegen die Sklaven kämpfen zu müssen, machte sich bei ihnen breit. Diese Abneigung wurde noch genährt durch die häufigen Niederlagen. Außerdem brachte ein solcher Straffeldzug gegen aufrührerische Sklaven gewöhnlich weder Ruhm noch Ehre ein. Sallust zeichnet ein düsteres Bild von der Stimmung im Heere des Publius Varinius. Viele der Soldaten kehrten nach einer verlorengegangenen Schlacht nicht mehr zu ihrer Truppe zurück. Andere verweigerten die Befehlsausführung. Jeder dachte nur an sein Zuhause, und alle, vom einfachen Soldaten aufwärts, erfüllten nur oberflächlich ihre militärischen Dienstobliegenheiten.

Am Ende des Jahres 73 v. u. Z. mußten die Römer erkennen, daß alle ihre bisherigen Bemühungen, die Sklavenbewegung niederzuwerfen, gescheitert waren. Ein entschiedeneres Vorgehen und der Einsatz besserer, vor allem stärkerer militärischer Kräfte wurden unumgänglich. „Jetzt war es nicht mehr", schreibt Plutarch, „nur das Unwürdige und Schimpfliche, was den Senat an dem Aufruhr beunruhigte, sondern die Furcht vor einer wirklichen Gefahr veranlaßte ihn, wie zu einem der größten und schwierigsten Kriege beide Konsuln zugleich auszusenden".[104] Der Einsatz konsularischer Feldheere war ein untrügliches Zeichen dafür, daß Rom die Auseinandersetzungen mit den aufständischen Sklaven als wirklichen Krieg begriffen hatte und der römische Senat kriegsbezogen zu denken und zu handeln begann.

Viele vornehme Römer beteiligten sich jetzt an dem Feldzug der Konsuln. Zu ihnen gehörte auch M. Porcius Cato Uticensis (Cato der

Jüngere), der sich freiwillig den Legionen des Gellius anschloß, weil dort sein Bruder als Kriegstribun Dienst tat. M. Porcius Cato machte sich verdient durch seinen Mut, Eifer und seine Standhaftigkeit und sollte dafür ausgezeichnet werden, wies aber die ihm angetragenen Ehrungen ab. Den Römern war ein solches Verhalten unbegreiflich. Aber vielleicht wollte Cato damit Abstand halten zu einem Krieg, der schlecht geführt wurde, und zu einer Truppe, die noch immer die Größe und Gefährlichkeit des Gegners unterschätzte und sich militärisch in einem üblen Zustand befand. Die Soldaten in den konsularischen Armeen waren, nach dem Zeugnis Plutarch's, verweichlicht und versanken im Luxus.[105]

Die Römer mußten neuerliche schwere Niederlagen hinnehmen, und schon glaubten sie, daß die Sklaven im Anmarsch auf ihre Stadt seien. Als der Senat vom Unglück der Konsuln erfuhr, befahl er ihnen voller Zorn, das Kommando niederzulegen.

„Nun ging", klagt Appian, „der schreckliche Krieg, über den man anfangs gelacht und als einen Gladiatorenkrieg nicht ernst genommen hatte, schon ins dritte Jahr. Als die Wahl neuer Feldherren angeordnet wurde, zögerten alle, und es fand sich kein Bewerber, bis Licinius Crassus, ein wegen seines Geschlechtes und seines Reichtums in Rom prominenter Mann, das Kommando übernahm."[106] Der Sklavenkrieg und die sich fortsetzenden Niederlagen hatten Rom an den Rand einer Führungskrise gebracht. Keiner wollte die Verantwortung, das Risiko tragen in einem Krieg, der die *„gloria populi Romani"* derart befleckt hatte. Jetzt, da Entscheidungsfreude, Selbstbewußtsein vonnöten waren, zögerten Roms Große. Es schien, als sollte die Furcht vor dem persönlichen Versagen, vor der öffentlichen Schande, die man bei weiteren Siegen der Sklaven unweigerlich auf sich laden würde, stärker sein als das Klasseninteresse und die Pflicht, das Vaterland, die römische Ordnung zu retten.

Doch in Crassus fand sich der Mann, der energisch, fest und zielbewußt das Interesse seiner Klasse vertrat und der gewillt war, dem Sklavenkrieg ein für Rom siegreiches Ende zu bereiten. Er war selbst Eigentümer einer Vielzahl von Sklaven, erfolgreicher Bodenspekulant und so vermögend, daß die Römer ihm den Beinamen *„Dives"* („der Reiche") gaben. Crassus hatte unter dem Kommando Sullas gekämpft und als dessen Parteigänger Proben seines militärischen Könnens abgelegt. Rom zog alles, was es noch an militärischen Kräften besaß, zusammen, auch die Veteranen des Crassus, auch die alten und ausgedienten Soldaten. Sechs neue Legionen wurden aufgestellt und dem

Crassus anvertraut. Hinzu kamen noch die übriggebliebenen Mannschaften der vier konsularischen Legionen, die er ebenfalls in sein Heer eingliederte. Rom setzte damit etwa die gleiche Menge von Soldaten in Marsch, die Caesar dann im Laufe von acht Jahren zur vollständigen Eroberung Galliens benötigte.

3.4.3. Crassus gegen Spartacus

Crassus stellte sich an die Spitze seiner Legionen, vereinigte sich mit der zerschlagenen Armee der Konsuln und marschierte an die südliche Grenze von Picenum, um dort auf das Sklavenheer zu treffen. Crassus nahm die Taktik seiner Vorgänger wieder auf. Während er sich selbst in eine abwartende Stellung begab, sandte er seinen Unterfeldherrn Mummius mit zwei Legionen auf Umwegen in den Rücken des Feindes. Spartacus sollte in die Zange genommen und vorerst solange beobachtet werden, bis sich eine günstige und auf jeden Fall erfolgversprechende Gelegenheit für eine Schlacht bot.

Mummius hatte strikten Befehl, dem Feind wohl zu folgen, sich aber in keinerlei Gefechte einzulassen. Crassus wollte im Rücken der Sklaven kampfstarke, durch nichts geschwächte und jederzeit einsatzfähige Truppen haben, die beim Aufeinandertreffen der Hauptkräfte den Feind von hinten angreifen sollten. Mummius aber, der aus den Niederlagen der Römer im Kampf gegen die Sklaven offensichtlich nichts gelernt hatte, sich selbst maßlos überschätzte und in dummer Selbstgefälligkeit auf Spartacus herabsah, hielt sich nicht an Crassus' Weisungen. Vielleicht glaubte er auch, mit den Sklaven im Alleingang fertig zu werden und Crassus, indem er ihm durch rasches operatives Handeln zuvorkam, den Sieg aus der Hand nehmen zu können, um selbst als gefeierter Held in Rom zu Ruhm und Ehre zu gelangen. Die Schlacht, die Mummius den Sklaven lieferte, ging für ihn verloren. Wieder fanden viele Römer den Tod. Andere retteten sich durch die Flucht, wobei ein großer Teil der Soldaten sogar die Waffen wegwarf.

Crassus tadelte Mummius scharf, hatte dieser doch den gesamten Kriegsplan durcheinander gebracht und den Feldzug gleich zu Beginn mit einer empfindlichen Niederlage belastet. Harte Maßnahmen waren notwendig, um die Moral der Truppe wiederherzustellen und die Soldaten zur Standhaftigkeit im Kampf zu zwingen. Wer die Waffen verloren hatte, erhielt zwar neue, mußte aber Bürgen für seine Tapferkeit stellen. Außerdem befahl Crassus die Dezimierung (*decimatio*), die schwerste Strafe im römischen Heer für die Feigheit ganzer Truppenteile. „Fünfhundert Mann", schreibt Plutarch, „die zuerst und am schimpflichsten geflohen waren, ließ er in fünfzig Abteilungen zu je zehn teilen und aus jeder Abteilung einen Mann, den das Los traf, hinrichten, womit er eine alte Strafart, die lange Zeit geruht hatte, wiederaufnahm. Die Art der Hinrichtung ist mit besonderer Schande verbunden, und viele grauenhafte und schreckliche Bräuche werden bei der Hinrichtung vor den Augen des Heeres vollzogen". Appian fügt seinem Bericht über diese Bestrafung noch hinzu, daß Crassus „seinen Soldaten jetzt gefährlicher erschien als eine Niederlage durch die Feinde".[107] Nachdem Crassus auf derart grausame Weise die Disziplin und Ordnung in seinem Heere gefestigt hatte, gelang es ihm, 10 000 aufständische Sklaven, die ein Lager für sich bezogen hatten, zu überwältigen und zwei Drittel von ihnen zu töten. Das berichtet Appian. Mit ihm stimmt Orosius überein, der diese erste erfolgreiche Schlacht des Crassus ebenfalls erwähnt und von 6 000 gefallenen und 900 gefangenen Sklaven erzählt. In Appians Darlegung folgt dem ersten Sieg über die Aufständischen kurze Zeit später ein neuer, doch diesmal über Spartacus selbst. Ein so früher direkter Zusammenstoß zwischen Crassus und Spartacus ist aber quellenmäßig sonst nicht belegt und sehr unwahrscheinlich, denn Spartacus, kaum daß er in Picenum die beiden Konsuln Lentulus und Gellius geschlagen und auf den Marsch nach Rom verzichtet hatte, kehrte wieder zu seiner alten Taktik des nach Möglichkeit kampflosen Zurückweichens vor dem Gegner zurück.

Dieses Zurückweichen war keine Flucht, denn dazu gab es nicht den geringsten Anlaß, sondern vielmehr eine von Vorsicht und nüchternem Realitätssinn diktierte Absatzbewegung. Damit geriet Spartacus in einen klaren Widerspruch zur Strategie des Crassus, der die Entscheidungsschlacht wünschte, um den Sklavenkrieg recht schnell und mit Bravour zu beenden. Das lag im Interesse Roms und aller Sklaveneigentümer, darüber hinaus im persönlichen politischen Interesse des Crassus, der hier in Italien die öffentliche Anerkennung erringen wollte, die andere, Pompeius und L. Licinius Lucullus, in Spanien und Kleinasien gewannen.

Spartacus, sorgfältig bedacht, jeden größeren Zusammenstoß mit den Römern zu vermeiden, zog sich durch Lukanien bis ans Meer zurück, wo er die bergige Gegend um Thurii besetzte und die Stadt selbst einnahm. Die Sklaven müssen sich hier einige Zeit gehalten haben, zumindest einen Teil des Winters über. Sie nutzten die kurze Atempause, um ihre Waffenvorräte zu ergänzen. Außerdem wurde Verpflegung herangeschafft. Während eines der dazu notwendigen Streifzüge in die nähere Umgebung scheint es zu einem größeren Gefecht mit den Römern gekommen zu sein. Die Sklaven blieben siegreich und kehrten mit reicher Beute in ihr Lager zurück.

Es ist durchaus möglich, daß die Sklaven an der Küste bei Thurii auf die kilikischen Seeräuber trafen, mit denen Spartacus dann Verhandlungen aufnahm. Wie Plutarch erzählt, habe Spartacus sich mit dem Gedanken getragen, auf Sizilien Fuß zu fassen, „zweitausend Mann nach der Insel überzusetzen, um den Sklavenkrieg dort wieder zu entfachen, der erst vor nicht langer Zeit erloschen war und nur eines geringen neuen Zündstoffes bedurfte".[108] Es ist in diesem Zusammenhang die Frage aufzuwerfen, ob Spartacus mit allen Aufständischen nach Sizilien hinüberwollte oder ob er nur beabsichtigte, eine größere Abteilung dorthin zu senden, die imstande gewesen wäre, die sizilischen Sklaven zum Aufruhr gegen ihre Herren und Rom zu bewegen?

Einige Historiker gehen soweit, anzunehmen, obwohl ein Beweis dafür nicht zu bringen ist, daß die unter dem Eindruck der Erfolge des Spartacus wieder in Bewegung geratenen Sklaven Siziliens Verbindung zu den Aufständischen in Italien aufgenommen und Boten zu ihnen gesandt hätten mit der Bitte um Unterstützung. Cicero antwortete bereits zu seiner Zeit auf diese sehr moderne Vermutung, daß „es hin so weit sei wie her, und solange auf Sizilien gekämpft wurde (während des 1. und 2. Sizilischen Sklavenkrieges – Verf.), blieb das Festland ebenfalls völlig unberührt".[109] Dieser Ansicht ist aber entgegenzuhalten, daß Sizilien, die Provinz Sizilien, eben nicht Italien war, das Kernland des Römischen Reiches, und ein Sklavenkrieg dort und in den Ausmaßen des Spartacuskrieges eine ganz andere qualitative Bedeutung hatte und damit auch eine viel stärkere Ausstrahlungskraft besaß als die Kriege der Sklaven auf Sizilien.

Wie sah es auf der Insel in den Jahren der gewaltigen Sklavenerhebung unter Spartacus aus? Am besten, wenngleich sehr voreingenommen, gibt darüber Cicero in seinen Reden gegen den schon erwähnten Verres Auskunft, den römischen Proprätor auf Sizilien in den Jahren 73 bis 71 v. u. Z. Cicero bereiste 70 v. u. Z. in Vorbereitung seiner Anklage gegen Verres die Insel und konnte sich an Ort und Stelle eine genaue Vorstellung von den Zuständen machen, die in der Amtsperiode des Verres auf Sizilien geherrscht hatten. Nur gilt es immer zu berücksichtigen, daß er, tritt er doch als Ankläger auf, ein möglichst schwarzes Bild des Bösewichtes Verres und seiner Schandtaten zeichnen will. Zur allgemeinen Situation auf der Insel erklärt Cicero, „daß durch Verres die Bauern vertrieben, die steuerpflichtigen Äcker ausgesogen und brachgelegt, die Provinz wie mit Feuer und Schwert verwüstet wurde". Insgesamt schildert er eine Lage, die Gründe genug für politische Mißstimmungen und soziale Unruhen bot.

Hinsichtlich möglicher Sklavenunruhen auf Sizilien gelangt Cicero in der Polemik mit Verres, immer bemüht, dessen tatsächliche oder nur angenommenen Einwände zu entkräften, zu den folgenden bemerkenswerten Schlußfolgerungen: „Zunächst willst du Sizilien im Sklavenkrieg durch deine Führung gerettet haben. Das wäre ein schönes Werk und ein starkes Motiv für die Verteidigung. Aber welchen Krieg meinst du denn? Wir wissen alle, daß seit dem entscheidenden Siege des Manius Aquilius in Sizilien kein Sklavenkrieg mehr ausgebrochen ist. – Aber in Italien. – Allerdings, und zwar ein sehr großer und heftiger. Also bei dieser Gelegenheit willst du Ehre eingelegt haben? Pompeius und Crassus sollen wohl den Siegerruhm mit dir teilen? Das fehlte gerade noch, daß deine Unverschämtheit sich soweit verstiege, aber ich glaube, das ist selbst für dich zuviel. Ach ja, du willst den aufständischen Truppen den Rückzug aus Italien nach Sizilien abgeschnitten haben. So? Wann denn, und wo, und von wo aus? Welchen Versuch machten sie denn, zur See vorzudringen? Wir haben nie etwas davon gehört, dagegen wissen wir, daß der tapfere Marcus Crassus durch kluge und energische Maßregeln die Insurgenten verhinderte, in der Meerenge von Messana eine Schiffsbrücke zu schlagen und sich so auf die Insel zurückzuziehen; die Vereitelung des Planes wäre gar nicht so dringend notwendig gewesen, wenn in Sizilien irgendwelche Streitkräfte zu ihrem Empfang bereitgestanden hätten."[110]

Die Tendenz ist klar. Cicero, der Verres aller nur erdenkbaren Laster, der Habgier, Feigheit, Niedertracht, Rachsucht, Bestechlichkeit und Unzucht, des Mordes an römischen Bürgern und der politischen Unfähigkeit bezichtigte, konnte diesem von Grund auf negativen Typ eines Menschen und römischen Staatsbeamten nicht einmal die Möglichkeit einer positiven Tat einräumen. Es durfte einfach nicht sein, daß Verres die Leistung vollbracht hätte, Spartacus und dessen Leute von Sizilien fernzuhalten. Dabei ist der Gedanke gar nicht so abwegig, daß Verres, ohne in der Wahl der Mittel Skrupel zu kennen, wirklich Gegenmaßnahmen ergriff, um das Übergreifen der italischen Sklavenbewegung auf die Insel zu unterbinden. Ihn trieben zu solcher Handlung vornehmlich private, weniger staatliche Interessen, denn nichts hätte seine ungesetzlichen Manipulationen, seinen Luxus, und die Anhäufung ungeheuren Reichtums in seinen Händen so stark gefährden können wie ein Sklavenkrieg auf der ihm anvertrauten Insel.

Cicero verschweigt in seiner Anklagerede, daß es zu Kontakten zwischen Spartacus und den kilikischen Seeräubern gekommen war, worüber Plutarch berichtet, aber er prangert schonungslos den verbrecherischen Umgang an, den Verres mit einigen, offenbar einflußreichen Piratenkapitänen pflegte. „Du hast dich erfrecht", wirft ihm Cicero vor, „Seeräuber in deinem Hause aufzunehmen, einen Seeräuberhäuptling aus deinem Hause zur Gerichtsverhandlung mitzunehmen."[111] Warum sollte Verres seinerseits nicht auf die Hilfe von Piraten zurückgegriffen haben, indem er sie bestach oder sie sich anderweitig verpflichtete, um das von Spartacus ins Auge gefaßte Übersetzmanöver der Sklaven von Beginn an zu vereiteln.

Die Sklaven brauchten für ihre Überfahrt nach der Insel Schiffe mit seetüchtiger Mannschaft, und sie zu beschaffen war schwer, fast unmöglich. In Frage kamen nur die außerhalb jeden Gesetzes stehenden, sich mit Rom im ständigen Kriegszustand befindenden Piraten, die aber deshalb nicht gleich die natürlichen Verbündeten der aufständischen Sklaven werden mußten. Sie verdienten selbst sehr gut an der menschlichen Ware und waren stets, egal wo und wie, auf Raub und Bereicherung aus. Ein Gefühl der sozialen Solidarität mit den Sklaven besaßen sie wohl kaum. Die kilikischen Seeräuber hatten mit Spartacus einen Vertrag abgeschlossen und Geschenke erhalten, was sie jedoch nicht hinderte, ihn zu betrügen und einfach davonzufahren. Nicht auszuschließen ist, daß hier Verres seine Hände im Spiel hatte, der, um das für ihn größere soziale Übel zu bannen, mit den Piraten zu geheimen Abmachungen gekommen war.

Sah es aber auf Sizilien tatsächlich so ruhig aus, wie Cicero behauptet? Nun, an anderer Stelle, wo es die Anklage gegen Verres erfordert, bringt er Dinge zur Sprache, die das ganze Gegenteil beweisen. „Zunächst muß man annehmen", wiederholt Cicero, „daß in Verres Amtsperiode keinerlei geheime Verschwörungen oder sonstige Sklavenbewegungen in Sizilien vorkamen; tatsächlich hat unser Senat nie etwas der Art erfahren, hat Verres in seinen amtlichen Berichten nie so etwas erwähnt, und doch", schränkt Cicero jetzt ein, „scheint mir, muß sich das Sklavenvolk stellenweise auf Sizilien geregt haben. Ich entnehme das weniger aus der Sache unmittelbar als aus der Handlungsweise des Verres. Da könnt ihr sehen, wie unparteiisch ich vorgehe: ich selber will das herausbekommen und darlegen, was er euch zu beweisen sich bis jetzt vergeblich bemüht".[112]

Bäckerei mit Mühle in Pompeji

Gladiatorenkaserne in Pompeji

Münzen der aufständischen Sklaven auf Sizilien

Gaius Cäsar. Einziges zeit-
genössisches Original (Schloß
Aglié bei Turin)

Pompeius. Marmorbüste
(Kopenhagen, Ny Carlsberg
Glyptothek)

Marcus Tullius Cicero.
Marmorbüste (Rom,
Capitolinisches Museum)

Römischer Legionär. Nachbildung

Cicero zählt dann einige Beispiele auf. In Triokala, dem Ort, der bereits durch Salvius-Tryphon und Athenion Berühmtheit erlangt hatte, verschworen sich die Sklaven eines gewissen Leonidas. Die Sache wurde aufgedeckt und dem Verres gemeldet, der die Sklaven ergreifen, verhören und zum Tode verurteilen ließ. Schon zur öffentlichen Hinrichtung geführt, bereits an den Pfahl gebunden, „wurden sie plötzlich", wie Cicero voller Empörung mitteilt, „in Gegenwart vieler Tausender von Zuschauern losgebunden und ihrem Herrn nach Triokala zurückgeschickt". Cicero zweifelt nicht, daß Leonidas eine entsprechend hohe Summe an Verres gezahlt hat, um sein Eigentum, die dringend benötigten Arbeitskräfte, wieder frei zu bekommen. Ähnliches trug sich noch in zwei anderen sizilischen Städten, in Apollonia und Imachara, zu. Es herrschte also kein durchgängiger sozialer Frieden auf Sizilien, sondern eine eher angespannte Situation, die der raffgierige Verres auf seine Weise zu nutzen wußte, und die es ihm auch erlaubte, zielgerichtet Verdächtigungen auszusprechen und gar einen römischen Bürger unter dem Vorwande, er sei von den Anführern der aufständischen Sklaven als Spion nach Sizilien geschickt worden, kreuzigen zu lassen.[113] Ob zwischen den sizilischen Sklavenverschwörungen in den Jahren 73 bis 71 v. u. Z. und den Ereignissen in Italien ein mehr oder weniger direkter Zusammenhang bestand, muß dahingestellt bleiben. Möglicherweise waren die Vorgänge auf der Insel völlig unabhängige Erscheinungen des Klassenkampfes der Sklaven, vielleicht spielte aber der beflügelnde Einfluß des italischen Sklavenkrieges eine Rolle. Cicero jedenfalls, rückblickend, verneinte nicht die reale Gefahr eines Sklavenkrieges für Sizilien.[114]

Das Vorhaben des Spartacus, einen Teil seiner Leute nach Sizilien zu schicken, um die dortigen Sklaven zum Aufstand anzustacheln und sich auf der Insel ein Rückzugsgebiet zu schaffen, scheiterte am Wortbruch der Seeräuber und der Wachsamkeit des Verres. Daraufhin zog er sich, wie aus Plutarch hervorgeht, von der Küste zurück „und setzte sich mit seinen Leuten auf der Halbinsel Rhegium fest", denn der Druck des nachdrängenden Crassus war, sowie Spartacus in die sich verengende Südspitze Italiens auswich, immer größer geworden.

Von dem Moment an, da das Sklavenheer in die Tiefe der bruttischen Halbinsel marschierte, „operierte Crassus vor allem mit dem Sicherheits- und Zeitfaktor" (Diesner). Aus seiner Sicht begab sich Spartacus in eine Falle, die er nur noch zu schließen brauchte. Der römische Feldherr verzichtete aus diesem Grunde auf weitere aktive Kampfhandlungen und begann in Erkenntnis der Möglichkeiten, die ihm die Natur, d. h. die topographische Beschaffenheit der Gegend bot, die Landenge durch Schanzwerke abzuriegeln. Crassus beschäftigte damit einerseits seine Soldaten, andererseits schloß er die Sklaven auf einem eng begrenzten Territorium ein, unterband die Zufuhr von Lebensmitteln und kontrollierte die einzig festländische Verbindung mit dem übrigen Italien.

Die Arbeit, die Crassus befohlen hatte, war schwer, aber, schreibt Plutarch, „er schaffte und vollendete sie wider Erwarten in kurzer Zeit, und zwar ließ er von Meer zu Meer über die Landenge einen Graben von dreihundert Stadien Länge auswerfen (ein griechisch-römisches Stadion – 176,6 m), ebenso breit wie tief, nämlich fünfzehn Fuß (ein Fuß – 29,6 cm)".[115] Hinzu kam ein mit Palisaden bewehrter Erdwall. Graben und Wall könnten auf der Höhe von Thurii gelegen haben. Das entspräche der Längenangabe des Plutarch, die umgerechnet etwa 53 km beträgt. Wahrscheinlicher ist aber, daß Crassus die bruttische Halbinsel dort absperrte, wo sie mit ungefähr 30 km am schmalsten war, bei Scylacium (ein wenig südlicher vom heutigen Catanzaro am Golf von Squillace). Was tat Spartacus gegen die Gefahr, in der Südspitze Italiens isoliert und ausgehungert zu werden? Appian berichtet, daß sich Spartacus, nachdem zwei Durchbruchversuche, beide am Morgen und Abend einunddesselben Tages, gescheitert waren und er dabei 12 000 Mann an Toten verloren hatte, nicht mehr auf ein großes Treffen mit den Römern einließ. Dafür begann er, solange er auf irgendwelche Reiter wartete, die gegnerischen Schanzarbeiten durch häufige und kleinere Einzeloperationen zu stören. Die Sklaven fielen zumeist unverhofft über die Römer her, warfen Reisigbündel in den Graben, die sie in Brand steckten, und erschwerten auf vielfältige Weise die Fertigstellung der Befestigungslinie. Plutarch dagegen behauptet, daß Spartacus sich am Anfang recht wenig um den Bau der Sperre sorgte und die Maßnahmen des Crassus im Grunde genommen unbeachtet ließ.

Wie dem auch sei, feststeht, daß Spartacus vorerst seine Hauptanstrengung nicht auf den nördlich von ihm entstehenden Graben und Wall richtete, sondern bemüht war, aus eigener Kraft und mit provisorischen Mitteln den Übergang nach Sizilien zu erzwingen. Diesmal sollte, wie anzunehmen ist, das ganze Sklavenheer nach Sizilien gebracht werden. Auf Flößen, die aus Balken, Holzbündeln und Fässern unter Verwendung von Rutengesträuch und Riemen aus rohem Leder behelfsmäßig zusammengefügt worden waren, versuchten die Sklaven, die Meerenge von Messina an ihrer schmalsten Stelle zu überwinden

(11 km), was ihnen aber, da die Meeresströmung hier sehr stark war, nicht gelang. Außerdem wurde die jenseitige Küste bewacht. Nur eine massierte, gleichzeitige Landung der Sklaven hätte Aussicht auf Erfolg haben können, doch dazu fehlten die materiell-technischen Voraussetzungen.

Jetzt, nachdem sich Spartacus davon hatte überzeugen müssen, daß an ein Hinüberwechseln nach Sizilien nicht mehr gedacht werden konnte und für ein weiteres Zurückweichen vor den Römern jeglicher Raum fehlte, waren der Einschluß, die Blockierung des Sklavenheeres im südlichsten Teil der bruttischen Halbinsel, zur unverrückbaren Tatsache geworden.

In Rom herrschte Unzufriedenheit über den Verlauf der Kriegshandlungen. Die Nachricht, Crassus habe die Sklaven eingeschlossen und belagere sie, wurde mit gemischten Gefühlen aufgenommen, denn es stand zu befürchten, daß dadurch der Krieg gegen die aufständischen Sklaven nicht verkürzt, sondern eher verlängert würde. Auch Crassus scheint sich unschlüssig über sein weiteres Vorgehen gewesen zu sein. Möglicherweise fühlte er sich allein zu schwach, um die Sklaven in Bruttium festzuhalten oder im Kampf entscheidend zu schlagen. Vielleicht gab es da sogar ein wenig Angst vor der ungeteilten Verantwortung im Falle einer neuen Niederlage der Römer.

Bei Plutarch ist die Rede von einem Brief, den Crassus an den Senat schrieb mit der Bitte, „es sei nötig, Lucullus aus Thrakien und Pompeius aus Spanien herbeizurufen". Beides, der Brief und die etwas problematisch scheinende Blockierung des Spartacus, veranlaßte offenbar den römischen Senat, wie Appian mitteilt, Pompeius zum Mitbefehlshaber zu wählen, weil der „Spartacuskrieg noch immer für schwierig und wichtig" (Appian) gehalten wurde. Inzwischen hatte sich die militärische Lage im Süden Italiens erneut gewandelt. Drei Momente spielten dabei eine Rolle: erstens die Ernennung des Pompeius, die sowohl Crassus, der um seine Siegeslorbeer zu bangen begann, als auch Spartacus zur Eile trieb; der Sklavenführer mußte der Vereinigung der beiden römischen Heere zuvorkommen und bot deshalb Crassus Verhandlungen an, die dieser ablehnte; zweitens der Mangel an Nahrungsmitteln, denn die Vorräte der Sklaven waren aufgezehrt, und drittens die Ankunft einer von Spartacus erwarteten Schar von Reitern, wenn auch nicht klar ist, woher diese eigentlich kamen. Sie gaben dem Sklavenheer wieder mehr Stoßkraft und taktische Beweglichkeit.

Zur Schlacht bereiteten sich beide vor: Crassus und Spartacus. Aber

Spartacus war der schnellere. Noch vor dem Kampf hatte er einen gefangenen Römer zwischen den Linien aufhängen lassen, um seinen Leuten eindringlich vor Augen zu führen, was sie erwarten würde, sollten sie die Verlierer sein. In einer kalten Nacht, in der es heftig stürmte und schneite, griffen die Sklaven den römischen Sperr- und Verteidigungsgürtel an, füllten ein nicht großes Stück des Grabens mit Erde, Bäumen, sogar mit den Körpern gefallener Feinde und toter Tiere aus, überwanden die hier stehenden römischen Einheiten und öffneten sich den Weg zurück nach Italien. Plutarch gibt an, daß es Spartacus gelang, lediglich ein Drittel seines Heeres aus der römischen Blockade herauszuführen. Das hatte seinen Grund wohl einmal in der Härte der Durchbruchsschlacht, zum anderen in der Enge der in die römischen Verschanzungen geschlagenen Bresche.

Die Sklaven waren wieder zu einer aktiven, vor allem mobilen Kraft geworden. Zwar bedeuteten die ungeheuren Verluste eine vorläufige Schwächung der Streitmacht des Spartacus, doch es war vorauszusehen, daß sich ihre gelichteten Reihen durch den Zulauf neuer Sklaven über kurz oder lang abermals füllen würden. Das wußte auch Crassus, den jetzt die Sorge quälte, Spartacus könnte den Entschluß fassen, mit seinem Heer auf Rom vorzurücken.

Spartacus hingegen blieb erst einmal in Süditalien, um Kräfte zu sammeln, und wollte dann nach Brundisium ziehen. Außerdem hatte sich, trotz der keinesfalls günstig zu nennenden Situation, das Sklavenheer erneut geteilt. Den einen Heerhaufen befehligte Spartacus, an der Spitze des anderen, der gallo-germanischen Gruppierung, standen Castus und Gannicus. Für Crassus war das eine außerordentlich erfreuliche Entwicklung. Er heftete sich den nordwärts marschierenden Gallo-Germanen an die Fersen und überfiel sie, als sie am Lukanischen See lagerten (dieser Ort ist nicht sicher zu lokalisieren). Die Sklaven wichen zurück, wandten sich zur panikartigen Flucht, da erschien plötzlich Spartacus, brachte die in völliger Auflösung zurückflutenden Scharen zum Stehen und verhinderte so ihren Untergang.

Den zweiten Angriff am Berge Cantenna in Lukanien bereitete Crassus gründlicher vor. Nach Plutarch legte er 6 000 seiner Soldaten in einen Hinterhalt, der aber, trotz aller Vorsichtsmaßnahmen, entdeckt wurde. Zwei in der Nähe der Römer opfernde Frauen hatten beobachtet, was vorging, in den vermummten Gestalten – die Soldaten hielten die Helme verhüllt – Legionäre erkannt und den Sklaven davon Kunde gegeben. Nur das rasche Eingreifen des Crassus verhinderte die Zerschlagung des Hinterhalts durch die Sklaven. Eine der erbittertsten Schlachten des ganzen Krieges entbrannte. 12 300 Sklaven wurden getötet, „und unter ihnen gab es nur zwei mit Wunden im Rücken, die anderen waren alle, auf ihrem Posten ausharrend und gegen die Römer kämpfend, gefallen". Der Bericht Frontins lautet ein wenig anders, zeigt den wohldurchdachten operativ-taktischen Plan des Crassus und enthält mehr Einzelheiten. „Crassus ließ ... in der Nähe des feindlichen Lagers zwei verschanzte Lager aufschlagen. Nachts brach er dann mit seinen Truppen auf, ließ aber im größeren Lager die Zelte des Hauptquartiers stehen, um die Feinde zu täuschen. Er selbst führte sämtliche Truppen heraus und ließ sie am Fuße des Berges in Stellung gehen. Die Reiterei teilte er und befahl Lucius Quinctius, den einen Teil Spartacus entgegenzuwerfen und ihn im Kampf hinzuhalten, mit dem anderen die Gallier und Germanen, die zur Partei des Castus und Gannicus hielten, zum Kampf herauszulocken und durch vorgetäuschte Flucht dorthin zu lenken, wo er selbst sein Heer kampfbereit hielt. Als die Reiter von Barbaren verfolgt wurden, zogen sie sich auf die Flügel zurück, und plötzlich kam die römische Infanterie zum Vorschein und stürmte mit dem Schlachtruf hervor. 35 000 bewaffnete Sklaven und dazu noch die Befehlshaber wurden in diesem Kampf laut Livius getötet, fünf römische Adler und sechsundzwanzig andere Feldzeichen sowie eine große sonstige Beute, darunter fünf *fasces* mit Beilen, wurden wiedergewonnen."[116] Von 30 000 Gefallenen und dem Tod beider Anführer schreibt auch Orosius. Bei Livius ist nur vom Tod des Gannicus die Rede.

Die Schlacht gegen die gallo-germanische Gruppierung unter Castus und Gannicus war zweifellos der Wendepunkt des gesamten Sklavenkrieges. Das Heer des Spartacus hatte Verluste erlitten, von denen es sich nicht mehr erholen konnte. Damit veränderte sich das militärische Kräfteverhältnis deutlich zugunsten der Römer, die den Sklaven nun auch quantitativ überlegen waren. Hinzu kam der moralische Auftrieb, der zu neuen Kampfleistungen anspornte. Die entscheidend geschwächten Aufständischen mußten die strategische Initiative endgültig an den Gegner abtreten und wurden zum Rückzug in die petelinischen Berge im Ostteil Bruttiums gezwungen.

Doch noch einmal formierte Spartacus seine Sklavenscharen zum Gegenstoß und schlug die beiden ihn verfolgenden Unterfeldherren des Crassus, den Quästor Gnaeus Tremellius Scrofa, der verwundet wurde und nur mit Mühe gerettet werden konnte, und Lucius Quinctius. Möglicherweise wandte Spartacus hier das gleiche taktische Prinzip an wie ein Jahr zuvor gegen den Konsul L. Gellius Poplicola und den Prätor Q. Arrius. Sicher, bezwungen worden war nur eine Teilstreitmacht des Crassus, aber Spartacus hatte sich mit diesem, seinem letzten Sieg den Weg nach Brundisium freigekämpft. Er zog an dem verwirrten Crassus vorbei, der sich dem Gegner sofort an die Fersen heftete, durchquerte Lukanien und stand vielleicht schon in Apulien, als er die Nachricht erhielt, daß Pompeius vom Norden her zur Unterstützung des Crassus heranrücke und M. Terentius Lucullus, von Makedonien kommend, in Brundisium gelandet sei. Die Möglichkeit über das Meer nach der Balkanhalbinsel zu flüchten, gab es nicht mehr. Eine grundlegend neue Situation war eingetreten.

Im späten Frühjahr oder zum Sommerbeginn des Jahres 71 v. u. Z. sah sich Spartacus drei kampfstarken römischen Armeen gegenüber, die von erfahrenen und energischen Feldherren geführt wurden. Die eine hatte er im Rücken, die zweite bedrohte ihn von der Flanke her und die dritte, deren Hauptkräfte sich offenbar noch nördlich Roms befanden, würde sich ihm frontal nähern. An ein weiteres Ausweichen war nicht mehr zu denken. Spartacus hatte seine Entscheidungsfreiheit verloren. Jetzt schien auch das eingetreten zu sein, was Plutarch als Folge des Sieges über Lucius Quinctius und Cn. Tremellius Scrofa darstellte und sich unterwegs auf dem Marsche abspielte. Die Truppen des Spartacus meuterten und gehorchten ihren Führern nicht mehr. Sie waren offensichtlich des Herumziehens und der damit verbundenen Strapazen müde. Sie wollten endlich die große Schlacht schlagen und forderten deshalb mit der Waffe in der Hand, „zurück durch Lukanien gegen die Römer zu ziehen".

Zwei Jahre lang waren die Aufständischen kreuz und quer durch Italien marschiert. Sie hatten kämpfen müssen und dabei große Verluste erlitten. Aber der Zulauf ständig neuer Sklaven ließ das Spartacusheer nicht schwächer, sondern nur stärker werden. Diese Entwicklung dürfte unter dem Eindruck der immer offenkundiger werdenden Ausweglosigkeit des Krieges, den die Sklaven führten, und angesichts der enorm gewachsenen militärischen Potenz des Gegners mehr und mehr zum Stillstand gekommen sein. Trotz glänzender Siege über die Römer war nichts Bleibendes erreicht worden, war kein Ausweg zu sehen, um der Bedrohung durch Rom zu entgehen, um der Sklaverei zu entfliehen, die erkämpfte Freiheit dauerhaft und in Frieden zu bewahren. All das zusammen, die gegen Mitte des Jahres 71 v. u. Z. entstandene militärische Lage und der Unwille der Aufständischen, die dauernden Märsche in der gewohnten Weise fortzusetzen, wird Spartacus veranlaßt haben, den Forderungen der Masse seiner Kampfgefährten stattzugeben und zum entscheidenden Kampf gegen die Römer, gegen Rom anzutreten. Die Schlacht, in der es für die Sklaven um Sein oder Nichtsein gehen würde, war nicht mehr zu vermeiden, und sie mußte gegen Crassus geschlagen werden, der sie ebenfalls sehnlichst herbeiwünschte, denn Pompeius war im Anzuge, und, wie Plutarch schreibt, „es gab bereits nicht wenige, die darauf wetteten, ihm komme der Sieg auch in diesem Kriege zu, denn sowie er da sei, werde er sofort kämpfen und dem Krieg ein Ende machen".[117] Crassus wollte Pompeius unbedingt zuvorkommen.

Der Ort, an dem die Entscheidungsschlacht stattfand, zu der beide Seiten strebten, läßt sich nicht mehr genau bestimmen. Nach Eutropius lag er in Apulien, aber laut Orosius trafen beide Heere in Lukanien in der Nähe der Silarus-Quellen aufeinander. Hier hatten die Sklaven in fast gleicher Entfernung zur Via Appia und Via Popillia Halt gemacht. Es ist nicht auszuschließen, daß es sich dabei um eine Rast während ihres Marsches auf Rom handelte, zu dem sich Spartacus als letzten Ausweg entschlossen hatte. Crassus, der den Sklaven unablässig gefolgt war, schlug, den Feinden sehr nahe, sein Lager auf und ließ es mit Wall und Graben befestigen. „Dagegen liefen die Sklaven an", berichtet Plutarch, „und belästigten die Arbeitenden. Da nun ständig mehr Leute von beiden Seiten zu Hilfe eilten, erkannte Spartacus die Notwendigkeit und stellte das ganze Heer in Schlachtordnung auf. Sein erstes war, als ihm sein Pferd vorgeführt wurde, daß er sein Schwert zog und mit den Worten, siege er, so werde er viele gute Pferde haben, die der Feinde nämlich, unterliege er aber, brauche er keins mehr, das Pferd niederstach. Hierauf drängte er durch viele Waffen und Wunden gegen Crassus selber los, erreichte ihn zwar nicht, tötete aber zwei Centurionen, die ihm entgegentraten, und als schließlich alle um ihn flohen, stand er allein und wurde von vielen Feinden umringt und, sich immer noch wehrend, niedergehauen".[118] Appian erzählt von einer großen und erbitterten Schlacht, „wie es angesichts so vieler Tausender von Verzweifelten nicht anders zu erwarten war. Als Spartacus durch einen Wurfspieß an der Hüfte verwundet wurde, ließ er sich auf die Knie nieder, hielt sich den Schild vor und wehrte sich so lange gegen seine Angreifer, bis er selbst und ein großer Haufe, der ihn rings umstellt hatte, gefallen war".[119] Die Darstellung, die Appian vom letzten Kampf und dem Tod des Spartacus gibt, kommt vermutlich den Tatsachen weit näher als die Geschichte Plutarchs, der die spannungsreiche Dramatik eines möglichen Zweikampfes mit Crassus suggeriert.

Für eine solche Auffassung scheint ein Wandgemälde aus Pompeji zu sprechen, dessen leider schlecht erhaltene Reste italienische Ausgräber im Jahre 1927 auf einer Hauswand der antiken Stadt entdeckten. Die in einfachen kastanienbraunen Tönen auf hellem Untergrund ausgeführten Bildfragmente lassen sich verschieden deuten, als Episoden eines der üblichen Gladiatorenkämpfe oder Episoden aus einer Fechterschule, können aber auch auf die Persönlichkeit des Spartacus bezogen werden. Der sowjetische Althistoriker A. V. Mišulin, der zwei Kampfszenen unterscheidet, gibt die folgende Interpretation: „Beginnen wir mit der rechten Seite, d. h. der ersten Szene. Ganz rechts außen ist die schwach erhaltene Figur eines Trompeters zu sehen, der ein Signal gibt ... Von besonderem Interesse in dieser Szene sind zwei miteinander kämpfende Reiter. Über dem Kopf des einen, des rechten, steht SPARTAKS geschrieben, über dem Kopf des anderen Reiters, der den ersten verfolgt, befindet sich die nur zum Teil erhaltene Inschrift ...: PHELI ... ANS". Die Ausgräber schließen daraus auf Pheliks Pompeians, d. h. Felix („der Glückliche") aus Pompeji. „Anscheinend stellt die Szene den Kampf des Spartacus mit einem gewissen Felix aus Pompeji dar, vielleicht einem Centurio der römischen Armee. Einige Überlegungen bekräftigen das. Vor allem ist es völlig unwahrscheinlich, daß man den Namen des ruhmvollen Spartacus irgendeinem anderen zuschreiben konnte. Außerdem kam der thrakische Name Spartacus wohl kaum sonst noch in Italien vor. Es fällt auch auf, daß Spartacus nur mit seinem Namen genannt wird, während unterstrichen wird, daß sein Gegner ein gebürtiger Pompejaner war oder irgendeinem pompejischen Geschlecht entstammte. Hieraus läßt sich der folgende Schluß ziehen: gezeigt sind der berühmte Sklavenführer Spartacus und ein gewisser Felix aus Pompeji als Sieger über Spartacus. Diese Szene betont den Charakter des Wandbildes als Ganzes: es soll den Untergang des Spartacus darstellen. Man wird schwerlich ein anderes Ziel verfolgt haben, als man auf dem Gemälde einen freien römischen Bürger neben einem thrakischen Sklaven darstellte. Das geht aus dem Bilde auch ziemlich eindeutig hervor. Felix aus Pompeji verwundet Spartacus durch einen Lanzenstich am Schenkel. Dieses Bildmoment stimmt völlig mit der Stelle bei Appian überein, wo davon die Rede ist, daß Spartacus an der Hüfte verwundet wurde. Der Führer der Sklaven kämpft anscheinend weiter und wehrt, wie aus dem Bilde ersichtlich ist, mit dem Schild einen Angriff von hinten ab.

Die zweite Szene auf der linken Seite des Bildes gibt unserer Ansicht nach die zweite Phase des Kampfes wieder. Leider ist die Inschrift auf diesem Teil des Bildes nicht erhalten geblieben und auch nicht zu rekonstruieren. Im Hintergrund der Szene sieht man einen Krieger. Dieser Teil des Gemäldes ist sehr schlecht erhalten. Dennoch sind zwei Dinge ganz klar zu erkennen: erstens trägt der Krieger im Hintergrund des Bildes keinen Helm, offenbar weil er ihm im Handgemenge heruntergeschlagen wurde und verlorenging. Folglich gehört dieser Krieger der besiegten Partei an. Zweitens zwingt die sehr unnatürliche Haltung des Kriegers zu der Annahme, daß er an der Hüfte oder am Bein verwundet ist und in einer sehr schwierigen Lage gegen den Feind kämpfen muß. Dieses Detail legt von Anfang an den Gedanken nahe, daß diese zweite Szene Spartacus kurz vor seinem Tode darstellt. Im Vordergrund der Szene hebt sich die mächtige Gestalt eines helmbedeckten römischen Legionärs ab, der auf ihn eindringt. Wahrscheinlich ist Spartacus von einem Schwertstreich des Legionärs getroffen worden; kniend wehrt er seine Feinde weiterhin ab."[120]

Das aus der Mitte des 1. Jh. v. u. Z. stammende pompejanische Wandgemälde gibt möglicherweise die Version vom letzten Kampf des Spartacus wieder, die dann auch von Appian übernommen wurde und vielleicht bei Plutarch in der Anekdote vom Pferdeopfer anklingt. Spartacus kämpfte anfangs zu Pferde, wurde durch einen Lanzenwurf an der Hüfte oder dem Oberschenkel verletzt, konnte dadurch sein Pferd nicht mehr lenken, saß ab, tötete es, selber ein Zeichen der Todesverachtug gebend, kämpfte erbittert weiter, kniend und von seinen Gefährten umgeben, bis er zusammen mit den meisten von ihnen fiel.

Plutarch macht im Zusammenhang mit der Entscheidungsschlacht zwischen den Römern und den aufständischen Sklaven keine Zahlenangaben. Appian sagt nur, daß eine kaum zu zählende Menge von Sklaven ums Leben kam, während die Römer nur 1 000 Mann verloren, eine sicherlich stark herabgesetzte Zahl. Orosius spricht von 60 000 gefallenen und 6 000 gefangenen Sklaven. Er erwähnt auch 3 000 Römer, die aus der Gefangenschaft befreit wurden. Sie sind der Beweis dafür, daß die Sklaven ihre Gefangenen in der Regel nicht einfach umbrachten. 60 000 gefallene Sklaven werden auch in den Epitomae des Livius genannt.

Aber eine große Zahl von Sklaven war den Römern entkommen und in die nahen Berge geflüchtet, wo sie sich, wie Appian mitteilt, in vier Haufen auflösten und den Römern weiteren Widerstand leisteten. Schließlich sollen alle umgekommen sein, bis auf 6 000, die dem

Crassus in die Hände fielen und entlang der Straße von Rom nach Capua, einem Teilstück der Via Appia, gekreuzigt wurden. „Die Sklaven starben eines Todes", schreibt Florus zum Abschluß seines kurzen Abrisses des Spartacuskrieges, „der Soldaten würdig war. Sie kämpften auf Leben und Tod, wie es sich unter der Führung eines Gladiators auch gehörte. Spartacus selbst focht mit dem größten Heldenmute in der vordersten Reihe und fiel wie ein Feldherr *(quasi imperator)*."[121] Seine Leiche wurde nie gefunden.

3.4.4. Die Fortsetzung des Kampfes

Die entscheidende Schlacht zwischen Crassus und Spartacus brachte zwar das Ende des Sklavenkrieges, aber nicht das sofortige Ende der Sklavenbewegung. Wohl war das Sklavenheer zerschlagen worden und sein gefürchteter Anführer tot, doch nicht alle der Aufständischen waren gefallen oder in Gefangenschaft geraten. Nicht wenige von ihnen durchstreiften, in Banden organisiert, als kleinere Scharen oder mehrere Tausend Mann umfassende Abteilungen das Land und beunruhigten die Römer. Sicher, der Höhepunkt der Sklavenbewegung war überschritten. Sie hatte sich in einem großartigen Sklavenkrieg erschöpft und war nach drei Jahren schließlich unter Kontrolle gebracht worden. Obwohl hie und da noch Widerstand aufflackerte, Städte attackiert und geplündert wurden, war die Kraft der Sklaven endgültig gebrochen.

Daß sich ein neuer Spartacus hätte finden, eine der Splittergruppen zum Kern einer zweiten Sklavenarmee hätte werden können, war unter den gegebenen Bedingungen undenkbar und objektiv unmöglich. Der römische Staat befand sich wieder auf der Höhe seiner Aufgaben. Genügend militärische Kräfte standen zur Verfügung, um größere Zusammenballungen aufständischer Sklaven sofort zu unterbinden und ohne Zögern zu zerschlagen. Außerdem kam hinzu, daß die Sklaven durch den Ausgang des Krieges, der sie um der Freiheit willen so unerhörte Anstrengungen gekostet hatte, natürlich demoralisiert waren. Die Alternativlosigkeit ihres Klassenkampfes, die zeitweilig überspielt worden war durch die Hoffnung, Italien verlassen zu können, dominierte wieder. Dreimal hatten die Sklaven Anlauf genommen, um aus der römischen Machtsphäre herauszugelangen: im Norden über die Alpen, im Südwesten nach Sizilien und im Südosten nach der Balkanhalbinsel.

Sie scheiterten an den gesellschaftlichen Verhältnissen und der Natur, den Alpen und dem Meer, die zu bezwingen ihnen nicht vergönnt war. Ihre innere Geschlossenheit, die sie drei Jahre lang zu bewahren verstanden hatten, war zerfallen. Was sich nach Crassus' Sieg über Spartacus in Italien an aussichtslosen, verzweifelten Sklavenkämpfen ereignete, waren Vorgänge lokaler Bedeutung, die niemals mehr den römischen Staat als Ganzes herausforderten. Es war nur eine Frage der Zeit, bis auch der letzte Trupp versprengter Aufständischer niedergerungen sein würde, und dennoch mußten die Römer nicht wenig Mühe aufwenden, um Italien wieder sicher zu machen, denn um die Reste der Spartacusleute, die auch weiterhin Zulauf flüchtiger Sklaven hatten, bildeten sich neue Unruheherde. So verwundert nicht, daß sich einzelne Gruppen von Aufständischen noch über zehn Jahre auf der Apenninenhalbinsel hielten.

Vier Haufen von ins Gebirge geflohenen Sklaven wurden von Crassus nacheinander gestellt und vernichtet. Wer überlebte und in Gefangenschaft geriet, erlitt den Kreuzestod. Weitere 5 000 aus der letzten Schlacht entronnene Sklaven liefen dem heranrückenden Pompeius geradewegs in die Arme und wurden von ihm bis auf den letzten Mann getötet. Er beeilte sich daraufhin, dem Senat mitzuteilen, daß Crassus zwar „die Gladiatoren in offener Feldschlacht geschlagen habe, er aber habe den Krieg vollständig mit der Wurzel ausgerottet".[122] Anderen Sklavengruppen gelang es, beiden Verfolgern, Crassus und Pompeius, zu entkommen. Sie konnten erst nach längerer Zeit und mit Hilfe häufiger Hinterhalte bezwungen werden, was, wie Orosius berichtet, den Einsatz „vieler Militärbefehlshaber" und ihrer Truppen notwendig machte.

Die Anhänger des Spartacus flohen nach allen Richtungen, schlugen sich nordwärts durch oder blieben im Süden. Eine der versprengten Sklavenscharen eroberte die Stadt Temesa in Bruttium (Torre del Casale) und plünderten sie. Verres, der sich gerade auf der Rückreise von Sizilien nach Rom befand, kam dort vorbei, unternahm aber nichts gegen die Sklaven. Cicero tadelt ihn deshalb und wirft ihm in diesem Zusammenhang Mangel an Tatkraft und gutem Willen vor. Kurz zuvor schon hatte Verres die Bitte der bedeutenden bruttischen Stadt Vibo (Valentia) abgelehnt, sich als römischer Prätor an die Spitze eines bewaffneten Aufgebotes zu stellen, um eine in der Nähe operierende Sklavenabteilung, offenbar die gleiche, die dann Temesa angriff, zu zerschlagen.

Cicero beklagt sich ebenfalls über die durch Sklaven und Piraten hervorgerufene Unsicherheit in Süditalien. Um rechtzeitig zu Beginn des Prozesses gegen Verres in Rom zu sein, mußte er von Vibo nach Velia (in Lukanien) ein Schiff nehmen (im August des Jahres 70 v. u. Z.) und nach den eigenen, an Verres gerichteten Worten „mitten durch die Nachstellungen der flüchtigen Sklaven, Seeräuber und deiner Handlanger segeln".[123] Es war Gaius Octavianus, der Vater des Octavianus Augustus, der nach vielen Jahren schließlich wieder Ordnung in Süditalien schaffte. Für das Jahr 59 v. u. Z. erhielt er die Provinz Makedonien zur Verwaltung übertragen. „Bei seinem Abgange dorthin", teilt der römische Schriftsteller Sueton (von etwa 70 – um 140 u. Z.) in der Biographie des Augustus mit, „vernichtete er unterwegs, da er vom Senate damit in außerordentlicher Mission beauftragt worden war, die letzten Reste der Scharen des Spartacus und des Catilina, welche das Thurinische Gebiet besetzt hielten".[124]

Rom hatte seinen Sieg über die Sklaven, über Spartacus aber längst schon gefeiert und für Crassus, den Sieger, dessen Erfolg Pompeius geschickt zu schmälern gewußt hatte, eine „ovatio", einen kleinen Triumph veranstaltet. Bemerkenswert dabei war, wie sich auch in dieser öffentlichen Ehrung das zwiespältige Verhältnis der Römer zum Spartacuskrieg ausdrückte. Auf einem Triumphzug, wie ihn zum Beispiel Pompeius am 29. Dezember 71 v. u. Z. genehmigt erhielt, mußte Crassus verzichten, denn er hatte keinen eigentlichen und für die Römer würdigen Feind niedergerungen, sondern einen zweitrangigen, verachtenswerten Gegner, die Sklaven geschlagen und sozusagen im eigenen Hause gekämpft. Ihm blieb lediglich der Einzug in die Stadt hoch zu Roß, aber nicht geschmückt mit dem in solchem Falle sonst üblichen Myrthenkranz. Auf Senatsbeschluß war ihm der Lorbeerkranz zugebilligt worden. Hinter diesen Regelungen verbarg sich ein wohldurchdachter Kompromiß, der noch einmal deutlich macht, wie schwer es den Römern fiel, die objektive Realität des Klassenkampfes und das klassengebundene Vorurteil, das den Sklaven für ein minderwertiges Geschöpf hielt, gegeneinander abzuwägen. Der Sklavenkrieg war geschehen und ließ sich als Fakt nicht leugnen, aber er sollte nicht auch noch formell-offiziell Anerkennung finden, und so wurde Crassus, dem Sieger über Spartacus, die festliche Ehrung durch einen Triumph verweigert.

3.5. Ziel und Programm

Spartacus und seine Anhänger vermochten weder die antiken Produktionsverhältnisse zu überwinden oder ein fest umrissenes, allgemeines revolutionäres Programm ihres Kampfes zu entwickeln noch hatten sie die Absicht, die römische Gesellschaft revolutionär zu verändern und systematisch neu zu ordnen. Von Spartacus war auch kein Aufstands- oder Kriegsplan für die römisch-italischen Sklaven zu erwarten, dessen schrittweise Verwirklichung mit dem Ausbruch aus der capuanischen Gladiatorenkaserne eingesetzt hätte. Einen solchen Plan, eine programmatische Plattform und die Absicht revolutionärer Umgestaltungen konnte es nicht geben, weil die objektiven Voraussetzungen fehlten.

Die Gladiatoren und alle Sklaven um Spartacus hatten nur das eine Ziel: die Erringung und die Behauptung ihrer Freiheit. Aber die durch Gewalt wiedererworbene Freiheit ließ sich nicht in Italien behaupten, nicht in einer Gesellschaft, deren entscheidendstes Ausbeutungsverhältnis und Charaktermerkmal die Sklaverei war, nicht in einer Gesellschaft, die in der Blüte ihrer Entwicklung stand, uneingeschränkt ihre ökonomischen Existenzbedingungen reproduzierte und im Inneren stark genug war, um schließlich jeglichen offenen Widerstand der Sklaven zu brechen. Die meisten der Aufständischen, vor allem jedoch ihre Anführer dürften das mehr oder weniger klar erkannt haben, und so tat Spartacus das für seine Zeit einzig Vernünftige, entschloß er sich für das einzig Machbare, als er für den Marsch der Aufständischen, eigentlich ihre Massenflucht aus Italien hinaus eintrat. „Nicht der Kampf gegen das mächtige römische Imperium konnte den Sklaven die Freiheit sichern", schreibt der tschechische Althistoriker P. Oliva, „sondern der Abzug der aufständischen Heere in die Randgebiete des Reiches, an die Peripherie der römischen Gewalt, nach Thrakien oder Gallien, wo sie sich unter günstigen geographischen Bedingungen, unterstützt von der lokalen Bevölkerung, gegen die römischen Legionen halten konnten."[125]

Das Leben eher für die Freiheit zu wagen als für ein Schauspiel in der Arena war nach Appian wichtigstes Motiv für den Ausbruch der Gladiatoren. Appian läßt auch keinen Zweifel, wo die Anhänger des Spartacus ihre Freiheit zu finden hofften: im Land der Kelten. Deshalb überschritten sie die Apenninen und zogen in Richtung der Alpen. Bei Plutarch heißt es ebenso eindeutig, daß Spartacus, obwohl er gegen Ende des Jahres 73 v. u. Z. bereits ein mächtig gewordenes

Sklavenheer kommandierte, nüchtern in der Einschätzung der entstandenen Lage blieb und, „da er nicht erwartete, die römische Macht wirklich besiegen zu können, so führte er das Heer den Alpen zu in dem Gedanken, man solle sie überschreiten und dann in die Heimat ziehen, die einen nach Thrakien, die anderen nach Gallien". In der Poebene mußte Spartacus umkehren. Selbst jetzt, in einem für die Sklaven überaus günstigen Moment, denn Rom durchlebte gerade einen Zustand stärkster innerer Schwächung, hielt Spartacus, trotz einer kurzen Schwankung, an dem einmal eingeschlagenen Weg fest, und dieser Weg führte nicht nach Rom, sondern in den Süden. Er gipfelte erneut in dem nun zweiten und dritten Versuch, Italien zu verlassen: hinüber nach Sizilien zu gelangen und von Brundisium aus die Balkanhalbinsel zu erreichen. Spartacus ließ das Endziel, dem er und seine Kampfgefährten entgegenstrebten, nicht aus den Augen. Er nahm erst Abstand davon, als alle Möglichkeiten, sich aus Italien zu entfernen, der römischen Machtsphäre zu entfliehen, erschöpft waren.

Der Plan, wie an dieses Ziel zu kommen sei, ging von einer erstaunlich realen Bewertung des Kräfteverhältnisses in Italien und der außenpolitischen Situation Roms aus. In ihm fanden möglicherweise auch überlieferte Erfahrungen aus vorangegangenen Sklavenkämpfen ihren Niederschlag. Der Plan des Spartacus, denn es war vor allem Spartacus, der auf seine strikte Durchsetzung pochte, war zweifellos das Ergebnis kollektiver Überlegungen und Entscheidungen, und er stellte etwas im Klassenkampf der Sklaven einmaliges und großartiges dar. Er sah vor, daß sich die Aufständischen möglichst zügig, als Armee formiert und gut bewaffnet, aus Italien zurückziehen, ohne die Konfrontation mit Rom zu suchen, ohne sich in das Risiko größerer verlustreicher Schlachten zu stürzen. Solche Schlachten würde es zweifellos geben, aber sie sollten, wenn es ging, vermieden werden. Die Verwirklichung des Spartacusplanes gestaltete sich zur organisierten Massenflucht eines um die 100 000 Mann starken, vielleicht noch mehr Menschen zählenden Sklavenheeres, das sich siegreich den Weg dorthin freikämpfte, wo es dem Zugriff der Römer vorerst entzogen war: in die Welt der Barbaren, in Gebiete, die jenseits der nördlichen Randzone der antiken Welt lagen. Interessanterweise gebraucht Appian für den Marsch der Sklaven zu den Alpen hin den Begriff der Flucht. Spartacus lag nichts an einem Kampf mit Rom, mit dem römischen Staat, denn er wußte sehr wohl, daß den aufständischen Sklaven kein bleibender Sieg über die Römer vergönnt sein würde und sich ein Sklavenstaat auf italischen Boden nicht verwirklichen lassen werde.

Der Spartacuskrieg unterscheidet sich in diesen Punkten wesentlich von den beiden Sklavenkriegen auf Sizilien, wo die Aufständischen zumindest versucht hatten, eine eigene politische Ordnung zu errichten, einen nach dem Vorbild hellenistischer Monarchien organisierten Staat aufzubauen, der aber die bisherigen Machtverhältnisse nicht einfach nur umkehrte, sondern sehr wahrscheinlich von damals nicht durchsetzbaren Prinzipien einer allgemeineren Gerechtigkeit ausging und deshalb Utopie bleiben mußte. Spartacus verzichtete auf solch einen schöpferischen Ansatz zur Bildung eines Sklavenstaates von vornherein. In den Quellen findet sich nicht der geringste Hinweis, daß die Sklaven etwa begonnen hätten, eigene Machtstrukturen zu schaffen, das gesellschaftliche und wirtschaftliche Leben in den vom Aufstand oder Krieg erfaßten italischen Gebieten nach ihren Vorstellungen zu verändern und neu zu organisieren. Es gab keinen Zentralort, wenn man einmal von Thurii absieht, das zeitweise eine solche Rolle gespielt haben könnte, kein fest umrissenes, sich erweiterndes, vor allem jedoch bleibendes Aufstandsgebiet, von dem aus die Sklaven gegen die Römer operiert und das sie ständig beherrscht hätten.

An die Stelle des aus Sizilien bekannten regional oder überregional gebundenen Sklavenaufstandes oder -krieges trat in Italien unter Spartacus der mobile Sklavenkrieg. Dort, wo das Sklavenheer stand oder gerade durchzog, dort war der Sklavenkrieg, erhob sich die unfreie dienende Schicht gegen ihre Herren, geriet die römische Sklavereigesellschaft aus den Fugen, dorthin flüchteten die Sklaven aus anderen Teilen Italiens, dorthin begaben sich die römischen Armeen. Solange die erfolgreichen Sklaven an einem Ort, in einem bestimmten Gebiet blieben, waren sie ohne Frage der dort dominierende Machtfaktor. Was aber tat sich danach, was tat sich in den vom Aufstand, vom Sklavenkrieg erfaßten Gebieten, beispielsweise in Kampanien, Lukanien und Apulien, nachdem die aufständischen Sklaven von dort abgezogen waren? Offenbar restaurierten sich nach einer kürzeren oder längeren Phase der Anarchie die alten Verhältnisse wieder. Jedenfalls fehlt jeder Anhaltspunkt dafür, daß die Sklaven auf italischem Boden jemals die Absicht gehabt hätten, die römische Ordnung auf die Dauer durch eine andere zu ersetzen.

3.6. Widersprüche im Heer des Spartacus

Zwei Faktoren einten das Sklavenheer des Spartacus: die Gegnerschaft zu Rom und das allen gemeinsame Ziel der Freiheit, die zwar in Italien erkämpft und verteidigt werden mußte, aber nur außerhalb der Grenzen der Sklavereigesellschaft Bestand haben konnte. Frei zu sein, frei zu bleiben, bedeutete für die aufständischen Sklaven den Abzug aus Italien. An der Richtigkeit dieser Schlußfolgerung, die sich aus der objektiven Situation herleitete, wurde kaum gezweifelt. Dennoch gab es, was die Art und Weise ihres Vorgehens, was den Weg zum Ziel betraf, bei den Sklaven unterschiedliche Auffassungen. Sie offenbarten sich während der Beratungen, die im Herbst 73 v. u. Z., nach den Siegen über Claudius und Varinius, im Süden Kampaniens stattfanden.

Es kam, wie aus zwei Sallustfragmenten hervorgeht, zum Streit zwischen Krixos und Spartacus, aber nicht darum, ob man Italien verlassen oder hierbleiben müsse, sondern um das operativ-taktische Verhalten der Aufständischen den römischen Militäraufgeboten gegenüber. Während Krixos und seine Anhänger für den Angriff eintraten, selbst offensiv werden wollten, riet Spartacus zu einer Defensivhaltung. Die aufständischen Sklaven sollten sich möglichst schnell vom Gegner lösen, zurückziehen und sich vor allem nicht trennen. Eine Dezentralisation ihrer Kräfte, ein zielloses Umherschweifen einzelner, isoliert handelnder Abteilungen, so fürchtete Spartacus, würde nur ihre Vernichtung beschleunigen. Seinen Standpunkt, seine Argumentation unterstützten einige einsichtsvolle Männer aus seiner Umgebung, mit deren Hilfe es ihm dann offensichtlich gelang, auch die Masse der aufständischen Sklaven von der Notwendigkeit zu überzeugen, diesen Plan im Interesse der eigenen Sicherheit einzuhalten und beharrlich zu verwirklichen.

Sallust unterscheidet drei Gruppen im Aufständischenheer, die andere Meinungen vertraten als Spartacus und deren Widerspruch erst überwunden werden mußte: erstens Leute, die unbesonnen auf ihre eigene Kühnheit und die gewaltig angestiegene Zahl der Aufständischen vertrauten, zweitens diejenigen, die jedes Heimatgefühl verloren hatten, und drittens die Sklaven – und sie bildeten die Mehrheit, die vornehmlich plündern, sich rächen wollten und dabei zu mancherlei Grausamkeiten neigten.

Spartacus hatte es verstanden, die meisten der Aufständischen auf ein einheitliches Ziel einzuschwören und sie darüber hinaus für den nach Möglichkeit raschen und gefahrloseren Abzug aus Italien zu gewinnen. Gleichzeitig damit dürfte Spartacus von den Aufständischen als ihr unbestrittener Anführer anerkannt worden sein, dessen Befehlen man sich in Zukunft zu fügen hatte. Aber die Gegentendenz, Italien nicht sofort zu verlassen, noch im Lande zu verweilen, zu rauben, Rache zu üben und die Römer, nicht Rom, dort anzugreifen, wo sich die Gelegenheit bot, war geblieben. So wirkten im Sklavenheer zwei Strömungen: die eine drängte auf schnellstem Wege hinaus aus Italien in die Freiheit, die andere verzögerte diesen Prozeß.

Der zum Teil objektiv bedingte Winteraufenthalt 73/2 v. u. Z. im Süden bedeutete zunächst einen Rückschlag für Spartacus. Die Sklaven, die zu einer gewaltigen Masse und übermütig geworden waren, gehorchten nicht, „sondern durchzogen Italien und verwüsteten es" (Plutarch). Spartacus verlor Zeit, die zwar für die Formierung des Sklavenheeres, die militärische Ausbildung der Aufständischen und ihre Ausstattung mit Waffen genutzt werden konnte, die andererseits natürlich auch den Römern Gelegenheit bot, sich vom ersten Schock der Niederlagen zu erholen und neue Truppen aufzustellen. Aber vom Frühjahr 72 v. u. Z. an setzten sich die von Spartacus vertretenen Auffassungen als die richtungsweisenden und vorherrschenden durch. Sie blieben es, ungeachtet nicht auszuschließender kleiner Abweichungen, von Thurii bis Mutina und von dort bis Rhegium und Brundisium.

Die Aufspaltung des Sklavenheeres in der Anfangsphase des Marsches nach dem Norden bedeutete nicht, daß Spartacus von vornherein irgendwelchen Sonderinteressen des Krixos und seiner Kelto-Germanen nachgegeben oder Krixos einen ganz anderen Plan als Spartacus verfolgt hätte. Was sich im Verhalten der Krixos-Gruppierung während des Marsches zeigte, war nicht das Ergebnis von etwaigen prinzipiellen Gegensätzen, Gegensätzen ethnischer oder sozialer Natur unter den Aufständischen, sondern waren lediglich Undiszipliniertheiten, Leichtsinn, Übermut und der Hang zum Plündern, zum Beutemachen. Der Leichtlebigkeit des Augenblicks wegen verlor man zeitweilig das Endziel, dem man entgegenstrebte, aus den Augen.

Die häufig angenommenen grundsätzlichen Meinungsverschiedenheiten zwischen Spartacus und Krixos, später dann Spartacus, Gannicus und Castus werden durch die Quellen nicht bestätigt, wie der französische Historiker J. P. Brisson nachdrücklich betonte. Nirgends findet sich auch nur der kleinste Hinweis, daß Spartacus diese Männer sich selbst überlassen, sie nicht im Falle der Not unterstützt hätte, obwohl sie angeblich im Widerspruch zu ihm standen, eigene Ziele verfolgten und mit ihrem Separatismus das Gesamtunternehmen gefährdeten. Die Analyse der Quellen offenbart weniger ein sozial oder ethnisch bedingtes Auseinanderbrechen der Sklavenbewegung, denn die geringe Zahl von Freien im Spartacusheer blieb ohne gravierenden sozialen Einfluß, und auch die heterogene ethnische Zusammensetzung führte nicht zu unüberbrückbaren Zerwürfnissen unter den Aufständischen. Sie zeigt auch kein bloßes Nebeneinander, sondern vielmehr ein enges Miteinander der unterschiedlichsten militärischen Gruppierungen des Sklavenheeres, und schließlich handelt es sich bei ihnen ja in erster Linie um militärische, nicht soziale oder ethnische Gruppierungen.

Spartacus vermochte zwar nicht, die totale Zerschlagung der Krixos-Gruppierung zu verhindern, aber er eilte den bedrängten Kampfgefährten zu Hilfe und feierte wenig später, als Zeit dazu war, ihr Andenken mit einem großartigen Totenopfer. Ein Jahr danach rettete Spartacus die am Lukanischen See lagernde Abteilung des Gannicus und Castus vor der vernichtenden Niederlage. Erst im zweiten Anlauf gelang Crassus der Sieg über diese gallo-germanische Gruppierung, und das, weil er, wie Frontin eindeutig bezeugt, die Reiterei teilte, um mit dem einen Teil Spartacus zu binden. Ganz bewußt vereitelte Crassus das Zusammenwirken der beiden Heeresgruppen der Sklaven.

Wo liegen die Gründe für die sich wiederholenden Aufspaltungen der Spartacusarmee in einzelne Marschsäulen oder militärische Gruppierungen? In diesem Zusammenhang sei daran erinnert, daß der Sklavenkönig Salvius-Tryphon gleich zu Beginn des 2. Sizilischen Sklavenkrieges die Aufständischen in drei Abteilungen aufgliederte, je einen Anführer an ihre Spitze stellte und verfügte, sie sollten das Land durchstreifen, um sich nach einer bestimmten Zeit an einem festgelegten Ort wieder zu treffen. Der Erfolg dieser Maßnahme war, daß die aufständischen Sklaven reichlich Pferde und anderes Vieh zusammenbrachten und ihre Zahl sich binnen kurzem auf über 20 000 Mann erhöhte. Etwa zur gleichen Zeit, im Herbst 103 v. u. Z., vereinigten sich im Süden Frankreichs die Kimbern und Teutonen. Anfang des nächsten Jahres jedoch faßten sie, obwohl ihnen harte Auseinandersetzungen mit den Römern bevorstanden, „den für sie unheilvollen Entschluß, der nur aus der Rücksicht auf die Verpflegung erklärt werden kann, in zwei großen getrennten Heereshaufen in Italien einzubrechen" (Kornemann).[126] Das Sklavenheer des Spartacus scheint sich in bestimmten Situationen aus dreierlei Gründen geteilt zu haben: erstens wurde, wenn man in zwei oder drei Kolonnen marschierte, der Aktionsradius der Aufständischen größer, erweiterte sich die Basis des Sklavenaufstandes und -krieges, wurde eine größere Zahl von Sklaven mobilisiert, zur Flucht und zum Anschluß an die Sklavenarmee veranlaßt; zweitens war es dezentral leichter, mit dem drückenden Lebensmittelproblem fertig zu werden, konnten sich die Heeresabteilungen der Sklaven, wenn sie parallel marschierten, in kürzerer Zeit besser und mit mehr Lebensmitteln versorgen; drittens erhöhte sich möglicherweise das Marschtempo. Es waren offenbar objektive Umstände, für die Sklaven lebensnotwendige Interessen, nicht innere Zwietracht, die Spartacus von Zeit zu Zeit zwangen, trotz des Risikos, eine Aufgliederung des Sklavenheeres vorzunehmen.

Die von Spartacus getroffene Entscheidung, in zwei Heereskolonnen nach dem Norden aufzubrechen, erklärte sich zum einen aus operativ-taktischen Erwägungen, zum anderen, und das primär ursächlich, aus der entstandenen Versorgungslage.

Das erste Mal geschah es im Frühjahr des Jahres 72 v. u. Z., daß Krixos mit einem Großteil der Kelto-Germanen getrennt marschierte. Nach einigen Monaten relativer Winterruhe waren die Sklaven wieder mobil geworden. Aber wie immer im Frühjahr gab es Nahrungssorgen. Alle Sklaven in einer einzigen großen Heeresformation in Richtung der Alpen ziehen zu lassen, war wenig zweckmäßig, weil sich das Marschband in seiner Breite über einen jeweils zu schmalen, für die Ernährung einer so großen Masse von Menschen nicht ausreichenden Landstrich erstreckt hätte. Die Sklaven hätten beim Fouragieren sehr weit ausschweifen müssen, was einer nicht erwünschten Zersplitterung ihrer Kräfte gleichgekommen wäre. Es war deshalb sinnvoller, sich in zwei Heeresgruppierungen vorwärtszubewegen, zumal damit auch eine bedeutende Ausweitung des Sklavenkrieges und ein neuerlicher Zulauf von Sklaven erreicht wurden, ein am Vorabend zu erwartender Schlachten besonders wichtiger Umstand. Ein zweiter getrennter Marsch wurde offenbar notwendig, als sich das Sklavenheer auf dem Rückweg nach Süditalien befand. Schließlich mußten sich Gannicus und Castus vom übrigen Gros der Spartacusarmee trennen. Auch hier fällt auf, daß diese Aufspaltung im Frühjahr vollzogen wurde, nachdem die Aufständischen unter für sie großen Verlusten die Blockade des Crassus durchbrochen hatten. Der Beschluß zum Sturm auf die römischen Sperrwerke aber war gefaßt worden, weil

163

Spartacus, wie Plutarch ausdrücklich feststellt, an akutem Lebensmittelmangel litt und aus der ausgesogenen bruttischen Halbinsel nichts mehr herauszuholen war.

3.7. Die historische Bedeutung des Spartacuskrieges

Der Kampf des Spartacus und der um ihn gescharten viele Zehntausende zählenden Sklaven war, wie R. Günther feststellt, „die bedeutendste Sklavenerhebung der antiken Sklavereigesellschaft, aber er war keine soziale oder politische Revolution".[127] Er änderte nichts an den bestehenden gesellschaftlichen Verhältnissen im römischen Italien. Nach wie vor blühte die Sklaverei, die in Rom im 1. Jh. v. u. Z. im Zenit ihrer Entwicklung stand. Der Spartacuskrieg war eine gesetzmäßige Erscheinung dieser fortgeschrittenen Entwicklung, deutlichster Ausdruck der dominierenden Rolle, die das Ausbeutungsverhältnis der Sklaverei in der römischen Gesellschaft spielte, Gradmesser des sich enorm zugespitzten Klassenkampfes zwischen Sklaven und Sklavenhaltern und Beweis für die Intensität der Sklavenausbeutung, die Tiefe und Schärfe des Hasses, den die Sklaven gegen ihre Herren hegten. Ebenso gesetzmäßig wie der Sklavenkrieg selbst war seine Niederlage. Noch war die Zeit nicht reif für die Ablösung der antiken Produktionsweise, und der Klasse der Sklaven fehlten historisch alle Voraussetzungen, um der Träger neuer, progressiverer Produktionsverhältnisse zu werden. Die Sklaven um Spartacus mußten also, trotz ihrer unerhörten Anstrengungen und Opfer, trotz der vielen Erfolge über ihre Gegner, trotz des gewaltigen Anschwellens ihrer Bewegung, zum Schluß unterliegen. Aber der Spartacuskrieg war neben den Sklavenkriegen auf Sizilien die herausragendste und beeindruckendste Leistung der Sklaven im Kampf gegen ihre Herren, und er hatte die römische Sklavereigesellschaft bis in die Grundfesten hinein erschüttert. Dennoch kann der Spartacuskrieg nicht als der Hauptgrund und der alleinig auslösende Faktor für eine Reihe von Veränderungen gelten, die charakteristisch für die politische und sozialökonomische Entwicklung Roms im 1. Jh. v. u. Z. waren. Diese mehr oder weniger tiefgreifenden Veränderungen beruhten vielmehr auf inneren Prozessen im gesellschaftlichen Leben Roms und der komplexen Wirkung aller Formen des Klassenkampfes der Sklaven. Das schloß jedoch den unmittelbaren Einfluß des Spartacuskrieges auf einige nachfolgende politische Vorgänge in Rom nicht aus.

So verstand es sich beinahe von selbst, daß Pompeius und Crassus für das Jahr 70 v. u. Z. zu Konsuln gewählt wurden, obwohl ihre Wahl gegen das Gesetz geschah, denn Pompeius hatte das geforderte Mindestalter noch nicht erreicht und Crassus erst die Prätur bekleidet. Bei Pompeius gaben dessen Siege über Sertorius den Ausschlag. Hinzu kam sein Anteil an der endgültigen Niederwerfung des Spartacuskrieges. Crassus hingegen brachten einzig seine Verdienste gegen die aufständischen Sklaven an die Spitze des römischen Staates. Diese beiden, nach dem Sklavenkrieg noch mächtiger gewordenen Männer sollten künftig das politische Geschehen in Rom maßgeblich mitbestimmen.

Eine Konsolidierung des römischen Staates, ein Näherrücken, eine Verständigung der in Rom miteinander rivalisierenden politischen Gruppierungen der herrschenden Klasse hatte der Sklavenkrieg nicht unmittelbar zur Folge. Eher trat das Gegenteil ein. Der Senat hatte versagt, war politisch geschwächt und wurde jetzt von Pompeius und Crassus, zwischen denen es ebenfalls fortwährend Differenzen gab, hart bedrängt. Die Tendenz ging hin zur Auflösung der republikanischen Staatsstruktur und zur Errichtung einer zentralisierteren Form der politischen Machtausübung, die schließlich im Prinzipat gefunden wurde.

Dieser Prozeß der Anpassung des politischen Überbaus an die veränderte sozialökonomische Basis hatte den entwickelten Sklavereiverhältnissen, dem heftiger gewordenen Klassenkampf und der gewaltigen Ausdehnung des Römischen Reiches Rechnung zu tragen, und er wurde begleitet von ständigen, leidenschaftlichen Fraktionskämpfen, von einer fortlaufenden Differenzierung der herrschenden Klasse Roms und der Bildung immer neuer politischer Gruppierungen. An diesem Prozeß waren historische Persönlichkeiten wie Marius, Sulla, Crassus, Pompeius, Caesar und Octavian Augustus aktiv beteiligt. Ihn ebenfalls beschleunigt, vorangebracht zu haben, war die anerkennenswerte historische Leistung des Spartacus und seiner Mitstreiter.

In ideologischer Hinsicht trug der Spartacuskrieg dazu bei, daß sich die Römer weiter an das Wirken überragender, starker Einzelpersönlichkeiten in ihrer Gesellschaft gewöhnten. Der Senat mit seiner Cliquenwirtschaft hatte zwei Jahre lang nicht vermocht, der Sklavenbewegung Herr zu werden. Es bedurfte erst der Entschlossenheit eines Crassus, um die Gefahr der Eroberung Roms durch die Sklaven endgültig zu bannen.

Auf sozialer Ebene hatten der Klassenkampf der Sklaven und insbesondere der Sklavenkrieg unter Spartacus zur Folge, daß der römische Staat im Interesse der gesamten herrschenden Klasse seine Repressivfunktion gegenüber den Sklaven verstärkte, die zwar Eigentum ihres jeweiligen Herrn, zugleich aber auch Untertanen, gefährliche Untertanen des römischen Staates waren. Die gesamte Gesellschaft der Freien vor Sklavenunruhen wirksam zu schützen, die Sklaven in ständigem Gehorsam zu halten, ihre Aufsicht und Kontrolle immer zu gewährleisten, vor allem ihrem politischen Mißbrauch vorzubeugen, überstieg unter den Bedingungen entwickelter Sklavereiverhältnisse die Möglichkeiten des einzelnen Sklavenhalters und der einzelnen Bürgergemeinde. Hier hatte der Staat regulierend einzugreifen und seine Verantwortung für die Aufrechterhaltung der Herrschaft über die Sklaven zu erhöhen. Er wurde dadurch gezwungen, sich mehr und mehr in die Beziehungen zwischen den Sklaveneigentümern und Sklaven einzuschalten, selbst wenn er damit die Interessen, die Vorteile des einzelnen Sklavenhalters beschnitt. Am faßbarsten dokumentiert sich die gewachsene Verantwortung des römischen Staates, Hüter der Gewalt über die Sklaven zu sein, in einigen Maßnahmen des Caesar und in der Sklavengesetzgebung des Augustus. Caesar verbot unter anderem die Aufnahme entlaufener Sklaven in sein Heer. Augustus schränkte die Freilassungen von Sklaven ein, indem er sie an bestimmte Vorbedingungen knüpfen ließ und, sollten sie testamentarisch erfolgen, ihre Zahl begrenzte.

Ein weiteres Ergebnis des Klassenkampfes der Sklaven im 2./1. Jh. v. u. Z., und darin eingeschlossen des Spartacuskrieges, war die zunehmende Hinwendung der großen römischen Landeigentümer zur Villenwirtschaft mit einem überschaubaren, leichter zu überwachenden Sklavenkollektiv und einer eng an den Herrn gebundenen, ihm treu ergebenen und verpflichteten Sklavenadministration. Übergroße Konzentrationen von Sklaven in der Landwirtschaft galten als gefährlich und wurden deshalb nach Möglichkeit aufgelöst. Ebenfalls ein Resultat des Spartacuskrieges und des Klassenkampfes der Sklaven war die im 1. Jh. v. u. Z. zu beobachtende Ausbreitung der frühen Kolonatsverhältnisse, die neben der Sklaverei und in Ergänzung zu ihr existierten. Die Großgrundeigentümer parzellierten einen Teil ihrer Güter und überließen die einzelnen Landstücke freien Pächtern zur selbständigen Bewirtschaftung. Dieses Pachtsystem führte im 1. Jh. v. u. Z. in der römisch-italischen Landwirtschaft noch nicht zur Verdrängung des Sklaven durch den Kolonen, denn oftmals beschäftigte der Pächter selbst unfreie Arbeitskräfte. Erst als im 2. Jh. u. Z. ihre

Krise einsetzte, wurde die Sklaverei in großem Umfange von Kolonatsverhältnissen abgelöst.

Neben seiner lokal-römischen, neben seiner zeitgebundenen Bedeutung hatte der Spartacuskrieg, wie der sowjetische Althistoriker S. L. Utčenko hervorhebt, noch „eine bleibende, eine allgemein-menschliche Bedeutung". Sie besteht seiner Meinung nach darin, „daß sich in dieser gewaltigen Bewegung die Unterdrückten und Rechtlosen – mag es spontan, ohne ‚Programm' geschehen, ja nicht einmal gegen die Sklaverei als solche gerichtet gewesen sein! – zum Kampf für die Eroberung, die Erringung des einfachsten und größten allgemeinmenschlichen Ideals aller Zeiten, für die Freiheit erhoben. Eben in diesem jugendlichen, naiven, plötzlichen, ungestümen Drang zur Freiheit liegen die ewige und grundlegende Bedeutung des Spartacusaufstandes, das Geheimnis dankbarer Erinnerung nachkommender Generationen an dieses Ereignis bis hinein in unsere Tage".[128]

3.8. Die Persönlichkeit des Spartacus

Über das Leben und die Person des Spartacus ist sehr wenig bekannt, denn er gehörte nicht zu jenen Männern, denen antike Schriftsteller in Biographien ein Denkmal setzten. Er war nicht einer der ihren, war kein Vertreter der herrschenden Oberschichten, sondern nur ein Sklave, ein verachteter Gladiator, ein Nichtrömer, ein Barbar. Klassenbedingte Vorurteile verhinderten die eingehendere Beschäftigung mit dem Sklavenführer, der „für das Altertum stets nur eine Nebenfigur" blieb und der griechisch-römischen Kulturwelt „keiner dichterischen Schilderung wert" war (Doer). Spartacus bewegte sich mit seinen Taten am Rande der römischen Gesellschaft, griff nicht direkt formend, lenkend und verändernd in das Staatsgeschehen Roms ein, wie es vor ihm die beiden Gracchen, dann Pompeius, Crassus und später Caesar taten. Er bildete mit seinem Sklavenheer nur das „passive Piedestal", von dem Marx sprach. Zwar geriet es in Bewegung, drückte nach oben, begrub ganze römische Heeresabteilungen unter sich, wurde aktiv im Sinne der Selbstbefreiung der Sklaven, des offenen Widerstandes der Sklaven gegen ihre Herren, wurde jedoch nicht zu einer die Gesellschaft neugestaltenden Kraft.

Daß man dennoch über Spartacus schrieb, lag wohl zum einen an der Großartigkeit, dem Außergewöhnlichen des Sklavenkrieges, an dessen Spitze er stand, an dem entsetzten Erschrecken, daß dieses

Ereignis allgemein auslöste, und dem starken Nachhall, der davon blieb und der die Erinnerung an Spartacus und seine Mitstreiter durch die Jahrhunderte weitertrug. Zum anderen sahen sich die antiken Autoren gezwungen, darüber nachzudenken, wie es möglich wurde, daß Sklaven auf italischem Boden den römischen Truppen jahrelang Niederlage auf Niederlage beizubringen vermochten? Immerhin hatte Rom bis dahin eine derart direkte Bedrohung nur selten erlebt. Sie war vergleichbar mit dem Galliereinfall vom Jahre 390 v. u. Z., als der Feind die Stadt einnahm, mit dem Italienfeldzug des Hannibal 218 bis 216 v. u. Z. und der Gefahr eines Durchbruchs der Kimbern und Teutonen über den Fluß Po nach dem Süden. „Die Gladiatoren", schreibt Eutropius in seinem in der Antike sehr verbreiteten Breviarium *ab urbe condita*, „zogen in ganz Italien umher und erregten hier einen Krieg, nicht leichter als ihn Hannibal angestiftet hatte".

Die Tatsache einfach anzuerkennen, daß die gepeinigten Sklaven der Freiheit wegen einen entschlossenen Kampf auf Leben und Tod wagten, in ihrer Masse und in ihrer Unbändigkeit, das heiß ersehnte Ziel zu erreichen, auch fähig waren, sich unterzuordnen, Disziplin zu wahren, organisiert aufzutreten und trotz unzulänglicher Ausrüstung die römischen Armeen wiederholt zu schlagen, wäre für die sieggewohnten, selbstbewußten Römer ein Eingeständnis der eigenen Schwäche gewesen und hätte bedeutet, sich mit dem verabscheuten Gegner auf eine Stufe zu stellen. Das konnte und wollte man auf keinen Fall. So wandten sich die antiken Autoren in ihrer voreingenommenen Abkehr von der Sklavenmasse dem Sklavenführer zu. Spartacus, seine außergewöhnlichen Begabungen, sein Feldherrntalent und Edelmut, seine Klugheit und Willenskraft sollten die Schmach des Versagens der Römer vor ihren Sklaven mildern helfen. Wenn er, der Barbar, der Gladiator und Anführer eines gewaltigen Sklavenheeres, zumindest von seinen geistigen und charakterlichen Anlagen her dem Wertverständnis der Römer weitgehend nahekam, dann ließ sich die Schande der Niederlagen leichter verschmerzen, hatte doch ein Großer sie Großen zugefügt.

Daher wird, trotz des unbestreitbaren Mißbehagens, trotz des offenkundigen Unwillens über den verachtungswürdigen Sklavenkrieg, die aus allen Schilderungen dieses Ereignisses ohne Schwierigkeiten herauszulesen sind und ihren schärfsten Ausdruck bei Florus finden, die Person des Spartacus in der antiken Literatur durchweg positiv dargestellt. Seine unbestreitbare Größe, seine Leistungen und Tugenden werden vorbehaltlos gewürdigt. Er galt den Römern als ein hervorragender Feldherr ohne Fehl und Tadel, als ein Beispiel männlicher und soldatischer Tüchtigkeit.

Das zeigt sich besonders klar bei Plutarch, der in der Gegenüberstellung mit Crassus, von Sieger und Besiegtem, die offenbar für die Antike allgemeingültigste Einschätzung der Persönlichkeit des Spartacus gibt. Es heißt dort von Spartacus, daß er „nicht nur einen stolzen Sinn und große Körperkraft besaß, sondern auch durch Verstand und Herzensgüte besser war als sein Stand und hellenischer als seine Geburt". Spartacus erscheint hier in seiner Gesamtpersönlichkeit und entsprechend den römischen Wertvorstellungen als ein für Crassus, seinem hauptsächlichen Widersacher, durchaus ebenbürtiger Gegner. Ihn besiegt zu haben, bedeutet Ruhm und Anerkennung. Auch Sallust beschreibt Spartacus als groß an Kraft, Körper und Geist.

Spartacus tritt erst mit dem Ausbruch der Gladiatoren aus der Fechterschule in das Rampenlicht der Geschichte. Die Jahre davor liegen im Dunkeln. Sie aufzuhellen, gab es für die Römer keine Veranlassung. Ihr Interesse galt ausschließlich dem Sklavenführer, dem zeitweiligen Gegner, nicht dem Barbaren und Sklaven, nicht seiner Herkunft und Entwicklung vor dem römisch-italischen Sklavenkriege.

Spartacus war thrakischer Herkunft, gebürtig offenbar aus dem Stamm der Maider, der am Mittellauf der Struma, auf dem Territorium der heutigen VR Bulgarien, siedelte. Während der Kämpfe, die Rom auf der Balkanhalbinsel führte, 86 v. u. Z. unter Sulla gegen Mithridates oder in den Jahren darauf, scheint er in Gefangenschaft geraten zu sein. Nicht auszuschließen ist, daß er, weil er vielleicht einem adligen Geschlechte angehörte, auch als Geisel nach Rom kam. Der Name Spartacus fand sich häufig bei den Thrakern. Auch Könige trugen ihn.

Möglicherweise wurde Spartacus sofort auf den römischen Sklavenmarkt gebracht und zum Verkauf feilgeboten. Das jedenfalls erzählt Plutarch. Es konnte aber auch sein, wie Appian und Florus behaupten, daß er zuerst im römischen Heer diente, von dort desertierte, mit anderen Thrakern eine Art Kleinkrieg gegen die Römer führte, dann wieder in ihre Hände geriet und nun zur Strafe und gleichzeitig seiner körperlichen Vorzüge wegen zum Gladiator gemacht wurde. Ebenso denkbar ist, daß Spartacus aus der Sklaverei entfloh, ergriffen wurde und, da der Besitzer seiner überdrüssig war, erneut auf dem Sklavengerüst eines Sklavenhändlers stand.

Gnaeus Lentulus Batiatus kaufte ihn und ließ den an sich schon geübten Mann besonders schulen und für den Gladiatorenkampf in der

Arena vorbereiten. Spartacus sollte als sogenannter Thrax, als Thraker fechten, ausgerüstet mit einem kleinen runden Schild und sichelartig gekrümmtem Dolchmesser, die Beine durch Schienen geschützt.

Die ersten Kämpfe gegen die Römer müssen das besondere militärische Talent des Spartacus, sein Geschick, Angriffe zu planen und zu führen, und sein klares, auch auf die Zukunft gerichtetes Urteilsvermögen offenbart haben. Spartacus war ein Kenner des Militärwesens, stand in militärischen Fragen auf der Höhe seiner Zeit, wußte die eigenen Möglichkeiten genau einzuschätzen, kannte die Stärken und Schwächen des Gegners. Frühestens nach der geglückten Überrumpelung des Claudius Glaber und den darauffolgenden Siegen über Varinius war er zum anerkannten Führer der aufständischen Sklaven geworden.

Von diesem Moment an wuchs er im Verlauf von drei Jahren zu einem wirklich großen Feldherrn heran. Die Umstände zwangen den Gladiator, den Sklaven Spartacus, eine Armee, die, als der Krieg seinen Höhepunkt erreicht hatte, über 100 000 Mann gezählt haben dürfte, aufzubauen, sie auszubilden und zu bewaffnen. All diese Aufgaben erfüllte er mit Tatkraft und Umsicht. Das Sklavenheer selbst führte er, hier dem Gegner ausweichend, sich von ihm lösend, dort blitzschnell zuschlagend, von Sieg zu Sieg – in großen Schlachten und kleinen Scharmützeln. Bedenkt man noch, daß er sich auf keinerlei staatliche Organisation stützen konnte, es für ihn keinen geregelten Nachschub gab, er mit seinem Heer in einer absolut feindlichen Umwelt operierte, daß er einen Krieg aus dem Nichts heraus führte, seine Sklavensoldaten sich aus der Landschaft ernährten, die sie gerade durchzogen, er keine kriegsgewohnten Männer kommandierte und die Bewaffnung der Sklaven immer mangelhaft blieb, dann erst wird die gewaltige Leistung dieses Mannes voll faßbar.

Spartacus war kein Stratege, denn er unterlag zu sehr dem Druck des Augenblicks, mußte sich immer wieder der Situation anpassen, aber er war der glänzende Organisator des größten Sklavenkrieges, den Rom je erlebte. Willensstark einte der Thraker die Sklaven für das große Ziel der Freiheit, erwirkte ihren Gehorsam durch den Befehl und durch die Kraft des klugen, überlegten Argumentes. Maßlosigkeit, Brutalität und Exzesse waren ihm fremd. Von einer Neigung zu egoistischer Herrschsucht ist nichts zu spüren. Spartacus' Autorität wurzelte in der Gerechtigkeit der Sache, die er vertrat, in der Lauterkeit seiner Persönlichkeit, im Weitblick, den er besaß, in der Richtigkeit seiner Entschlüsse, der Sicherheit seiner Führung und in der beispielhaften persönlichen Tapferkeit. Er war bestrebt, Demoralisationserscheinungen unter den Sklaven, ihrem sporadischen Terror vorzubeugen oder Einhalt zu gebieten, auch wenn sie nicht in jedem Fall vermeidbar waren, denn er wußte, daß nur ein diszipliniertes, geordnetes Sklavenheer das schließliche Ziel – die Freiheit und ihre Behauptung – erreichen konnte.

Die Persönlichkeit dieses Mannes, ein Produkt des sozialen und politischen Lebens, auch der Kultur seiner Zeit, wurde geformt durch eine Vielfalt äußerer Faktoren. Sie konnte sich voll entfalten im erbarmungslosen Kampf der Sklaven mit ihren Herren, im Kriege der Sklaven mit Rom. Zweifellos ist Spartacus einer der sogenannten „großen Männer" in der Geschichte.

3.9. Nachleben

> „Und was ich nicht gesehen,
> hab ich dennoch miterlebt,
> hat immer meine Haut berührt,
> und meine Hand bewegt.
>
> Ich war beim Heer des Spartacus
> und fing zu reden an,
> als er die Waffen teilte
> und den Weg zum Kreuz begann."
>
> (Czollek, 1982)

„Erfahrungen" nannte der junge DDR-Poet das Gedicht, aus dem diese beiden Vierzeiler stammen. Erfahrungen des Klassenkampfes, die Solidarität der Unterdrückten und Ausgebeuteten, ihr Traditionsbewußtsein, andererseits die Furcht der Reichen und der Herrschenden vor jeglicher Volksbewegung, ihre Angst, Besitz und Macht zu verlieren, prägten die Jahrhunderte hindurch ein sehr unterschiedliches Verhältnis zu Gestalt und Bild des Sklavenführers. Für die einen war der Name Spartacus ein Fanal im Kampf für die Rechte und die Befreiung der unterdrückten Klassen und Völker, ihnen gab er Kraft und Zuversicht, ihnen war er lieb und teuer. Bei den anderen, auf Seiten der herrschenden Klasse, löste er Unbehagen aus. Dort wurde Spartacus zum Schreckensbegriff für sozialen und politischen Widerstand, für den offenen Aufruhr und den gesellschaftlichen Umsturz.

Wie die Sklaven und das einfache Volk in der Antike die Erinnerung an Spartacus weitergaben und sie vielleicht zur Legende werden ließen, entzieht sich unserer genauen Kenntnis. Aber es ist anzunehmen, daß die Sklaven, die unteren Gesellschaftsschichten, auch die für ihre Freiheit gegen Rom kämpfenden Völkerschaften, soweit diese vom gewaltigen Ereignis des italischen Sklavenkrieges Kunde erhalten hatten, den Mann, der an der Spitze der Aufständischen stand, nicht aus ihrem Gedächtnis verloren.

Sehr bald schon sollte der Name Spartacus unter den Römern wiederaufleben, denn als im Jahre 64 v. u. Z. in der Stadt Praeneste, nur etwa 34 km von Rom entfernt, Gladiatoren einen Ausbruchsversuch wagten, dachte das Volk, wie Tacitus in den „Annalen" mitteilt, „gleich an Spartacus und die einst gewesenen Wirren".[129] Viel später dann, an der Wende vom 4. zum 5. Jahrhundert, ist es der Dichter Claudius Claudianus (geb. um 375 u. Z.), der angesichts der drohenden Gotengefahr mahnend an Pyrrhus, Hannibal und vor allem Spartacus erinnert. In ruhigeren Zeiten jedoch war man gelassener, so wie Horaz, der römische Lyriker (65–8 v. u. Z.), übrigens der Sohn eines Freigelassenen, der in seiner der Heimkehr des Augustus gewidmeten Ode mit einer gewissen Heiterkeit und leichter Ironie, gleichsam im Vorübergehen, des Spartacuskrieges gedenkt:[130]

„Geh, mein Bursch, hol Salben und Blumenkränze,
einen Wein auch, der noch vom Marserkrieg weiß,
falls ein Krug einst Spartacus konnt' entgehen,
als er hier durchzog!"

Häufig wurde der Name des Sklavenführers im abwertenden Sinne gebraucht. Cicero bezeichnete seinen politischen Gegner Marcus Antonius, um ihn in den Augen der römischen Bürger zu diffamieren, mit dem Namen des Spartacus, des „Räubers" und „Banditen". Auch der spätere, von barbarischen Eltern abstammende römische Kaiser Maximinus Thrax (235 bis 238; geb. 172 u. Z.), der in seiner Jugend ein Hirte gewesen sein soll, wurde von seinen Feinden als „Spartacus" verschrien.

Die Sklavenunruhen der Antike, insbesondere die Sklavenkriege, waren den Ausbeuterklassen aller Zeiten und den in ihrem Dienste stehenden Geschichtsschreibern ideologisch immer unbequem und wurden deshalb in historischen Darstellungen gern übergangen oder nur kurz gestreift. Sie lösten unangenehme Assoziationen aus, die man viel lieber verdrängte, konnten als Spiegelbild moderner Zustände verstanden werden und ließen recht deutlich erkennen, wohin schließlich maßlose Ausbeutung, Willkür und grenzenlose Menschenverachtung führten, welche gewaltigen gesellschaftlichen Kräfte die unterdrückten Volksschichten freizusetzen vermochten, wenn sie sich geschlossen zum Kampf gegen ihre Peiniger erhoben. Wer sich vor gesellschaftlichen Umwälzungen, Revolutionen ängstigte, wem im 19. und 20. Jahrhundert der aktive und offene Klassenkampf des europäischen Proletariats Furcht einflößte und noch einflößt, der fürchtete natürlich den Namen Spartacus und wird ihn weiter fürchten.

Auch Th. Mommsen (1817–1903), der vielseitige und große Gelehrte, vermochte nicht, sich in der Beurteilung der historischen Rolle des Spartacus und der aufständischen römisch-italischen Sklaven von den Vorurteilen seiner Klasse zu lösen. Für Mommsen war Spartacus ohne Frage eine außergewöhnliche Persönlichkeit, ein „seltener Mann" von hervorragenden Fähigkeiten und besonderem Organisationstalent, und so ist sein Verhältnis zu Spartacus von Achtung und Anerkennung, beinahe Bewunderung getragen. Das erklärt sich nicht zuletzt aus Mommsens stark subjektivistischer Wertung historischer Abläufe, deren Richtung seiner Meinung nach entscheidend vom Wirken historischer Persönlichkeiten bestimmt wird. Mommsen hebt Spartacus bewußt aus der Masse der Sklaven heraus, auch dadurch, daß er ihn für einen Abkömmling des bosporanischen Herrschergeschlechts der Spartokiden ausgibt, eine These, die oft wiederholt wurde, aber durch nichts bewiesen ist. Ungeachtet der Wertschätzung, die Mommsen für Spartacus empfindet, bleibt er dem Sklavenführer gegenüber dennoch befangen. Er hat wenig Verständnis für das soziale Anliegen des römisch-italischen Sklavenkrieges und die Gerechtigkeit des von den Sklaven geführten Kampfes. Die aufständischen Sklaven sind ihm Räuber, Plünderer, außer Rand und Band geratene wilde Barbaren, die ihren Führer, Spartacus, zwangen, „da er ein Feldherr sein wollte, ein Räuberhauptmann zu bleiben".

Es gibt in der heutigen bürgerlichen Geschichtsschreibung, obwohl man dort nicht umhin kann, den Spartacuskrieg als einen Höhepunkt im Kampf der Sklaven gegen ihre Herren und gegen Rom anzuerkennen, die bezeichnende Tendenz zur Unterbewertung und Herabsetzung des Klassenkampfes der Sklaven. Mit vielfältigen Methoden wird versucht, den Platz der Sklavenaufstände und damit auch des Sklavenkrieges unter Spartacus in der Geschichte Roms zu schmälern. Die Sklavenaufstände werden, wie der ungarische Altertumswissenschaftler

E. Maróti feststellt, „immer mehr außerhalb der geschichtlichen Zusammenhänge, quasi als historische Kuriositäten behandelt".[131]

In eben diesem negativen Sinne äußert sich der BRD-Historiker A. Heuss, für den der Spartacuskrieg „nur eine Erscheinung am Rande des großen Geschehens", „nur ein Epiphänomen des römischen Imperialismus und keineswegs eine notwendige Äußerung der antiken Sklaverei überhaupt" darstellt. Sklavenunruhen sind „Ausbrüche der gequälten Natur, die jeder klassenmäßigen Zielbestimmung entbehren". Sie dürfen als historischer Fakt wohl ein gewisses Interesse beanspruchen, sind sozial aber nicht genauer zu determinieren und für den Verlauf der Geschichte im Grunde genommen unwichtig. Heuss glaubt deshalb und „angesichts der bekannten marxistischen Neigungen unserer akademischen Jugend (in der BRD – A. J.) alle Ursache" zu haben, vor der Anerkennung des Klassenkampfes der Sklaven als zutiefst soziale Erscheinung und der Anerkennung seiner gesellschaftlichen Bedeutung, „vor diesen Mißverständnissen der ‚Sklavenhaltergesellschaft'" warnen zu müssen, und bedauert offenbar, daß „Spartacus und die Sklavenaufstände … unter dem Einfluß marxistischer Geschichtsschreibung auch bei uns (d. h. in der BRD – A. J.) wieder modern geworden" sind.[132]

Nach wie vor ist unter den bürgerlichen Historikern zu beobachten, daß sie die Sklaven als „Räuber", ihre Anführer als „Räuberhauptmann", das Sklavenheer als „Räuberhaufen" verunglimpfen und durch diese Kriminalisierung das soziale Wesen der Sklavenaufstände verfälschen. J. Vogt (BRD), der nicht ausschließt, daß Spartacus von den thrakischen und, wie der antike Geograph Strabon (63 v. u. Z. – um 20 u. Z.) bezeugt, sehr räuberischen Bessern abstammt, läßt ihn damit zu einem Angehörigen der „Spitzenklasse der Briganten" werden. Zum Führer der Sklavenerhebung geworden, habe er „ein Stück der Denkweise und Lebensform" seines „Räuberdaseins in das Kriegsunternehmen" hineingetragen. Zum Gesetz des Räubers, fährt Vogt fort, „gehört nicht nur die Technik der Gewaltübung, sondern auch die Kunst, die größtmöglichste Beute mit möglichst wenig Blutvergießen zu erlegen, nicht nur der Terror, sondern auch eine auf Treu und Glauben basierende Geschäftsgebarung. Es gehört dazu die gleiche Beteiligung der Genossen an Gefahr und Gewinn und die strenge Unterordnung unter den Häuptling".[133]

Natürlich finden sich bürgerliche Historiker, die sich der großen Bedeutung der Sklavenaufstände, insbesondere des Spartacuskrieges, mehr oder weniger bewußt sind und sie nicht als ephemere, gesellschaftlich wirkungslose Randerscheinungen der römischen Geschichte abtun. Für S. Lauffer (BRD) beispielsweise, der in der quantitativen Zunahme der Sklaverei und in den Zeitumständen die Erklärung für die großen Sklavenkriege sieht, besteht die Bedeutung der Spartacusbewegung „nicht nur darin, daß sie in Rom die Auflösung der Sullanischen Restauration bewirkte und den Zerfall der Republik beschleunigte. Sie hat ebenso einen Prozeß tiefgehender sozialer und wirtschaftlicher Wandlungen eingeleitet, wie die neuere Forschung immer deutlicher erkennt."[134]

Spartacus und die Sklavenkämpfe rückten immer dann ins Blickfeld wissenschaftlichen und öffentlichen Interesses, wenn sich gesellschaftliche Umwälzungen anbahnten. Ein gesteigertes Interesse an Spartacus signalisierte in der Regel auch eine wache Anteilnahme an sozialen und politischen Zeitproblemen, signalisierte eine Phase verschärften Klassenkampfes.

1760 wurde in Paris die Tragödie „Spartacus" von B. J. Saurin (1706–1781) aufgeführt. Das freigestaltete Theaterstück, das den Führer der aufständischen Sklaven als edlen, einsichtigen der Sache der Freiheit treu ergebenen Menschen vorstellt und sich beim Publikum großer Beliebtheit erfreute, fand auch Voltaires Beifall. In Deutschland war es kein Geringerer als G. E. Lessing, der kurz nach 1770 das Spartacusthema aufgriff, um eine „antityrannische Tragödie" zu schreiben. Das Drama kam aber über die Anfänge nicht hinaus. Nur einige Fragmente legen Zeugnis vom Versuch Lessings ab, sich der Figur des Spartacus dichterisch zu nähern. „Bei den Göttern – bei Gott! du bist ein außerordentlicher Mann! das bist du, Spartacus!", heißt es dort nicht ohne Parteinahme für den Feldherrn der Sklaven. Lessing läßt seinen Helden auch die folgenden, zeitpolitisch durchaus bedeutungsvollen Worte sprechen: „Sollte sich der Mensch nicht einer Freiheit schämen, die es verlangt, daß er Menschen zu Sklaven habe?".

1793 erschien in Berlin, beeinflußt von den Ereignissen der bürgerlichen Revolution in Frankreich, die erste Monographie über Spartacus. Der Oberlausitzer und dann Prager Aufklärer A. G. Meißner, der Verfasser, stellte ihr den vielsagenden Leitspruch voran: „Nicht Erbrecht, nicht Geburt, der Geist macht groß und klein; ein König könnte Sklav', ein Sklave König sein". 1810 trägt sich F. Grillparzer, beflügelt durch die ihn damals begeisternden Ideen der französischen Revolution, mit dem Gedanken an ein Spartacusstück, das jedoch, kaum begonnen, liegenbleibt. 1830 entsteht die Kraft und Willensstärke ausstrahlende Spartacusstatue des französischen Bildhauers

D. Foyatier, die wohl erste moderne bildliche Darstellung des antiken Sklavenführers überhaupt. Aufgestellt im Garten der Tuilerien, wurde sie von dort wieder entfernt, weil sie zu großes Aufsehen erregte.

Einen neuerlichen Aufschwung erlebte die Beschäftigung mit Spartacus in den vierziger Jahren des 19. Jahrhunderts. 1843 bis 1845 schrieb A. Ruge, mit K. Marx Herausgeber der Deutsch-französischen Jahrbücher, den Text zu einer Oper „Spartacus", die aber nie gespielt wurde. Ruge (1802–1880) war 1848 auf dem linken Flügel der Frankfurter Nationalversammlung zu finden. Im April 1846 wurde am Wiener Hofburgtheater mit großem Erfolg das von B. Weber stammende Drama „Spartacus" aufgeführt. Zur gleichen Zeit lief auf den Pariser Bühnen ebenfalls ein Stück über Spartacus.

Nach der Niederschlagung der bürgerlich-demokratischen Revolution 1848 in Paris, Berlin und Wien verliert sich zeitweilig das Interesse an der Spartacusproblematik, um dann in den sechziger Jahren, so wie sich eine europäische Arbeiterbewegung und die ersten Arbeiterparteien formierten, mit neuer Kraft aufzuflammen. Allein in Deutschland, wo sich in der zweiten Hälfte des 19. Jh. das Zentrum der internationalen proletarischen Bewegung befand, erschienen von 1867 bis 1884 drei wissenschaftliche Abhandlungen, die sich speziell mit Spartacus und dem römisch-italischen Sklavenkrieg befaßten.

Chr. Fr. Hebbel (1813–1863) wandte sich gegen Ende seines Lebens der Spartacusproblematik zu. In Frankreich schuf 1871 L. E. Barrias eine Marmorgruppe „Schwur des Spartacus". In Italien veröffentlichte 1874 R. Giovagnoli seinen heroischen, mit Garribaldis Widmung versehenen Roman „Spartacus", der inzwischen wiederholt herausgebracht wurde und allgemeine Verbreitung fand. Der von E. Eckstein-Prusias verfaßte Spartacusroman erschien von 1883 bis 1887 in vier Auflagen.

Eine Leipziger Dissertation aus dem Jahre 1909, „Spartacus – eine Stoffgeschichte" von J. Muszkat-Muszkowski, stellte alle dichterischen Werke zusammen, die sich bis dahin der Spartacusgestalt angenommen hatten. Darunter befanden sich, wie bereits gezeigt, eine große Zahl die Person des Spartacus und seine Sache bejahender Arbeiten, galt er doch dem 18. Jh. in gewisser Weise als Repräsentant bürgerlichen Freiheitsstrebens und dem 19. Jh. als Vorkämpfer für nationale Unabhängigkeit. Daneben gab es, wenngleich weniger stark ausgeprägt, eine ihn abwertende Tendenz, so spürbar in der Tragödie „Spartacus" von A. von Maltwitz (1861), in der Rom verherrlicht wurde.

1951 brachte der damals fortschrittliche nordamerikanische Schriftsteller Howard M. Fast seinen Roman „Spartacus" heraus. Er stellte ihm Worte voran, Worte, die zeigen, wie aktuell die Gestalt des Spartacus eigentlich immer war, Worte, die getragen sind vom welthistorischen Nachhall der Ereignisse um Spartacus, die nachdenklich stimmen und zu parteilicher – im Sinne des Spartacus und des Kampfes aller ausgebeuteten Klassen – gesellschaftlicher Aktivität auffordern: „Ich habe die Geschichte geschrieben", erklärt H. Fast, „damit alle, die sie lesen, meine Kinder und andere, Kraft für unsere eigene unruhige Zukunft daraus schöpfen und gegen Unterdrückung und Unrecht kämpfen – damit der Traum des Spartacus in unserer Zeit Erfüllung finde." 1959 hatte dann der von St. Kubrick gedrehte phantasiereiche und der historischen Wirklichkeit sehr ferne Hollywood-Film „Spartacus" Premiere.

Eine neuerliche Bearbeitung erfuhr die Spartacusproblematik durch den Schriftsteller H. R. Unger, der zum linken Flügel der österreichischen Gegenwartsliteratur gehört. Sein Schauspiel „Spartacus", von dem auch eine Hörspielfassung vorliegt, stellt ein stark verfremdetes und aktualisiertes Lehrstück für die moderne bürgerliche Gesellschaft dar und soll zum kritischen Überdenken des Systems der kapitalistischen „Sozialpartnerschaft" anregen. Der kapitalistischen Ordnung von heute wird ein Römergewand übergestreift, und die Sklaven um Spartacus werden in Rede und Handlung zu Chiffren für die Situation und Verhaltensweisen lohnabhängiger Arbeiter im Kapitalismus des 20. Jahrhunderts.

Wenig später, 1979, erschien in München ein Buch über Spartacus, das, romanhaft gestaltet, die Frage nach dem „Revolutionär Spartacus" aufwirft und sie verneint. Der Verfasser dieses Werkes, der Altertumswissenschaftler H. D. Stöver, ist um einen historischen, in seiner antikrömischen Umwelt begreifbaren und weniger zeitnahen Spartacus bemüht.

Die Persönlichkeit des Spartacus zog auch die Klassiker des Marxismus-Leninismus in ihren Bann. In einem Brief vom 27. Februar 1861 schreibt K. Marx an F. Engels: „Spartacus erscheint als der famoseste Kerl, den die ganze antike Geschichte aufzuweisen hat. Großer General (kein Garibaldi), nobler Charakter, real representative (wirklicher Vertreter – A. J.) des antiken Proletariats". Die revolutionäre Arbeiterklasse erweckte den Namen Spartacus zu neuem Leben. Als sich 1916 in Deutschland die konsequent linken Kräfte, die mit der rechten Sozialdemokratie gebrochen hatten, unter Führung von K. Liebknecht, R. Luxemburg, W. Pieck, C. Zetkin und F. Mehring neu formierten, gaben sie sich den Namen „Spartakusgruppe" (ab 1918 „Spartakusbund"). W. I. Lenin bemerkte dazu in seiner 1919 gehaltenen Vorlesung „Über den Staat": „Übrigens ist der Name ‚Spartakusleute', den die deutschen Kommunisten jetzt tragen, diese einzige Partei in Deutschland, die wirklich gegen das Joch des Kapitalismus kämpft, von diesen gewählt worden, weil Spartacus einer der hervorragendsten Helden eines der größten Sklavenaufstände vor ungefähr zweitausend Jahren war". Die von der „Spartakusgruppe" bzw. dem „Spartakusbund" herausgegebenen politischen Materialien wurden in den gedruckten „Spartakusbriefen" veröffentlicht und illegal verbreitet. Revolutionäre „Spartakusgruppen" gab es auch in anderen Ländern, so beispielsweise am Vorabend und in den Tagen der Großen Sozialistischen Oktoberrevolution in Grusinien, in der Stadt Kutaisi. Als nach der siegreichen Sozialistischen Revolution in Rußland die marxistische Interpretation geschichtlicher Ereignisse und Gestalten notwendig wurde, wandten sich die Theater dem historischen Drama als spezifischem Zeitgenre zu und spielten u. a. das von W. Wolkenstein 1920 geschaffene Stück „Spartakus". 1921 veröffentlichte in Deutschland der sozialistische Schriftsteller R. Leonhard (1889–1953) seine „Spartakus-Sonette", die er „Der Russischen Sowjet-Republik, der Dritten Internationale, dem deutschen Proletariat" widmete. R. Leonhard war Teilnehmer der revolutionären Kämpfe 1918/19 in Berlin.

In abgewandelter Form – im Begriff der Spartakiade – fand der Name Spartacus Eingang in der Arbeitersportbewegung. Arbeitersportveranstaltungen, als „Spartakiaden" bezeichnet, werden seit den zwanziger Jahren unseres Jahrhunderts in der Tschechoslowakei, der UdSSR und Deutschland durchgeführt. Internationale Spartakiaden der Arbeitersportler fanden 1921 in Prag, 1928 in Moskau und 1931 in Berlin statt. Seit 1956 gibt es in der Sowjetunion die Spartakiaden der Völker der Sowjetunion. Kinder- und Jugendspartakiaden werden seit Jahren in der DDR veranstaltet. Die 1935 gegründete Sportvereinigung „Spartak" der sowjetischen Gewerkschaften trägt gleichfalls den Namen des großen Sklavenführers.

Im Liedgut der deutschen Arbeiterklasse charakterisiert der Name Spartacus den jungen, unerschrockenen und der kommunistischen Idee treu ergebenen proletarischen Kämpfer („Spartakusmann tu deine Pflicht"). „Spartacus" nennt sich die in der DDR bekannte Singegruppe der Pädagogischen Hochschule Potsdam. Das von dem sowjetischen Komponisten A. Chatschaturjan geschriebene Ballet „Spartakus" erlebte 1954 seine Uraufführung. Die Vereinigung marxistischer

Studenten in der BRD trägt seit 1969 den programmatischen Namen „Spartacus". In der bulgarischen Stadt Sandanski, auf einst thrakischem Territorium, wurde Spartacus unlängst ein Denkmal errichtet, das von seiner historischen Größe kündet und an seine Herkunft aus dem Stamme der Maider erinnert, die an der Struma siedelten.

Die Spartacustradition, die hier nur unvollständig wiedergegeben werden konnte, ist eng mit der Geschichte des gesellschaftlichen Fortschritts verknüpft, dessen Träger sich seit dem 18. Jh. mit besonderer Vorliebe der Gestalt des Spartacus annahmen und sie, von den Forderungen ihrer Zeit ausgehend, interpretierten. Vom 18. bis zur Mitte des 19. Jh. war Spartacus eine Symbolfigur für das fortschrittliche Bürgertum. Das Bürgertum des ausgehenden 19. und des 20. Jh. sagte sich dann aber weitgehend los von der Persönlichkeit des Sklavenführers, für den es im spätbürgerlichen Ideologiebereich keinen Platz mehr gab. Dafür wurde Spartacus in immer stärkerem Maße zu einem Leitbild für die emporstrebende, die revolutionäre Arbeiterklasse, die vor der historischen Aufgabe stand und steht, die Welt von der Ausbeutung des Menschen durch den Menschen, von den Fesseln des Privateigentums an den Produktionsmitteln zu befreien und die klassenlose, die kommunistische Gesellschaft aufzubauen. Seit über 2 000 Jahren ist der Name Spartacus unvergessen, bewegt er die Herzen der Menschen und verpflichtet uns, unverzagt zu kämpfen für Freiheit, gesellschaftlichen Fortschritt, soziale Gerechtigkeit, Völkerverständigung und Frieden.

Anmerkungen

1 F. Engels, Der Ursprung der Familie, des Privateigentums und des Staates, in: MEW, Bd. 21, S. 28.

2 Die Klagen des Ipuser (Ipuwer), P. Leid. 344 (1750 v. u. Z.), in: Geschichte der Alten Welt, Chrestomathie, Bd. 1. Der Alte Orient, hrsg. von W. W. Struwe, Berlin 1955, S. 75 ff.

3 Homer, Ilias, 2, 144–269.

4 Aristoteles, Polit. Ath., 2, 1–3; 5,1.

5 F. Engels, a. a. O., S. 112.

6 Appian, De bell. civil., 1,7.

7 K. Marx, Das Kapital, Bd. 3, in: MEW, Bd. 25, S. 609.

8 K. Marx, Das Kapital, Bd. 1, in: MEW, Bd. 23, S. 96; ders., Brief an Engels vom 8. März 1855, in: MEW, Bd. 28, S. 439.

9 Plutarch, Tib. Gracchus, 8.

10 Appian, a. a. O., 1,9.

11 Plutarch, Tib. Gracchus, 8.

12 Diodor, 34/35, 6,1.

13 Appian, a. a. O., 1,15.

14 Plutarch, C. Gracchus, 3.

15 Ebenda, 18.

16 Appian, a. a. O., 1,115.

17 Ebenda, 1,60; Plutarch, Sulla, 9.

18 K. Marx, Vorwort zur Zweiten Ausgabe (1869) „Der achtzehnte Brumaire des Louis Bonaparte", in: MEW, Bd. 16, S. 359.

19 Appian, a. a. O., 1,100.

20 Cicero, In Cat., 3, 4, 8; Sallust, De coniur. Cat., 24; 30.

21 Caesar, De bell. civ., 1, 14, 5 g; 24, 2; 3, 4, 3.5.

22 Plutarch, Caesar, 67; Appian, a. a. O., 2,120; Velleius Paterculus, 2, 58, 2.

23 Tacitus, Historiae, 2,11.

24 Sueton, Augustus, 16,1; Res gestae divi Augusti, C. 25; Dio Cassius, 41, 7; Florus, 4, 8, 1.

25 Pseudo-Aristoteles, Oeconomica, 1344 b, 18 f.; auch Aristoteles, Politika, 1330 a, 26.

26 Pseudo-Aristoteles, a. a. O., 1344 a, 25 f.

27 Varro, De re rustica, 1, 17, 5; Cato, De agricultura, 5, 1–5.

28 Varro, a. a. O., 1, 17, 1.

29 Cato, a. a. O., 56–59.

30 ebenda, 2,4.

31 R. Etienne, Les rations alimentaires des esclaves de la familia rustica d'après Caton, S. 4 (Konferenzbeitrag, siehe darüber EAZ 1981, Jg. 22, Heft 4, S. 749).

32 Varro, a. a. O., 1, 18, 1–2; 2, 10, 11; Columella, De re rustica, 2, 12, 7; 2, 10, 6–7; V. I. Kuziščin, Očerki po istorii zemledelija Italii (2 v. do n. e.–1 v. n. e.), Moskva 1966, S. 289 ff.; derselbe, Rimskoe rabovladel'českoe pomest'e Moskva 1973, S. 89 ff.

33 Cato, a. a. O., 5,3.

34 Columella, a. a. O., 1, 9, 7–8.

35 Petronius, Satiricon (Die große Satire), 53.

36 Lysias 12, 19; Demosthenes 27, 9–11; Aischines 1, 97.

37 Digestae, 47, 2, 17.

38 E. M. Štaerman, Rascvet rabovladel'českich otnošenij v Rimskoj respublike, Moskva 1964, S. 249.

39 Titus Livius 30, 16; 37, 44; Polybios 21, 10; 31, 32, 3; Caesar, De bello Gallico, 1, 27, 3.

40 Cato, a. a. O., 2, 2.

41 Cicero, Epist. 495, 3 (Fam., 13, 77).

42 Xenophon, Memorabilia Socratis, 2, 10, 1–2.

43 Petronius, a. a. O., 97.

44 U. Wilcken, Urkunden der Ptolemäerzeit, Leipzig – Berlin, ab 1922, 121.

45 OGIS 1, 273.

46 SEG 3, 92.

47 Thukydides 4, 118, 7.

48 Ditt. Syll.[3] 633, 95 f.

49 Pseudo-Aristoteles, a. a. O., 1352 b 26–1353 a 4.

50 M. I. Finley, Die Sklaverei in der Antike. Geschichte und Probleme, München 1981, S. 97 f., 108.

51 Xenophon, Oikonomikos, 3, 4; 5, 16.

52 Pseudo-Aristoteles, a. a. O., 1344 a 28–1344 b 9.

53 Plautus, Menaechmi, 3, 12.

54 Seneca, Epist. 47, 1–5; 4, 8.

55 Digestae, 29, 5, 1.

56 Appian, a. a. O., 4, 22, 35.

57 Herodot, 6, 83.

58 Polyainos, 1, 28.

59 Titus Livius, 3, 15–18.

60 Ebenda, 4, 45.

61 Polyainos, 1, 43.

62 Thukydides 8, 40, 2.

63 Athenaios, 6, 265–268.

64 Ebenda, 13, 572.

65 Titus Livius, 22, 33, 1–2.

66 Ebenda, 32, 26, 4–18.

67 Ebenda, 33, 36, 1–3.

68 Ebenda, 39, 29, 8–9.

69 Diodor, 34/35, 2, 27–30.

70 Ebenda, 2, 34–38; Florus 2, 7, 3.

71 Ebenda, 2, 11–15.

72 Cicero, In Verr., 4, 107.

73 Diodor, 34/35, 2, 48.

74 Ebenda, 2, 21–22; Orosius, 5, 9, 6–8.

75 Sallust, Bell. Iugurth., 114, 1–2.

76 Diodor, 36, 1–2.

77 Ebenda, 2–9, 1.

78 Cicero, In Verr., 3, 125.

79 Diodor, 36, 3, 7.

80 Plutarch, Marius, 27.

81 Appian, a. a. O., 1, 116.

82 Plutarch, Crassus, 9; Frontin, Strateg., 1, 5, 21.

83 Appian, a. a. O., 1, 118.

84 Orosius, 5, 23.

85 Frontin, a. a. O., 1, 5, 22.

86 Sallust, Historiae, Fragm. 3, 98 (Maurenbrecher).

87 R. Kamienik, Die Zahlenangaben über den Spartacusaufstand und ihre Glaubwürdig-

keit, in: Das Altertum, 1970,
Bd. 16, Heft 2, S. 96.

88 Florus, 3, 20, 3.

89 Sallust, Historiae, Fragm. 3, 96
(Maurenbrecher); Caesar, De
bello Gall., 1, 40, 5.

90 Appian, a. a. O., 1, 116 und
117; Themistios, 7, 86 c–d.

91 A. Bodor, The Ethnic and Social Composition of the Participants in the Slave Urprising
Led by Spartacus, in: Spartacus.
Symposium rebus Spartaci gestis
dedicatum 2050 A., hrsg. von
Chr. M. Danov und A. Fol, Sofia 1981, S. 87, 91.

92 A. V. Mišulin, Spartakovskoe
vosstanie, Moskva 1936; ders.,
Spartacus. Abriß der Geschichte
des großen Sklavenaufstandes,
Berlin 1952 (siehe vor allem
das Vorwort S. L. Utčenkos);
besonders auch der kritische
historiographische Überblick
über die sowjetische Spar-
tacusforschung von K. P. Korževa, Vosstanie Spartaka v sovetskoj istoriografii, in: Voprosy istorii 1974, Heft 10,
SS. 118–134.

93 Sallust, Historiae, Fragm. 3, 98
(Maurenbrecher).

94 Appian, a. a. O., 1, 117.

95 Ebenda.

96 Florus, 3, 20, 6; Sallust, Historiae, Fragm. 3, 100 und 102 bis
103 (Maurenbrecher); Frontin,
a. a. O., 1, 7, 6.

97 Florus, 3, 20, 11.

98 N. A. Maschkin, Römische Geschichte, Berlin 1953, S. 309.

99 Appian, a. a. O., 1, 117.

100 Ebenda.

101 Ampelius, 41.

102 Appian, a. a. O., 1, 116.

103 Titus Livius, 32, 26, 1–18.

104 Plutarch, Crassus, 9.

105 Plutarch, Cato Minor, 8.

106 Appian, a. a. O., 1, 118.

107 Plutarch, Crassus, 10; Appian,
a. a. O., 1, 118.

108 Plutarch, Crassus, 10.

109 Cicero, In Verr., 5, 6.

110 Ebenda, 5, 5.

111 Ebenda, 5, 136.

112 Ebenda, 5, 9.

113 Ebenda, 5, 9–15; 5, 161.

114 Ebenda, 5, 15.

115 Plutarch, Crassus, 10.

116 Frontin, a. a. O., 2, 5, 34; Plutarch, Crassus, 11; Titus Livius,
epit. 97; Orosius, 5, 24.

117 Plutarch, Crassus, 11.

118 Ebenda.

119 Appian, a. a. O., 1, 120.

120 A. V. Mišulin, Spartakovskoe
vosstanie, Moskva 1936,
S. 154 ff.; derselbe, Spartakus,
Berlin 1952, S. 82 ff.

121 Florus, 2, 8, 14.

122 Plutarch, Pompeius, 21.

123 Cicero, In Verr., 2, 49; 5, 39 bis
40.

124 Sueton, Augustus, 3, 1; 7,1.

125 P. Oliva, Die charakteristischen
Züge der großen Sklavenauf-
stände zur Zeit der römischen
Republik, in: Neue Beiträge zur
Geschichte der Alten Welt,
Bd. 2. Römisches Reich, Berlin
1965, S. 82.

126 E. Kornemann, Römische Geschichte, Bd. 1. Römische Republik, Stuttgart 1964, S. 424
(Kröners Taschenausgabe, 132).

127 R. Günther, Der Aufstand des
Spartacus. Die großen sozialen
Bewegungen der Sklaven und

Freien am Ende der römischen
Republik, Berlin 1979, S. 44 f.

128 S. L. Utčenko, Drevnij Rim.
Sobytija, ljudi, idei, Moskva
1969, S. 66 f.

129 Tacitus, Annales, 15, 46, 1.

130 Horaz, Oden 3, 14, 15 ff.
(Übersetzung R. Helm).

131 E. Maróti, Der Spartacusaufstand – ein Sklavenkrieg, in:
Spartacus, Sofia 1981, S. 48.

132 A. Heuss, Römische Geschichte,
Braunschweig 1960, S. 185;
ders., Der Untergang der römischen Republik und das Problem der Revolution, in: Historische Zeitschrift 1956, Bd. 182,
S. 10; ders., Das Revolutions-
problem im Spiegel der alten
Geschichte, in: Historische Zeitschrift 1973, Bd. 216, S. 51.

133 E. Vogt, Die Struktur der antiken Sklavenkriege, Wiesbaden
1972, S. 36, 50 (Historia,
Heft 8).

134 S. Lauffer, Spartakus, in: Die
Großen der Weltgeschichte,
Bd. 1, Zürich 1971, S. 854.

Literaturauswahl

a.) Sklaverei

Bellen, H., Studien zur Sklavenflucht im römischen Kaiserreich, Wiesbaden 1971 (Forschungen zur antiken Sklaverei 4).

Biezuńska-Małowist, I., L'esclavage dans l'Egypte gréco-romaine, Bd. 1–2, Wroclaw 1974–1977.

Blavatskaja, T. V., Golubcova, E. S., Pavlovskaja, A. I., Rabstvo v ellinističeskich gosudarstvach v III – I vv. do n. e., Moskva 1969 (deutsche Übersetzung: Die Sklaverei in hellenistischen Staaten im 3.–1. Jh. v. Chr., Wiesbaden 1972).

Brockmeyer, N., Bibliographie zur antiken Sklaverei, hrsg. v. J. Vogt, Bochum 1971.

ders., Antike Sklaverei, Darmstadt 1979.

Finley, M. I., Was Greek Civilisation Based on Slave Labor?, in: Slavery in Classical Antiquity, Cambridge 1960.

ders., Die Sklaverei in der Antike. Geschichte und Probleme, München 1981.

Hahn, I., Sklaven und Sklavenfrage im politischen Denken der Spätantike, in: Klio 1976, Bd. 58.

Himmelmann, N., Archäologisches zum Problem der griechischen Sklaverei, Mainz 1971 (Mainz. Akad. d. Wiss. u. d. Literatur, Abh. d. geistes- u. sozialwiss. Kl., 13).

Kazakevič, E. L., Raby kak forma bogatsva v Afinach IV v. do n. e., in: Vestnik Drevnej Istorii 1958, No. 2.

Kiechle, F., Sklavenarbeit und technischer Fortschritt im römischen Reich, Wiesbaden 1969 (Forschungen zur antiken Sklaverei 3).

Klees, H., Herren und Sklaven. Die Sklaverei im oikonomischen und politischen Schrifttum der Griechen in klassischer Zeit, Wiesbaden 1975 (Forschungen zur antiken Sklaverei 6).

Kühne, H., Zur Teilnahme von Sklaven und Freigelassenen an den Bürgerkriegen der Freien im 1. Jahrhundert v. u. Z. in Rom, in: Studii classice 1962, Bd. 4.

Lauffer, S., Die Bergwerkssklaven von Laureion, Wiesbaden 1979 (2. Aufl.).

Meyer, Ed., Die Sklaverei im Altertum, in: ders., Kleine Schriften, Bd. 1, Halle 1924 (2. Aufl.).

Richter, W., Seneca und die Sklaven, in: Gymnasium 1958, Bd. 65.

Štaerman, E. M., Rascvet rabovladel'českich otnošenij v rimskoj respublike, Moskva 1964 (deutsche Übersetzung: Die Blütezeit der Sklavenwirtschaft in der römischen Republik, Wiesbaden 1969).

Štaerman, E. M., Trofimova, M. K., Rabovladel'českie otnošenija v rannej rimskoj imperii (Italija), Moskva 1971. .

Volkmann, H., Die Massenversklavungen der Einwohner eroberter Städte in der hellenistisch-römischen Zeit, Mainz 1961 (Mainz. Akad. d. Wiss. u. d. Literatur, Abh. d. geistes- u. sozialwiss. Kl., 3).

Welskopf, E. Ch., Die Produktionsverhältnisse im alten Orient und in der griechisch-römischen Antike, Berlin 1957 (Deutsche Akad. d. Wiss., Schriften d. Sektion f. Altertumswiss., 5).

dies., Einige Bemerkungen zur Lage der Sklaven und des Demos in Athen zur Zeit des dekeleisch-ionischen Krieges, in: Acta Antiqua 1960, Bd. 8.

dies., Sklaverei in der griechisch-römischen Welt, in: Acta Antiqua 1964, Bd. 12.

Welwei, K. W., Unfreie im antiken Kriegsdienst, Bd. 1–2, Wiesbaden 1974–1977 (Forschungen zur antiken Sklaverei 5 u. 8).

Westermann, W. L., The Slave Systems of Greek and Roman Antiquity, Philadelphia 1955 (Memoirs of the Amer. Philos. Society 40).

b.) Spartacus

Bodor, A., The Ethnic and Social Composition of the Participants in the Slave Uprising Led by Spartacus, in: Spartacus. Symposium . . ., Sofia 1981.

Brion, M., La révolte des gladiateurs, Paris 1952.

Brisson, J.-P., Spartacus, Paris 1959.

Christ, K., Der Spartacusaufstand, in: Krise und Untergang der römischen Republik, Darmstadt 1979.

Daicoviciu, H., Autour des „programmes" de la révolte de Spartacus, in: Spartacus. Symposium . . ., Sofia 1981.

Doer, B., Spartacus, in: Das Altertum 1960, Bd. 6, Heft 4.

Griffith, J. G., Spartacus and the Growth of Historical and Political Legends, in: Spartacus. Symposium . . ., Sofia 1981.

Guarino, A., Spartaco. Analisi di un mito, Napoli 1979.

Günther, R., Der Aufstand des Spartacus. Die großen sozialen Bewegungen der Sklaven und Freien am Ende der römischen Republik, Berlin 1979.

Hartwig, W., Stelzer, K., Spartacus und der Gladiatorenkrieg 73–71 v. Chr., Leipzig 1919 (Voigtländers Quellenbücher, 97).

Kamienik, R., Die Zahlenangaben über den Spartacusaufstand und ihre Glaubwürdigkeit, in: Das Altertum 1970, Bd. 16, Heft 2.

ders., Zwei Episoden aus der Geschichte des Spartacusaufstandes, in: Spartacus. Symposium . . ., Sofia 1981.

Korževa, K. P., Vosstanie Spartaka v sovetskoj istoriografii, in: Voprosy Istorii 1974, No. 10.

Lauffer, S., Spartakus, in: Die Großen der Weltgeschichte, Bd. 1, Zürich 1971.

Maróti, E., Der Spartacusaufstand – ein Sklavenkrieg, in: Spartacus. Symposium . . ., Sofia 1981.

Meissner, A. G., Spartacus, Berlin 1793.

Mišulin, A. V., Spartakovskoe vosstanie. Revoljucija rabov v Rime v I veke do ne. e., Moskva 1936.

ders., Spartacus. Abriß der Geschichte des großen Sklavenaufstandes, Berlin 1952.

Muszkat-Muszkowski, J., Spartacus – eine Stoffgeschichte, Diss. Leipzig 1909.

Oliva, P., Olivová, V., Spartakus. Povstání Spartakovo a spartakovská tradice, Praha 1960.

Oliva, P., Die charakteristischen Züge der großen Sklavenaufstände zur Zeit der römischen Republik, in: Neue Beiträge zur Geschichte der Alten Welt, Bd. 2. Römisches Reich, Berlin 1965.

Ollivier, M., Spartacus. Der große Sklavenaufstand (mit einem Vorwort von H. Barbusse), Berlin 1948.

Schambach, O., Der italische Sklavenaufstand 74–71 v. Chr., Berlin 1872.

Spartacus. Symposium rebus Spartaci gestis dedicatum 2050 a., hrsg. v. Chr. M. Danov u. A. Fol, Sofia 1981.

Vogt, J., Struktur der antiken Sklavenkriege, Wiesbaden 1957 (Mainz. Akad. d. Wiss. u. Literatur, Abh. d. geistes- u. sozialwiss. Kl., 1).

Ziegler, K., Die Herkunft des Spartacus, in: Hermes 1955, Bd. 83.

Register

Orts- und Ländernamen

Der Sklavenkrieg unter Spartacus (73-71 v.u.Z.)

Padus

C A L L I A

Mutina X 72

Pisae

Arnus

Arretium

Tiberis

L A T I

CORSICA

SARDINIA

T Y R R H E N I S C H

ROMA
Capua
Bedeutende Berge
Nola Von den Sklaven eroberte Städte
X Siege der Sklaven
X Niederlagen der Sklaven
Flucht auf den Vesuv
Marsch nach Metapont
Marsch nach den Alpen
Rückmarsch nach dem Süden
Marsch nach Brundisium und Rom
Richtungen des geplanten Auszuges
aus Italien
Militärische Operationen der Römer
73 und 72 v.u.Z.
Feldzug des Crassus
Befestigung des Crassus